Bs. As., Feria del
Libro, Abril 1999.

Los viajeros ingleses y la emergencia de la literatura argentina, 1820-1850

COLECCIÓN HISTORIA Y CULTURA
Dirigida por Luis Alberto Romero

ADOLFO PRIETO

Los viajeros ingleses
y la emergencia
de la literatura argentina,
1820-1850

EDITORIAL SUDAMERICANA
BUENOS AIRES

Diseño de tapa: María L. de Chimondeguy / Isabel Rodrigué

IMPRESO EN LA ARGENTINA

Queda hecho el depósito
que previene la ley 11.723.
© 1996 Editorial Sudamericana S.A.
Humberto I 531, Buenos Aires

ISBN 950-07-1134-6

Reconocimientos

Debo a la imaginación y a la tenacidad de mis estudiantes en la Universidad de Florida, Ximena Moors, Clara Sotelo y Clary Loisel, la ubicación y posesión efectiva de algunas de las noticias y de algunos de los relatos de viajeros examinados en el presente trabajo. Y a Marcelina Jarma, referencista en el Instituto de Historia Argentina y Americana Dr. Emilio Ravignani, de la Universidad de Buenos Aires, la capacidad de encontrar y de remitirme, contra toda esperanza, artículos de periódicos de los fondos de la Biblioteca de la Universidad de La Plata y de la Biblioteca Nacional de Chile.

Introducción

En la versión inglesa de uno de los numerosos escritos de Humboldt sobre su expedición a las regiones equinocciales de América, *Political Essay of the Kingdom of Spain* (Londres, 1811), el traductor, John Black, incluye un Prefacio con estas reflexiones: "Ha sido observado por un popular escritor francés, Bernardin de St. Pierre, que de lejos la parte más valiosa y entretenida de la literatura moderna es el departamento ocupado por los viajeros... Ningún individuo que haya dejado los límites de nuestra isla, vacila un instante acerca de las calificaciones necesarias para mostrarse al público a su regreso. Su educación previa, sus medios de acceso a las apropiadas fuentes de información... son objetos de menor concernimiento. Ha viajado, y ello es suficiente."[1]

Alexis de Tocqueville y Gustave Marie Beaumont, enviados por el gobierno francés para estudiar el sistema carcelario de los Estados Unidos, emplearon en ese cometido los nueve meses de residencia en este país sin otra distracción a sus objetivos de estudio que una excursión de dos semanas al territorio lacustre de Michigan. Al regreso a Francia, en 1832, presentaron el informe requerido. Los límites del informe no agotaban, desde luego, las experiencias de los dos ávidos viajeros, y ambos decidieron, de inmediato, dar cuenta de esas experiencias en otros escritos. Por lo que se sabe, trazaron entonces un acuerdo que valía ya, en lo fundamental, como una toma de conciencia y como un agudo distanciamiento de lo que, por esos años, se imponía como guía canónica de la literatura de viajes. Tocqueville escribiría un tratado sobre la democracia en América, atenido estrictamente a las observaciones recogidas sobre ese sujeto y a las especulaciones que pudieran relacionarse sólo con el material observado. Beaumont escribiría una novela, ampliamente concebida como un cuadro de relaciones inter-raciales.

En 1835 se publicó el primer volumen de la contribución prometida por Tocqueville, *De la démocratie en Amérique*, y en el mismo año la novela de Beaumont, *Marie, ou l'esclavage aux États-Unis*. El desigual tratamiento que los contemporáneos y la posteridad brindaron a uno y otro texto no modifica, por supuesto, la significación del acuerdo de origen, un acuerdo que, por lo demás, no dejó de revisarse, con curiosas alternativas, en los años inmediatamente posteriores.

Tocqueville, en efecto, continuó preparando materiales para el segundo volumen de *De la démocratie en Amérique*, y entre esos materiales pensó incluir, sorpresivamente, la memoria de la breve excursión que había emprendido con su amigo durante los meses de residencia en los Estados Unidos. La memoria, *Quinze jours au désert*, se instalaba decididamente en el espacio configurador de la literatura de viajes contemporánea y se proponía, por la consumada manipulación de sus recursos y estrategias, como un texto destinado a reforzar las aspiraciones canónicas del género. Leído el manuscrito ante Beaumont, en consulta, éste tuvo la cortesía de callar que aquél constituía una ruptura del acuerdo, y la franqueza de admitir que su publicación concitaría una audiencia más interesada que la que había logrado, hasta entonces, su novela. Tocqueville no publicó el manuscrito, ni entonces ni durante el resto de sus días, en una extraña determinación que no parece reconocer otra sustancia que la de la doble censura contenida en la respuesta de Beaumont.[2]

En el semestre que empalma los años 1830 y 1831, Hegel dictó la versión, de hecho definitiva, de los cursos que sobre "Filosofía de la Historia" desarrollaba en la Universidad de Berlín. En el texto que resultó de la transcripción de esas clases, se lee: "La existencia material de Inglaterra está basada en el comercio y la industria, y los ingleses han asumido la pesada responsabilidad de ser los misioneros de la civilización en el mundo; porque su espíritu comercial los urge a atravesar cada mar y cada territorio para establecer conexiones con pueblos bárbaros, para crear necesidades y estimular la industria, y, primero y sobre todo, para conformar entre ellos las condiciones necesarias al comercio, esto es, el abandono de una vida de ilegítima violencia, respeto por la propiedad y cortesía hacia los extranjeros."[3]

Algunos de los viajeros ingleses que llegaron a la Argentina entre los años 1820 y 1835 aproximadamente, elaboraron una imagen del país según pautas de selección y de jerarquización muy específicas. Que algunas de esas pautas se anticiparan en varios años o fueran, en el momento de publicación de los textos, estrictamente contemporáneas a las empleadas por escritores que, como Alberdi, Echeverría, Sarmiento y Mármol, proclamaron y contribuyeron, de hecho, a la fundación de la literatura nacional argentina, se ofrece como circunstancia que el presente estudio se propone examinar. Y no porque la crítica literaria y la crítica cultural hayan dejado de observar esas circunstancias, sino porque hasta ahora estas observaciones han estado basadas en una lectura o bien desinteresada de la red textual en la que los viajeros ingleses inscribían sus relaciones, o —si interesada— interesada sin atender ni al número ni a la particularidad de cada una de esas relaciones.[4]

Los escritos de los viajeros ingleses sobre la Argentina, incluidos en el segmento cronológico mencionado, se incluyen a su vez en esa práctica cultural que John Black, el traductor de Humboldt, había encontrado ya claramente reconocida en la descripción propuesta por Bernardin de Saint-Pierre. Alerta a la novedad significada por la aceleración de los viajes marítimos que siguió a la célebre expedición de *La Condamine*, a mediados del siglo, Saint-Pierre estaba lejos de asociar esa aceleración con el nuevo expansionismo de los países hegemónicos de Europa, aunque agudamente consciente de la conformación del cuerpo de escritos derivado de este fenómeno, y de la necesidad de reflexionar sobre el estado presente y sobre el futuro de esos escritos. Así, en la redacción de la memoria de su visita a Madagascar, *Voyage a L'Ile de France*, 1773, pudo incluir una Carta "Sobre los viajeros y los viajes" en la que ofrece, además de una puntual actualización de la literatura de viajes en Francia, una serie de anotaciones que equivalen a la promulgación del canon ideal por el que debiera constituirse esa literatura.[5]

Porque para Saint-Pierre, de tanta importancia como el creciente número de relatos de viaje dados a publicidad por esos años, era la comprobación de que los nombres de los más importantes escritores de la Francia contemporánea no formaran parte de ese registro: "Nos falta un modelo dentro de un género tan interesante, y nos faltará por un largo tiempo, puesto que ni Voltaire ni D'Alambert ni Buffon ni Rousseau nos lo han ofrecido". Reclutados del campo de la literatura y de la filosofía, la mención de estos nombres demarca, por su ausencia, el espacio sobre el que Saint-Pierre proyectará su modelo: "Creo que este género, tan poco tratado, está lleno de dificultades. Hacen falta conocimientos universales, un orden dentro de un plan, calor dentro del estilo, sinceridad; y es necesario hablar de todo: si algún sujeto es omitido, la obra es imperfecta; si todo se dice, se es difuso y el interés se pierde".

De sugerir las líneas de fuerza que permitirían la cristalización del modelo de la literatura de viajes, Saint-Pierre pasa, en la misma Carta, a resumir sus lecturas de cuatro de las últimas relaciones de viaje conocidas en Francia. De una de ellas dirá: "La Hontan especula y se pierde, a veces, en las soledades de Canadá". De otra: "Léry describe muy ingenuamente las costumbres de los brasileños y sus aventuras personales". En todas encontrará una notoria dificultad para percibir y representar la naturaleza: "A fuerza de naturalizarnos con las artes, la naturaleza se nos vuelve extraña; nosotros mismos somos tan artificiales, que llamamos a los objetos naturales *curiosidades*, y buscamos las pruebas de la Divinidad en los libros..."; "El arte de dar cuenta de la naturaleza es tan nuevo que los términos mismos no han sido inventados..."; "No es, entonces, sorprendente que los viajeros den cuenta tan mal de los objetos naturales. Si ellos nos describen un país, veremos las ciudades, los ríos y las montañas; pero sus descripciones son áridas como cartas geográficas: Indonesia se parece a Europa, la fisionomía no está allí. Hablando de una planta, detallan bien las flores, las hojas, las raíces; pero su porte, su conjunto, su elegancia, su rudeza o su gracia es algo de lo que ninguno se percata."

Es curioso observar que este registro de lecturas de Saint-Pierre, condicionado por los aspectos literarios y filosóficos del modelo ideal desde el que leía, minimiza o cuestiona dos de las líneas de fuerza que, de hecho, pugnaban por establecerse como canónicas en las relaciones de viaje contemporáneas. Una de ellas, absolutamente tradicional, convertía al modelo en escenario privilegiado de las peripecias personales del viajero en una variante exitosamente actualizada desde la difusión del relato de *La Condamine* sobre su expedición al Amazonas en 1745. La otra, desprovista de largos antecedentes, como que surgía de la usina misma del racionalismo iluminista, tendía a convertirlo tanto en guía de informaciones utilitarias como en índice escrupuloso de herbolarios y zoologías exóticas, de minerales, de remanentes geológicos, de fenómenos climáticos desconocidos en Europa. Y es curioso comprobar que, a pesar de las tendencias normativas de la época, a pesar de la irresistible inclinación a establecer y aceptar distingos retóricos, ninguna de las modalidades propuestas o percibidas por Saint-Pierre en los escritos de viaje pudo imponerse como caracterización favorita del modelo, ni en los años inmediatos ni en las décadas de proliferación de esos escritos, hasta bien avanzado el siglo XIX.

En efecto, en lo que impresiona ahora como un espacio de fronteras inestables, poroso y particularmente sensible a cambiantes expectativas de lectura, las modalidades aludidas en la carta de *Voyage a L'Ile de France* tienden a competir sin excluirse, y a permanecer, sin dejar de ser afectadas por los usos y los ritmos internos de temporalidad.[6]

Más de medio siglo después de que Saint-Pierre proyectara su modelo ideal de relato de viajes, encontraremos que la seducción de ese modelo seguirá siendo tan vigorosa como para que el joven Tocqueville renuncie a su solemne pacto de amistad con Beaumont y como para que ese modelo presida la organización, el cuidado estilístico, las citas literarias, el concernimiento humanístico, transparentes en *Quinze jours au désert*, rendición de su visita a la región de los lagos, en Michigan. El tiempo, en este caso, había fortalecido la aspiración al tratamiento estrictamente literario del relato de viajes, como Tocqueville podía, para convalidar sus propias descripciones, remitir a la lectura de textos como el *Atala*, de Chateaubriand (1801), y *The Last of the Mohicans*, de Cooper (1826). Una remisión que le permitía destacar, de paso, la íntima relación de estas dos prestigiosas novelas con muchos de los recursos y procedimientos largamente establecidos en los escritos de viajes. Y el tiempo había teñido también las aspiraciones filosóficas del modelo, convirtiendo ahora al narrador en el exponente articulado de la melancólica visión de un mundo condenado a desaparecer ante el irresistible impulso de conquista de la raza blanca.

Por mera coincidencia, al concluir el año en que Tocqueville emprendiera su excursión a Michigan, en diciembre de 1831, Charles Darwin se embarcaba como naturalista incorporado a la tripulación del *Beagle*, rumbo al Atlántico sur. El capitán de la nave había recorrido esa región dos años antes, y había echado tan de menos la presencia de un experto en las ciencias naturales que se juró no regresar a los mismos sitios sin el concurso de uno. Esta determinación indica, por sí misma, que la contribución del siglo de las luces a la idea del viaje utilitario continuaba encarnándose, primordialmente, en la figura del naturalista, sólo que ahora la figura del naturalista, tal como venía a representarla Darwin, excedía en complejidad y en funciones a la que Saint-Pierre había tomado en cuenta en su escasamente favorable registro.

Y no eran sólo el entrenamiento científico, la aguda capacidad de observación ni el don especulativo, excepcionalmente representados por Darwin, los que distanciaban una imagen de la otra. Eran también los cambios que se habían producido en esa modalidad de la literatura de viajes durante el transcurso de ese largo segmento temporal, la incidencia en ella de esa intrincada parábola de acontecimientos que con el ubicuo nombre de romanticismo designaba, desde el recodo final del siglo XVIII, tanto una nueva estructura de los sentimientos como una revolucionaria concepción de la naturaleza del universo. Desde esa incidencia la incompetente actitud para dar cuenta de la naturaleza, que Saint-Pierre había denunciado como característica de los viajeros contemporáneos, tendió a resolverse por la combinación final del discurso racionalista con diversas inflexiones del discurso romántico.

Darwin inició su viaje alrededor del mundo cuando la combinación de ambos discursos había fructificado en un texto que citará una y otra vez en sus apuntes y que había sido, ciertamente, saludado como un clásico de la literatura de viajes desde el momento mismo de su publicación. Darwin utiliza los volúmenes de *Personal Narrative of Travels to the Equinoctial Regions of the New Continent During the Years 1799-1804* (Londres, 1818-1822), versión inglesa del más extenso de los escritos de Humboldt, sobre el que dirá, en las páginas finales de su Diario: "Como la fuerza de las impresiones depende, por lo general, de ideas pre-concebidas, debo agregar que las mías fueron tomadas de las vívidas descripciones de *Personal Narrative* de Humboldt, las cuales, de lejos, exceden en mérito a cualquier otra cosa que yo haya leído."[7]

En mérito, podría decirse, y por un cúmulo de circunstancias inseparables que convirtieron las páginas que contenían esas y otras descripciones, y la figura de su autor, en un fenómeno de excepción en la cultura europea de la primera mitad del siglo XIX. Al regreso de la expedición que emprendiera junto con Aimé Bonpland, de la región del Orinoco, las estribaciones andinas, México y Cuba, en 1804, Humboldt se instaló en París y, mientras organizaba los materiales y las anotaciones recogidas en esa experiencia en función de un vasto proyecto editorial, anticipó los supuestos metodológicos de ese proyecto, resumiéndolos en la fórmula de tratar estéticamente los sujetos de la Historia Natural.

La novedad de esta fórmula, lo que impresionó entonces notoriamente como novedad, no descansaba sin embargo en la condición inédita de sus componentes, sino en la combinación de éstos y en la abierta apelación al tipo de lenguaje a que obligaba esa combinación. Porque el discurso racionalista, puntualmente al servicio de muchos de los grandes viajeros de la centuria anterior, lucía todavía vigoroso en la versión francesa de los *Viajes por la América Meridional*, de Félix de Azara, publicada casi en el mismo momento en que Humboldt anticipaba, en *Tableaux de la Nature* (1808), sus cuestiones de método. Y el discurso romántico había consagrado ya el sentimiento de lo sublime, una categoría que en Inglaterra se confinaba al ejercicio de la pastoral y de la poesía de los lagos, pero que en Francia se abría a la percepción de la naturaleza americana, revelada a millares de lectores desde las páginas de *Atala*

(1801), en las vísperas mismas del regreso de Humboldt a Europa.[8] En todo caso, en el prefacio de *Tableaux de la Nature*, el viajero alemán expresaba ya las grandes dificultades de ejecución que implicaba toda pretensión de combinar ambos discursos, porque cuando "los sentimientos y la imaginación son excitados, el estilo se inclina a extraviarse en la prosa poética".[9]

Y en la prosa ensayística y en la prosa narrativa, podría agregarse, si se toman en cuenta otros objetivos indicados en el mismo prefacio. Uno de ellos previene que la atención del lector será dirigida a registrar la perpetua influencia que la naturaleza física ejerce sobre la condición moral y sobre el destino del hombre. Otro anticipa que aquel que ha escapado de las tormentosas olas de la vida, seguirá gozoso al viajero hacia las profundidades de los bosques, a las estepas y praderas sin límites, a las soberbias cumbres de los Andes.

Materializados estos objetivos en el proceso de redacción de los numerosos volúmenes que darían cuenta, finalmente, de los grandes y menudos acontecimientos de la experiencia americana, *Voyages aux régions equinoxiales du Nouveau Continent* (París, 1809-1824) debió impresionar en los años de su aparición como un poderoso montaje textual en el que la anotación científica, la efusión estética, la preocupación humanística podían acoplarse o desglosarse, alternativamente, de la voz del narrador y de su cautivante relato de revelaciones y accidentes personales. Para el ya citado John Black, traductor de uno de esos volúmenes, en 1811 Humboldt no podía confundirse con esa proliferación de improvisados memorialistas que cubrían el grueso de la literatura de viajes en la Inglaterra contemporánea, puesto que sus escritos, por las pertinentes informaciones que acumulaban, estaban destinados a ser consultados como autoridad por los diversos países objeto de su estudio. Pero para Helen María Williams, que empezó a traducir siete años después el conjunto de esos volúmenes, titulándolos con una ligera, aunque seguramente intencionada enmienda sobre el original francés, *Personal Narrative of Travels to...*, la mayor atracción de esos escritos derivaba de su diferencia con las tradicionales y monótonas relaciones marítimas, ejemplarmente representadas en su momento por las del capitán James Cook. Porque las jornadas terrestres, unidades de composición en el caso de Humboldt, parecían mucho mejor calculadas para excitar el interés general, no sólo por su capacidad de ampliar el repertorio de informaciones útiles al conocimiento, sino también por la de revelar nuevos aspectos del abigarrado escenario del mundo y de las características de sus habitantes. Sin ninguna reserva en admitir el efecto de narratividad que encontraba en el tratamiento de esos pasajes, Helen María Williams decía en el prefacio de su traducción: "Con qué calmas emociones, con qué ansioso deleite seguimos al viajero que nos arranca de los cuidados, de los pesares y las alegrías de la vida ordinaria para perdernos en otro hemisferio."[10]

Es probable que con esta apelación simultánea a viejos y a nuevos hábitos de lectura, el relato de Humboldt consolidara las posibilidades de construir la audiencia amplia y diversificada de que disfrutó por largos años. Es probable también que esas posibilidades se beneficiaran de atributos no necesariamente vinculados a la experiencia intrínseca de la lectura. Uno de esos atributos pudo provenir, por ejemplo, del tipo de celebridad que acompañó a Humboldt, casi sin fisuras, desde su vuelta a Europa. Fue, como se anticipó, una suerte de fenómeno cultural en el que la imagen del sabio, del humanista y del viajero fue servida por un eximio manejo personal de las relaciones públicas, en un momento en que la movilidad y los alcances de la prensa tendían a convertir a Europa, y a los países vinculados o influidos por Europa, en una audiencia solidaria.[11] Otro de esos atributos pudo confundirse con la súbita significación política y económica que América, sujeto central de *Personal Narrative*, alcanzaba por los años de difusión del relato en el cuadro de la situación internacional que siguió a la revolución industrial y al nuevo ordenamiento de los poderes coloniales.

A este propósito, Mary Louise Pratt, en *Imperial Eyes. Travel Writing and Transculturation*, un valioso estudio sobre la literatura de viajes de esa etapa del expansionismo europeo, puntualiza y muestra convincentemente la intrincada relación de acontecimientos y paralelismos cronológicos por la cual el texto de Humboldt contribuyó al trazado de líneas de esa suerte de reinvención ideológica de Sudamérica que tuvo lugar a ambos lados del Atlántico, durante las primeras décadas del siglo XIX.[12] Esa América fue entonces tendenciosamente reinventada como objeto de conocimiento, como paisaje, como fuente de riqueza, como organización política y social, y en el entramado de ese proceso, cuando se lo examina a la distancia, no sorprende identificar las frecuentes referencias y las alusiones a *Personal Narrative*.

Si sorprende, en cambio, que esas referencias y alusiones se encuentren también en escritos de viajeros ingleses que se ocuparon preferentemente o exclusivamente del territorio del Río de la Plata, en los años que siguieron a la publicación de *Personal Narrative*, porque este territorio no fue recorrido por la expedición de Humboldt y Bonpland, y en consecuencia nunca mencionado directamente en la rendición escrita de aquélla.

Esta anomalía o este exceso, para calificar de algún modo la pertinencia de este sistema de citas, es el mejor indicador del carácter casi emblemático que el nombre de Humboldt llegó a adquirir en la literatura de viajes contemporánea, su carácter de premisa mayor en una lógica en que determinados repertorios temáticos, determinados módulos narrativos y hasta el ejercicio de un cierto tipo de sensibilidad, incluían todas las experiencias complementarias posibles.

De esta premisa, en efecto, los más de los viajeros ingleses que incursionaron por territorio argentino durante la tercera y cuarta década del siglo extrajeron la posibilidad de combinar las articulaciones de los discursos racionalista y romántico; el gusto por la andadura del relato, por las dimensiones de la peripecia personal; la confianza en las doctrinas de la especificidad del paisaje americano y de la armonía del hombre y la naturaleza. Y extrajeron también, por abuso de procedimiento, la tendencia a extrapolar observaciones y juicios que no podían o no debían, estrictamente, extrapolarse. Así, por ejemplo, en algunas descripciones del cruce de los Andes, apenas se disimula la gesticulación y el sentido escenográfico recortados en pasajes parecidos pero no idénticos de *Personal Narrative*. Así como se reconocerán los bosques tropicales de Cumaná, de la costa venezolana, en la presentación de lujuriosos bosques de la provincia de Tucumán. Ninguna extrapolación, sin embargo, tan esforzada (ni tan exitosa, por lo demás) como la que proyecta sobre numerosas descripciones de la inmensa llanura pampeana el largo segmento que Humboldt dedicó a recoger sus impresiones sobre las sabanas, o estepas o llanos de Venezuela.

El pasaje, en sí mismo, resume el *modus operandi* del viajero alemán, su disposición y su capacidad para orquestar registros de escritura diversos. El pasaje se inicia con una descripción global de las regiones desérticas de América del Sur, claramente deducida de la lectura de otros viajeros, y en esa descripción se incluye a las "Pampas de Buenos Aires y del Chaco, que sin cesar recuerdan, durante viajes de 20 a 30 días, la superficie igual del océano". Luego el viajero confronta la imagen de sus incursiones previas por las estepas del este de Europa y de Rusia, con las imágenes decantadas de su incursión última por los llanos de Venezuela, para confirmarse en su tesis favorita de la particularidad del paisaje americano. A estas conclusiones, agrega una reflexión aparentemente casual sobre la correlación entre la existencia de las estepas sin rebaños y el despotismo. Y a esta rápida reflexión, un extenso informe sobre las características de un pez que se encuentra en los pantanos y riachos de los llanos, y cuyas propiedades eléctricas debían, seguramente, excitar la curiosidad de los círculos científicos europeos. Como peripecia personal, Humboldt recuerda en este pasaje el hallazgo de una sofisticada máquina productora de electricidad, en el mismo corazón de los llanos: "...la obra de un hombre que nunca había visto instrumento alguno, que a nadie podía consultar, que no conocía los fenómenos de la electricidad más que por la lectura del *Tratado de Sigaud de la Font*, y de las *Memorias* de Franklin." Y también en el mismo segmento, como peripecia personal desplazada ahora de lo observado al observador, el viajero se cuidará de recoger las impresiones subjetivas del paisaje, la sentimentalidad, la efusión estética derivada de su visión de los llanos de Venezuela: "Hay algo tremendo, aunque triste y lúgubre, en el aspecto uniforme de esas estepas. Todo parece inmóvil allí; apenas si una pequeña nube, al atravesar el zenit anunciando la proximidad de la estación de las lluvias, arroja, a veces, su sombra sobre la sabana. No sé si la primera vista de los llanos concita menos excitación que la de la cadena de los Andes." "Ese solemne espectáculo de la bóveda estrellada, que se despliega en una inmensa extensión; la brisa fresca que corre sobre la llanura durante la noche; el movimiento onduloso de la yerba en los puntos donde gana alguna altura, todo eso nos recordaba la superficie del océano."[13] Humboldt no fue, desde luego, el primer viajero en asociar la percepción sensible de las extensas llanuras sudamericanas con la del océano; pero el océano que él invocaba ahora como uno de los términos de la asociación, era el trajinado océano del imaginario romántico contemporáneo. La fisonomía del desierto, vaciada todavía de significación, pasará desde entonces a formar parte de ese imaginario.[14]

Personal Narrative no proveía, por lo que se indica, ni la información ni el instrumental que los viajeros ingleses al Río de la Plata pudieran haber considerado de aplicación estricta en su lugar de destino. Pero sí ponía al alcance de esos viajeros las más oportunas fórmulas para canalizar la disposición, generalizada en esa precisa coyuntura del expansionismo europeo, a legitimar ese expansionismo como empresa de civilización.

Que esta fórmula de legitimación pudiera ser expresada, en esos mismos años, por un filósofo, desde el estrado universitario de un país que aspiraba a sumarse a ese momento triunfal de la hegemonía europea, prueba el grado de sofisticación alcanzado por la ideología del neocolonialismo, su capacidad de imaginar el grandioso devenir del Espíritu, a través de las edades, para instalarse en el presente de las naciones de Europa. Hegel hablaba desde Alemania, por Europa, y en tanto Alemania carecía por entonces de las flotas, los ejércitos y los capitales necesarios para participar en los pasos materiales de la inevitable anexión de las poblaciones que, como las de América, presuntivamente carecían de historia, saludaba a los ingleses por haber "asumido la pesada responsabilidad de ser los misioneros de la civilización en el mundo."[15]

Atenidos a los testimonios dejados por los viajeros de nuestro grupo de referencia, es difícil determinar el grado de lucidez con que aquéllos pudieron asumir esa función de misioneros de una determinada idea de civilización. La propia índole de la literatura de viajes, proclive a ser pensada y escrita desde la perspectiva del regreso, contribuye a privilegiar en esos testimonios la visión metropolitana, más o menos definida por una audiencia cuyas expectativas el viajero busca satisfacer con el uso de términos e imágenes familiarizadores. Y después está el diverso registro de acepciones que la idea de civilización pudo revestir en la conducta y en la presentación de esa conducta para cada uno de los viajeros.

En su acepción más cruda, particularmente en la de algunos agentes comerciales, la idea de civilización, si en alguna remota posibilidad se insinúa, nunca se empeña en proponérsela como sustituto de la de imperialismo, en cuyo nombre proponen diversas formas modernizadoras de explotación de los territorios visitados. En su acepción más compleja, en la de Darwin, esa idea, después de haber sido agudamente discutida y puesta a prueba en confrontación con formas ensayadas por otras sociedades, se mostrará finalmente asociada con una suerte de misión, emprendida y llevada a cabo exitosamente por los ingleses. Darwin sugiere esa asociación en algún momento de su itinerario argentino, pero la expresa, sin retaceos, en el recodo final del periplo del *Beagle*, a su paso por los mares del Sur y por Australia: "La marcha del progreso, consecuente a la introducción del cristianismo en los mares del Sud, probablemente habla por sí misma en los anales de la historia. Esto es más sorprendente cuando recordamos que hace sólo 60 años, Cook, cuyo excelente criterio nadie pondrá en discusión, no podía prever perspectivas de cambio. Estos cambios, sin embargo, han sido efectuados por el espíritu filantrópico de la nación británica... Es imposible, para un inglés, mirar esas distantes colonias sin elevado orgullo y satisfacción. Enarbolar la bandera británica parece llevar consigo, como consecuencia cierta, riqueza, prosperidad y civilización".[16]

También en la línea de Darwin, viajeros como Head, Andrews o Haigh tienden a identificar la idea de misión civilizadora con la de sus respectivos proyectos de ultramar, sin excluir de esa identificación la oportunidad de confrontar, críticamente, la idea misma de civilización con la que, en última instancia, legitiman esos proyectos. Desilusionados o atemorizados ante algunos de los efectos de la revolución industrial sobre la sociedad inglesa, estos viajeros encuentran o dicen encontrar entre los gauchos y los indios de las llanuras pampeanas formas de vida reminiscentes de la de los núcleos primitivos de civilización en Europa.

Si la presencia del texto de Humboldt, con todas sus salvedades, y la de la idea de civilización, a pesar de sus variantes, contribuyen en nuestra lectura a distinguir el perfil de una serie en el conjunto de los escritos de los viajeros ingleses a la Argentina durante la tercera y cuarta década del siglo XIX, cabe preguntarse si el perfil de esta serie se corresponde con el que pudieron percibir los lectores argentinos contemporáneos. No existen demasiadas noticias sobre la composición y la extensión de la audiencia de esa particular sección de la literatura de viajes, pero las que existen coinciden en identificar a algunos de esos lectores: Alberdi, Echeverría, Gutiérrez, Mármol, Sarmiento. Y estos lectores, por lo que indica el sistema de citas reproducido o inferido de sus propios escritos posteriores, leyeron los textos de algunos de esos viajeros; ni todos, ni en el mismo orden, pero en el número y con la representatividad suficientes como para distinguir lo que consideramos el perfil de una serie. Y de una serie que para ellos, con más naturalidad que para nosotros, recortaba del tejido global de la literatura de viajes, muy probablemente ya desde los tiempos de Bernardin de Saint-Pierre, "la parte más valiosa y entretenida de la literatura moderna."

Desde luego, no el enunciado de la percepción de la serie, pero sí la insistencia en ese enunciado pretende convertirse en una de las categorías de análisis del presente estudio, y, como toda categoría, seguramente sustraerá y distorsionará, en su aplicación, componentes del objeto de análisis. Éste es un reparo que importa anticipar, porque anticiparlo acaso contribuya a evitarlo en las más de las veces. También, como eventual reserva, debe señalarse la circunstancia de que los escritos de los viajeros ingleses pueden tender a situarse de una u otra manera, como verificación o corrección privilegiada de algunas de las hipótesis de trabajo desarrolladas en textos fundacionales de la literatura argentina. Y en el enmarcamiento de la presente lectura, más aún, como verificación o corrección de nuestra propia hipótesis de trabajo.

Va de suyo que el orden en que se ofrecen los textos de los viajeros y el de sus declarados lectores argentinos, réplica del orden en que aquéllos fueron escritos y leídos, implica, de hecho, la utilización de un movimiento narrativo y va de suyo que este movimiento, por vías insidiosas e imprevistas, puede infiltrar el gesto, el ademán, las expectativas de la ficción en el mecanismo de control de los materiales de estudio, enfatizando la percepción de la continuidad sobre las instancias de ruptura, fragmentación y dispersión que, eventualmente, la contradicen. Pero entre aceptar este movimiento o negarlo, en un simulacro de vaciamiento y fracturación que delegaría a los reflejos culturales del lector la tarea de reconstruirlo, nos decidimos por su vigilada aceptación.[17]

NOTAS

[1] John Black, en el Prefacio a Alexander von Humboldt, *Political Essay of the New Spain*. Traducido del original francés por John Black, Londres, 1811, Vol. I, reimpreso, Nueva York: Ams Press, 1966, pp. III, IV.

[2] El manuscrito de *Quinze jours au désert* fue, finalmente, incluido por Beaumont en la edición póstuma de las obras completas de Tocqueville, en 1864. Sobre el viaje a los Estados Unidos de Norteamérica y las relaciones entre Tocqueville y Beaumont, véase, G. W. Pierson, *Tocqueville and Beaumont in America*, Nueva York: Oxford, 1938.

[3] G. W. F. Hegel, *The Philosophy of History*, Nueva York: Dover Publications, 1956, Parte IV, Cap. III, p. 455.

[4] Entre los primeros: E. Martínez Estrada, *Muerte y transfiguración de Martín Fierro*, México: F. C. E., 1948; E. Espinosa, *Tres clásicos de la pampa*, Santiago de Chile: Editorial Universitaria, 1951; E. Williams Álzaga, *La pampa en la novela argentina*, Buenos Aires: Estrada, 1955; R. A. Arrieta, "Echeverría y el romanticismo en el Plata", en *Historia de la literatura argentina*, vol. II. Buenos Aires: Peuser, 1958. Entre los segundos: Jean Franco, "Un viaje poco romántico: Viajeros ingleses hacia Sudamérica: 1818-1828", en *Escritura*, 7, Caracas, 1979; R. González Echevarria, *Muth and Archive*, Cambridge: Cambridge University Press, 1990; Mary Louise Pratt, *Imperial Eyes. Travel Writing and Transculturation*, Londres, Nueva York: Routledge, 1992.

[5] J. H. Bernardin de Saint-Pierre, *Voyage a L'Ile de France*, en *Oeuvres*, ordenados por L. Aimé-Martin, París: Chez Lefevre, 1833, pp. 106-109.

[6] Interesantes reflexiones sobre ese espacio de fronteras inestables de la literatura de viajes, en B. Van Den Abeele, *Travel as Metaphor*, Minneapolis: University of Minnesota Press, 1992. Van Den Abeele desarrolla, en particular, el uso del motivo del viaje en la

articulación de los escritos de pensadores del período clásico francés, de Montaigne a Rousseau. Desde otra perspectiva, Michel Butor había adelantado, ya en 1974, la posibilidad de admitir como coincidentes la experiencia de viaje con la de escritura que da cuenta de esa experiencia. Butor funda esta posibilidad en su lectura de los escritores franceses del romanticismo que escribieron después de *Atala* (1801), de Chateaubriand. Todos los viajes de estos escritores, dice Butor, fueron librescos: ellos parten siempre de Chateaubriand para corregirlo o complementarlo; leen siempre durante los viajes, llevan diarios, organizan sus observaciones con un libro en mente, viajan para escribir, escriben mientras viajan, porque para ellos "el viaje mismo es escritura". M. Butor, *Repertoire IV*, París: Les Editions de Minuit, 1974, pp. 9-29.

[7] Charles Darwin, *Journal and Remarks. 1832-1836*, en *Narrative of the Surveying Voyages of His Majesty's Ships adventure and Beagle*, vol. III. Londres: H. Colburn, 1839. Reimpreso. Nueva York: AMS Press, 1966, p. 604.

[8] Durante esas vísperas, las esporádicas referencias al paisaje contenidas en las cartas y documentos escritos por Humboldt durante su permanencia en América responden sólo a las incitaciones del paisaje tropical y no discriminan suficientemente entre las sorpresas que gratifican a la sensibilidad del viajero y las que alimentan el asombro del científico. Véase Alejandro de Humboldt, *Cartas Americanas*. Compilación, prólogo, notas, cronología, Charles Minguet, Caracas: Biblioteca Ayacucho, 1980, pp. 43, 54, 58.

[9] Cita de la versión inglesa, *Views of Nature; or Contemplations on the Sublime Phenomens of Creation*. Traducido del alemán por E. C. Otté y Henry G. Bohn. Londres: Henry Bohn, 1850, p. IX-X.

[10] Helen María Williams, en el prefacio a Alexander von Humboldt, *Personal Narrative of Travels to the Equinoctial Regions of the New Continent*, Vol. I. Londres: Longman y otros, 1818, p. VII. Puede agregarse que este comentario de la traductora inglesa hace justicia al proyecto que el propio Humboldt había anticipado para esta sección de su expedición americana. En una carta fechada en París, en febrero de 1805, al anunciar al editor su plan de publicaciones, decía sobre la sección dedicada a las regiones tropicales: "Quiero que el viaje esté escrito de modo de atraer a las gentes de buen gusto. No contendrá más que los resultados de los números, todo lo que concierne al físico del país, a las costumbres, al comercio, a la cultura intelectual, a las antigüedades, a las finanzas y a las pequeñas aventuras de los viajeros". *Cartas*, op. cit., p. 144. Al avanzar en el más bien caótico cumplimiento de su plan de publicaciones, Humboldt, cuatro años después de publicar *Tableaux de la Nature*, emprende, finalmente, la redacción de los volúmenes correspondientes al viaje por la América Meridional, y es notable cómo se verifica en ellos la impronta del proyecto inicial. Para "las gentes de buen gusto", el viajero provee no sólo la información y la dosis de peripecia personal necesarias; ofrece también una visión del paisaje en términos familiarizados con la visión cultural sancionada por esas gentes de buen gusto. Así, al introducir la nove-

dad de la selva en la costa venezolana, esa novedad se iluminará por contraste con la imagen de la selva recibida a través de la lectura de Chateaubriand: "Los objetos que lo rodean no le recuerdan sino débilmente los cuadros que los escritores célebres han trazado en las orillas del Mississippi, en la Florida y en otras regiones templadas del Nuevo Mundo" (*Personal Narrative*).

[11] *Nouvelle Biographie Génerale*, publicada por los hermanos Firmin Didot, en París, llamaba a Humboldt, en 1858, un año antes de su muerte, "el más grande sabio de nuestra época" y "el Aristóteles moderno". En una edición finisecular de *The Encyclopaedia Britannica*, se aseguraba que "con excepción de Napoleón Bonaparte (Humboldt) fue el hombre más famoso de Europa". Un enjuiciamiento actualizado y accesible para el lego, de los trabajos y los escritos del viajero alemán, en Charles Minguet, *Alejandro de Humboldt, historiador y geógrafo*, México: F. C. E., 1985.

Sobre la constitución de esa audiencia solidaria y sus modos de comunicación a través de la literatura y el periodismo, véase, Benedict Anderson, *Imagined Communities*. Londres: Verso, 1991.

[12] Mary Louise Pratt, op. cit., caps. 6-7-8.

[13] *Personal Narrative*, op. cit., Vol. IV, Libro VI, pp. 293 y 325.

[14] Por lo menos dos viajeros del siglo XVIII, el italiano Gervasoni y el alemán Paucke, habían asociado la imagen de la pampa con la del océano. "Navegación hecha por tierra", "toda campaña baja, que parece un océano", "antes de ponerse en camino es necesario hacer las mismas provisiones que si se fuese a viajar por mar", dijo el primero en una carta fechada en 1729. Y el segundo, en un escrito de mediados de ese siglo: "Mirábamos por un campo llano, extenso y ancho que debe deleitar a la vista del hombre; era tan parejo como el mar cuando está tranquilo". Véase, E. Williams Álzaga, *La pampa en la novela argentina*, op. cit., pp. 35-40.

Contemporáneo a la difusión de los textos de Humboldt, y aun de los primeros viajeros ingleses que invocaron su nombre, pero sin aparente conocimiento de unos o de otros, el capitán Pedro Andrés García dejó constancia en la memoria de su expedición a la Sierra de la Ventana, emprendida entre 1821 y 1823: "Tal es el efecto admirable de estas obras de la naturaleza, en medio de una pampa al parecer sin límites, y tal es la sorpresa que causa al observador cuando son vistas a una lejana distancia por primera vez en un país desierto: semejante a un océano, en donde vaga como un bajel, sin más auxilio que los que proporciona la casualidad!". La memoria fue publicada en 1837, por Pedro de Angelis, en su *Colección de obras y documentos relativos a la historia antigua y moderna de la Provincia del Río de la Plata*, T. IV, 2ª edición, Buenos Aires: Librería Nacional de Lajouanne, 1910, IV, p. 145.

[15] G. W. F. Hegel, op. cit., p. 455.

[16] Darwin, op. cit., p. 607.

[17] Como resolución a la ansiedad producida por las discusiones y aportes teóricos del posmodernismo sobre el uso de los modos narrativos, algunos ambiciosos proyectos de historias literarias han sido or-

ganizados ya, con prescindencia de esos modos, como enciclopedias, como repertorios desarticulados de temas, como espacios desjerarquizados, descentralizados, simultáneos. Para una revisión de algunas de estas experiencias, véase, David Perkins, *Is Literary History Possible?*, Baltimore: The Johns Hopkins University Press, 1992. Perkins puntualiza que los editores de uno de esos proyectos (*Columbia Literary History of the United States*, 1987), un volumen que compila 66 ensayos de contribuidores diferentes, anuncian que no han hecho ningún intento para contar una sola historia, con una narrativa coherente, porque ya no es más posible, o deseable, "formular una imagen de continuidad", pero que los mismos editores recomiendan a los lectores encontrar continuidades, usando selectivamente los índices que complementan el volumen, pp. 53-60.

I

Viajeros ingleses al Río de la Plata

Entre los viajeros ingleses que transitaron diversas regiones del territorio argentino entre 1820 y 1835 aproximadamente, 14 de ellos, por lo menos, escribieron y publicaron sus relaciones de esta experiencia.[1] Esta relativa concentración de una práctica nunca desertada a lo largo del siglo tiene que ver, en primer término, con la atracción que la explotación de las minas de oro y plata de la región andina pareció ejercer sobre inversores ingleses. Esta atracción alcanzó su punto culminante y su rápido declive en 1825, con la fiebre especulativa generada por esas inversiones y sus efectos negativos en la Bolsa de Valores de Londres. Otros intereses comerciales acompañaron o siguieron al inicialmente predominante de la explotación de minas, y a estos intereses se agregaron algunos directamente vinculados al reconocimiento político-geográfico del globo, incesantemente promovido y ejecutado por oficiales de la marina real inglesa.

Estas circunstancias, desde luego, contribuyeron a caracterizar la índole de los textos derivados de esa experiencia, a marcar, más allá de las obvias diferencias, la tendencia compartida por aquéllos de proponerse como agentes transmisores de una masiva información sobre una particular región del planeta. Pero estas mismas circunstancias, si se establecen las debidas conexiones con las coordenadas históricas y culturales específicas, contribuyen también a la conveniente percepción de los modos con que esos textos vehiculizan la información ofrecida; a la percepción de estrategias expresivas movilizadas y orientadas desde determinantes expectativas de lectura.

Si se admite que a partir de los años de publicación de *Personal Narrative*, aunque no exclusivamente vinculada a los efectos de esta publicación, se produce una modificación en el acto de lectura reservado tradicionalmente a la literatura de viajes, puede presumirse, entonces, que algunos o los más de los informes y memorias dejados por los viajeros ingleses que visitaron la Argentina desde 1820 hasta mediados de la década siguiente debieron de redactarse ya, francamente, en función de una audiencia metropolitana adiestrada en la gustación y en la sanción de esos nuevos cánones de lectura.

Todavía en lo que podría denominarse vertiente tradicional de la literatura de viajes, si se acepta el meridiano divisor representado por los escritos de Humboldt, se sitúan las memorias de John Miers, *Travels in Chile and La Plata* (Londres, 1826). Miers, un experto en minas, inició en Buenos Aires en 1819 un viaje de reconocimiento cuyo destino final, Chile, implicaba el recorrido de la extensa llanura que separa el puerto de arribo de la cordillera de los Andes. La perspectiva desde la que Miers organizará y representará posteriormente sus materiales no es demasiado diferente de la que había utilizado, por ejemplo, Carrió de la Vandera, en *Lazarillo de ciegos caminantes*, en la segunda mitad del siglo XVIII, y notoriamente similar a la empleada por Azara en su *Memoria sobre el estado rural del Río de la Plata*, concluida en 1810.

El objetivo declarado de su viaje era el de evaluar las posibilidades de explotación minera en Chile, y aunque en función de ese objetivo el recorrido por territorio argentino carecía de interés específico, el viajero anota las circunstancias de ese tránsito, y al hacerlo acude efectivamente a un registro de selección y de evaluación presidido por la idea del viaje utilitario. Así, será riguroso en la medición de las distancias recorridas; anotará el precio de los carruajes y las condiciones de salubridad de las postas; opinará sobre la calidad de las tierras y de los animales observados. Describirá la variedad de los árboles frutales descubiertos en el camino, con parsimonia. Con desabrimiento a los individuos y a las agrupaciones sociales: de los gauchos destacará la falta de hábitos de higiene; de los indios, en dos extensas descripciones, dirá que son crueles, depredadores, violentos.

La instancia narrativa, implícita en la voz de un relator que recompone un tipo de acontecer pautado por secuencias cronológicas, rara vez excede la anotación del movimiento físico del viaje, ni se distrae en la incorporación de hechos o de anécdotas irrelevantes para la ilustración de un viajero futuro. No tiene ojos para el nuevo paisaje, o para decirlo con mayor justicia, no logra percibirlo sino a través de imágenes destituidas de toda presunción estética, o excepcionalmente, de imágenes demoradamente provistas, todavía, del gusto europeo convencional de una o dos generaciones anteriores.

Para Miers, la pampa tiene la apariencia de una "interminable pista de bowling".[2] Sólo al llegar a la provincia de Córdoba, encontrará en las localidades de Achiras y Portezuelo cristalizaciones de paisaje dignas de atención. Dice de Portezuelo: "el verdor y la lujuria del follaje, contrastados con la desnudez de las masas de roca, la pobreza de las chozas y la miserable apariencia de los habitantes de este bellamente protegido lugar, daba al conjunto un aire de lo romántico. La vista, en general, es muy placentera, especialmente para un viajero que ha transitado cientos de millas por un país que no ofrece otra cosa que una ilimitada llanura vacía de paisaje, en donde no pueden verse ni colinas, ni rocas ni árboles."[3] De los Andes, cuya laboriosa travesía le permite recoger innumerables datos sobre la geología, la flora, la fauna, el clima, dirá que es un escenario en el que la naturaleza presenta los objetos con demasiada proximidad para ser agradables, y en una escala demasiado grande para acomodarse a su imaginación; un sitio en donde buscará en vano la variedad de líneas, las hermosas perspectivas, las vistas pintorescas que convocan a la admiración en los Alpes europeos: "esas placenteras asociaciones de lo romántico y lo bello."[4] Donde, otra vez, el uso del término *romántico* remite a un código de apreciación del paisaje que se resiste a incorporar, todavía, la imagen de la desmesura americana.[5]

Es difícil precisar si Alexander Caldcleugh emprendió su viaje a Brasil, la Argentina y Chile por cuenta del gobierno inglés o de particulares interesados en conocer tanto la situación política como las fuentes de recursos naturales y las perspectivas de inversión en estos países. En todo caso, *Travels in South America, During the Years 1819-20-21*, publicado en Londres en 1825, busca presentar a estos países como potenciales mercados de consumo y centros de inversión.

Desde esta perspectiva, el informe de Caldcleugh sobre la Argentina recoge datos de un espectro tan amplio como la historia reciente, las formas de gobierno, los sistemas de rentas, las vías de comunicación y las riquezas naturales. Datos a los que agrega especulaciones de diverso calibre, que van desde las ventajas de construir una flota de vapores para la utilización de los ríos, a la fabricación de ponchos capaces de competir con la promisoria artesanía doméstica, desde la posibilidad de sustituir la conocida afición de las tribus indígenas a la chicha, hasta la afición al brandy, ya adoptada por los criollos. Pese a las determinaciones de esta perspectiva, y las aledañas atribuibles a la idea del viaje utilitario, el informe de Caldcleugh dista de ofrecerse como un simple vademécum destinado a la curiosidad del inversor metropolitano. Pasajes enteros del informe sucumben, en efecto, al gusto de la narración, y en estos pasajes la voz del narrador postula la existencia de un sujeto que padece o disfruta la experiencia del viaje, se relaciona con la población nativa, procura distinguir la novedad del paisaje.

La mayor amenidad del texto de Caldcleugh o, si se quiere, el grado de modernidad que lo separa del de Miers, pueden ya provenir, si nos atenemos a las constancias de las citas, de algunas de las modalidades consagradas por las memorias de viajes de Humboldt. Y el autor del informe no solamente cita en dos oportunidades a Humboldt: se muestra bien familiarizado con la dimensión del prestigio que evocaba la sola mención de su nombre. Antes de llegar a Buenos Aires, en un apartado sugerido por la ventaja de dar cuenta de la situación del Paraguay, Caldcleugh ilustra al lector sobre el carácter sombrío del gobierno del doctor Francia, denunciando la situación de prisionero en que mantenía al científico francés Bonpland. "M. Bonpland —recuerda el informante—, que acompañó a Humboldt a las regiones equinocciales del Nuevo Mundo, y que, por sus investigaciones botánicas, acrecentó tan considerablemente el valor de los viajes del gran prusiano..."

Si hay espacios del texto de Caldcleugh en los que se reconoce con mayor nitidez el efecto de lectura producido por los viajes de Humboldt, éstos son previsiblemente aquellos en los que la aventura física acompaña a la aventura intelectual y a la de los sentidos. Las travesías de la pampa y de la cordillera de los Andes son estos espacios privilegiados, y las anotaciones del informante, recuperadas aquí en la versión original de su diario, transmiten una bien dramatizada sensación de la aventura física, con la acechanza permanente de los indios en la llanura y el peligro de los desfiladeros y los derrumbes en la cordillera. La curiosidad intelectual llena de piedras y de vegetales las alforjas del viajero, al tiempo que esa misma curiosidad, ajustada al lente del relativismo cultural, le permite observar y registrar las características y los hábitos de vida de la población gaucha y de los indios.

En este último aspecto, sin embargo, es posible indicar una insuficiente lectura de Humboldt por parte de Caldcleugh, o un recorte parcial de ésta. Porque mientras el autor de *Personal Narrative* destaca las relaciones del individuo y de los grupos humanos, tanto con la cultura como con su entorno natural, el de *Travels in South America* tiende a reducir el rol del entorno físico, para subrayar en cambio el peso de la institucionalización de determinadas prácticas políticas y económicas; la presión negativa de los intereses y las luchas de facciones de los grupos dirigentes criollos. En el caso particular de los indios, el viajero tuvo oportunidad de verificar, durante su travesía de la pampa, que la agitación de ciertas tribus respondía a la manipulación de uno de los hermanos Carrera, desplazado de Chile por San Martín, y que buscaba de esa manera abrir un frente de hostilidades interno.

También esta insuficiencia o este recorte de la lectura de Humboldt puede advertirse en el tratamiento del paisaje, es decir en el modo de expresar los sentimientos de novedad provocados por éste, en el modo de traducir la equivalencia estética de esos sentimientos. Estas observaciones no se aplican enteramente, conviene anticiparlo, a las impresiones que Caldcleugh recogió antes y durante la travesía de los Andes. Porque apenas se acercó a la cordillera, el viajero se sintió sobrecogido por la "espléndida", por la "sublime" vista que ésta ofrecía, y aunque se consideró incompetente para registrar en su diario las sensaciones ocasionadas por ese espectáculo único, en diversos momentos del cruce se atrevió a consignarlas.[6]

No se encuentran estas expresiones, sin embargo, en el segmento del diario dedicado a la travesía de la pampa. Ya en la primera entrada del diario, después de la consabida descripción de los preparativos y de las ansiedades de la jornada, Caldcleugh anota: "El viaje no es interesante, sucediendo sobre una llanura con poca vegetación o agua, y con ningún otro límite que el horizonte."[7] Y más de una semana después, ya en las estribaciones de las sierras de Córdoba, la revelación abrupta: "el aspecto montañoso de la región, después de la tediosa monotonía de diez días sobre la llanura, poseía un indescriptible encanto."[8]

Si junto con estas expresiones se rememoran las dramáticas y suntuosas expresiones vertidas por Humboldt en su descubrimiento de los llanos de Venezuela, parece difícil aceptar que Caldcleugh tuviera un efectivo conocimiento de los pasajes respectivos de *Personal Narrative*. No, por supuesto, porque ese conocimiento, pasado por el filtro de las preferencias personales, hubiera debido producir una suerte de réplica de imágenes y de juicios de valor, sino porque ese conocimiento tendría que haber producido, en buena hipótesis, alguna suerte de comentario.

Más cerca de Miers que de Caldcleugh, y en un formato aun más conservador que el del primero, Robert Proctor presentó el informe de su viaje de Buenos Aires a Lima, *Narrative of a Journey Across the Cordillera of the Andes... In the Years 1823 and 1824*, en Londres, en 1825. Proctor era el agente intermediario en la contratación de un préstamo al gobierno peruano, y al publicar sus apuntes y observaciones de viaje esperaba fundamentalmente brindar una información esclarecedora sobre la situación política y las posibilidades de relaciones económicas con ese país.

El itinerario argentino se recupera, entonces, sobre notas de acontecimientos y de experiencias precursoras o subsidiarias de un proyecto mayor, y este relegamiento se advierte no tanto en el espacio que Proctor concede a las etapas de ese itinerario, cuanto en la prisa, en la escasa o ninguna simpatía con que busca ilustrar lo sobresaliente de esas etapas, en el desgano con que procede a tratarlas como material de relato. Hay relato, gusto de contar y hasta cierta pericia narrativa, por ejemplo, en la evocación que Proctor ofrece de los grandes disturbios que pudo presenciar en una Lima desgarrada por la lucha de facciones. Pero aquí hay estampas fijas que se tornan como las páginas de un libro: "La pampa y sus habitantes", "Gauchos y sus caballos", "Lucha entre peones", "Caza del avestruz"...

En estas estampas, Proctor introduce previsiblemente todos aquellos comentarios que pueden acreditar el carácter utilitario de su viaje, como el de la fertilidad de la capa de tierra que cubre la planicie pampeana, o el desarrollo de la industria del vino en Mendoza, sin mencionar el registro de información menuda para futuros viajeros. E introduce diversas observaciones sobre las gentes y sobre los escenarios que encuentra en el camino. De los gauchos dirá: "Los habitantes de esta parte del país son una ruda raza de bárbaros, de sombría apariencia" y también: "Estos salvajes, porque difícilmente pueden ser descritos de esta manera, son extremadamente aficionados al juego."[9] Aunque admitirá, con otros viajeros (a los que no cita), que son excelentes jinetes y expertos en el manejo del lazo.

E introduce comentarios sobre el entorno físico. El escenario que presenta la pampa le parece excesivamente monótono, en tanto no existe un arbusto sobre el que el viajero pueda descansar la vista, ni una casa, si se exceptúan las postas. Para agregar, al término de su recorrido, ya instalado en la ciudad de Mendoza: "Mendoza parece disfrutar esta hermosa situación, en cuanto placentero lugar de alivio para un viajero que ha atravesado mil millas de la, quizá, menos interesante región que pueda encontrarse en el mundo; tan pocos objetos de curiosidad se ofrecen para quebrar el tedio de las perpetuas planicies y deshabitados páramos."[10]

Ambos comentarios suponen, desde luego, una apreciación de orden estético, un ejercicio del gusto sustentado en una dual interacción de códigos que el propio viajero no tardará en revelar. La identidad de uno de esos códigos podía ya ser inferida por las expresiones que al viajero le merecen algunos parajes de

Córdoba o los alrededores de Mendoza. Será nombrada explícitamente durante el cruce de la cordillera, al describir, en el lado chileno, la localidad de Punta de Vacas: "...y aquí, en una romántica ubicación junto al torrente, descansamos una hora", donde el término "romántico" reproduce las connotaciones utilizadas por Miers en la relación de *Travels in Chile and La Plata*.[11] La identidad del otro código se declara en la apelación a una cita literaria que proviene, seguramente, de otro estrato de la memoria del viajero, pero cuya capacidad de actualización no ha sido erosionada, sin embargo, por la más corriente disposición a percibir el paisaje como concreción de lo romántico-pintoresco.

Al llegar al pico más alto de su travesía por los Andes, Proctor recuerda, y cita, en efecto, tres líneas del extenso poema de Thomas Campbell, "The Pleasures of Hope", publicado en 1789. Son los únicos tres versos del poema relacionados con este escenario, y recortan la cumbre de los Andes como una figura, entre otras, de un vasto cuadro alegórico del universo, el lugar preciso donde los Andes, desde su trono de nubes, mira sobre la otra mitad de la tierra.[12] Pero el vaciado alegórico, o mejor dicho la experiencia y la memoria de una lectura íntimamente vinculadas a la imagen del vaciado alegórico, no logra conectarse con la visión directa del pasaje más alto de la cordillera, y Proctor expresa su frustración porque el sitio no le ofrece la oportunidad de mirar efectivamente la otra mitad de la tierra. Sin imágenes de recambio, el viajero se limitará a mencionar los inmensos bloques de granito, productos de alguna violenta convulsión de la naturaleza, hasta encontrar "esas corrientes que aparecen a la distancia como hilos de leche, porque saltando de roca en roca, el agua se torna blanca por la espuma, y contrasta, finalmente, con la superficie oscura de las montañas." En esta súbita transición de códigos, Proctor no tardará en descubrir la "romántica situación" de Punta de Vacas.

Si en el texto de Caldcleugh el conocimiento de Humboldt se verifica como insuficiente o parcial, en el de Peter Schmidtmeyer, *Travels into Chile over the Andes* (Londres, 1824), se verifica como pleno, aunque firmemente atenido a una interpretación unilateral. Schmidtmeyer leyó tenazmente a Humboldt, y en la ejecución del informe de su viaje a Chile apenas disimula la pretensión de convertir a éste en el complemento sudamericano que faltaba en el diseño de la célebre expedición a las regiones equinocciales del continente. Así, en la línea de trabajo del viajero alemán, al que cita incansablemente, carga al informe sobre su travesía de Buenos Aires a Chile, durante los años 1820 y 1821, de una masa de datos que incluye verdaderos apartados sobre geología, mineralogía, botánica, economía regional, medicina, historia política y costumbres. Pero esta masa de información, tan fiel a las modalidades del discurso racionalista del modelo, no acierta a abrir sus poros a las filtraciones estéticas del mismo modelo, y prácticamente paraliza, por otra parte, todo conato de narración.

En este ejercicio de lectura unilateral del texto de Humboldt, es posible que Schmidtmeyer expresara su mayor afinidad con el horizonte cultural del siglo XVIII que con el del XIX. O que, aun sintiéndose parte de su siglo, expresara su incapacidad personal de trascender la estructura de sensibilidad condicionada por su educación y su medio. Esta segunda posibilidad parece ser la correcta, sobre todo cuando se examina el comportamiento del viajero ante los espacios abiertos, ante los componentes del paisaje que descubre a lo largo de la excursión.

Schmidtmeyer sabía muy bien que su proyecto más explícito de escribir el complemento sudamericano de *Personal Narrative* debía, necesariamente, incluir el paisaje de los territorios recorridos y, con el paisaje, la emoción del paisaje. Ese saber le alcanza para señalar el lugar del paisaje, pero es incompetente para expresar el sentimiento de éste. Como Miers, como Caldcleugh, como Proctor, Schmidtmeyer traduce en economía de palabras la incomodidad que le produce la travesía de la pampa, limitándose a decir que ésta reconoce más desiguales niveles que los que aparecen a primera vista. Y, como el primero de los nombrados, comprobará, durante el pasaje de los Andes, que nada que no tenga las dimensiones y las características de los paisajes europeos merece, en verdad, ser calificado como paisaje.

Fijado en ese código de apreciación, el entusiasta lector de Humboldt sucumbirá una y otra vez al desencanto que le produce la gran cordillera americana. "El viajero, llevado a esperar cataratas de miles de pies, no encuentra nada, ni siquiera una cascada: extraña el pino verde oscuro, gentilmente agitado cuando la atmósfera exhala su aliento, sacudiendo de sus ramas los copos de nieve congelada, y lo busca en vano. Mares de hielo azul, de diversas formas fantásticas, no bajan por los valles y hondonadas a recibirlo. Con tales rasgos, las enormes masas de aquí podrían reclamar cierto parecido a los Alpes, y después sentirse orgullosas de su tamaño gigantesco. Aun las rocas no asumirán actitudes amenazantes, y sus cuerpos yacen uno encima del otro, en torpes, suaves y casi diría dormidas posiciones, cubiertas parcialmente con sus desmoronados fragmentos."[13]

Escasos años después de la visita de estos viajeros, llegaron a Buenos Aires los que podrían considerarse los primeros lectores, o dicho con mayor precisión, los primeros lectores que asumían, finalmente, la novedad del doble discurso imbricado en los textos de Humboldt. En 1825, el mismo año en que estalló la fiebre especulativa en la Bolsa de Valores de Londres con las promesas de las riquezas minerales de la América hispánica, tres viajeros ingleses arribaron al Río de la Plata con similares encargos: Francis Bond Head, Joseph Andrews y Edmond Temple. El capitán Head fue comisionado para informar sobre las posibilidades de explotación de las minas de oro y plata en la Argentina primero, y en Chile después. La misión fue cumplida con extrema celeridad, y con la misma celeridad el viajero a su regreso a Londres en 1826 dio cuenta del absoluto fracaso de aquélla. Sus escritos relativos a esta experiencia, *Rough Notes Taken During Some Rapid Journeys Across the Pampas and Among the Andes* y *Reports on the Failure of the Río de la Plata Mining Association*, aparecieron publicados en 1826 y 1827, respectivamente.

El segundo título corresponde a un informe de carácter técnico sobre la naturaleza y los resultados de las inspecciones realizadas sobre el terreno. El primero, a una relación personal que abunda también en información y juicios de interés económico sobre la región del Plata, y hasta exhibe, con más abierto desenfado, un aspecto ya familiar en los informes de Miers y de Proctor: el del agente imperial que previene a los accionistas de las metrópolis de la necesidad de conocer las características de los países sobre los cuales se proyectan determinadas inversiones. Sólo que esta función legitimadora, lejos de proponerse como excluyente, se funde aquí con una franca disposición hacia el tipo de relato promovido por la difusión de los viajes de Humboldt.

La inserción del primer escrito de Head en una red textual articulada sobre el modelo de *Personal Narrative* es lo suficientemente deliberada como para que, más allá de todos los trazos visibles, una cita casual se presente como homenaje a la precedencia del modelo. Bien avanzada la relación de su viaje sobre territorio argentino, Head describe la riesgosa travesía de un río en la cordillera de los Andes, y al tomar distancia de su recuerdo de esta peripecia, se divierte imaginando las desairadas reacciones de algunos de sus amigos frente a esos peligros, para concluir afirmando: éstas son las situaciones reales que desafían al viajero en los Andes, aunque estas situaciones "desconcierten la gravedad y la solemnidad de su *Personal Narrative*."[14]

Es evidente que la oblicuidad de la cita, el ligero humor con que es referida, presume, sobreentiende para el texto de Head una audiencia capacitada tanto para descifrar los caracteres de homenaje al modelo aludido, como para ponderar el espacio que el mismo texto se reservaba para sí. Y en función de esa audiencia, de la idoneidad y de las expectativas asignadas a esa audiencia, no sorprende, entonces, que las direcciones perceptibles en *Rough Notes*... tiendan tanto a corroborar el efecto de familiarización con el modelo deducido de los escritos de Humboldt, como a establecer las vías de superación y de exploración de desarrollos potenciales de éste.

Así, en un primer movimiento, probará la combinación del discurso racionalista-utilitario con el discurso romántico-sublime, interpolando información destinada a aumentar el conocimiento sobre una región particular del planeta con los raptos de emoción estética provocados aquí y allá por las revelaciones del escenario natural. Aportará su guía de recomendaciones prácticas para futuros viajeros, y junto con sus vaticinios sobre el desarrollo económico que aguarda a la explotación sistemática de la tierra en la Argentina dirá, sin transiciones, que esa tierra, por la magnitud de su extensión y la regularidad y la belleza de su manto vegetal, descubre la noble estampa de un Creador omnipotente. Dirá, adoptando probablemente la figura consagrada por Humboldt como calificativo de otra geografía, que la pampa, vista desde la falda de los Andes, "semeja el océano", y que los Andes, la cumbre de los Andes, aunque inhospitalaria, ofrece "a la vez un cuadro magnífico y sublime."[15]

Pero en un segundo movimiento, desinhibirá la voz del narrador privilegiado que supone la constitución misma de la literatura de viajes, dotándola ahora de la conciencia de ese privilegio. En la introducción que acompaña a la edición de *Rough Notes*..., Head recordará que en la redacción final del manuscrito se sirvió de apuntes que describían "cualquier cosa que me interesara o me entretuviera", una acotación suficiente para anunciar que, desde el primer momento, había concebido el proyecto de preparar una memoria de viaje independiente, aunque no ajena al informe técnico que debía ofrecer al término de su misión.

Estos apuntes, agrega, "fueron tomados bajo gran variedad de circunstancias, a veces, cuando estaba fatigado, a veces cuando estaba descansando, a veces con una botella de vino

delante mío y a veces con un cuerno de vaca lleno de nausea-
bunda agua sucia." Fueron tomados, prosigue, en los mismos
sitios en que Inglaterra sufrió dos derrotas militares y numerosos fracasos comerciales.[16] Los apuntes, pero también la variedad de las circunstancias en que éstos fueron redactados, se
invocan entonces para fundar la autoridad de la voz del narrador de esa memoria de viaje y para presentar, sin más, al
narrador mismo, sus estados de ánimo, su subjetividad, su
control de una experiencia destinada a convertirse desde el
principio en materia, en relato.

Con una disposición desconocida en sus precursores inmediatos, Francis Bond Head buscará y registrará ese grado de
excitación calculada que la traductora de Humboldt encontraba
en la mera anotación de las jornadas terrestres de un viaje.
Contará y, puesto a contar, mezclará deliberadamente la peripecia personal con la proyección de las peripecias que atribuye
a los individuos y a los grupos que encuentra en el camino;
mezclará el esquema de un verdadero cuadro de costumbres
con una escena dramática; el primer plano periodístico con la
minucia reveladora de un carácter o de una conducta. Contará
y, en el proceso de armar el relato, de conocer y de exponerse a
las historias individuales y colectivas que lo acrecían, se pre-
guntará si la condición del hombre en América no se propone
como "infinitamente más interesante que la descripción de sus
minas y de sus montañas."

El descubrimiento de este foco de interés afecta, visiblemente, la atención acordada en las páginas iniciales del texto a
la descripción de la naturaleza, pero no sustituye de hecho esa
atención, como que el viajero sólo percibe como hombre de
América al hombre íntimamente ligado al escenario físico de
América. En todo caso, los tipos humanos y las formas de asociación que Francis Bond Head encuentra en directo o próximo
contacto con la naturaleza son observados con una suerte de
fascinación que el mismo viajero distinguirá, en lo posible, de
las impresiones y los juicios que le merecen los individuos y los
grupos asimilados a los núcleos urbanos.

Las formas de asimilación, o mejor dicho, las formas defec-
tuosas de asimilación de esos individuos y grupos al paradigma
significado por la ciudad europea, son así incorporadas al relato
de Head en una serie de viñetas que el lector metropolitano, en
buena hipótesis, debió saludar con una mezcla de extrañeza, de
disgusto, de estupor, como que estaba invitado a reconocer en
ellas formas diversamente degradadas de sus propios módulos
de existencia. Para aquellos acostumbrados al confort inglés,
dice el narrador-viajero, la ciudad de Buenos Aires está lejos de

prometer una agradable estadía. El agua es impura, las calles mal pavimentadas, las viviendas proveen una general impresión de ruina, de incomodidad, de privación.

Y en las afueras de la ciudad: el matadero. Dos páginas del texto había necesitado Head para dar cuenta de la entera ciudad de Buenos Aires; dos páginas necesitará para introducir —e introducirse— en la descripción exclusiva del matadero. Por cierto, cinco años antes de la llegada de Head a Buenos Aires Emeric Essex Vidal había publicado en Londres *Picturesque Illustration of Buenos Ayres and Montevideo*. Uno de los veinticuatro grabados que componían la edición reproducía una vista del matadero del Sur, y en la nota que acompaña a esta ilustración Vidal indica la existencia de otros tres establecimientos destinados a proveer de carne a la ciudad de Buenos Aires, para señalar luego la chocante, la desagradable impresión que producen los lugares y las prácticas de faenamiento ensayadas en éstos.[17] Con alguna minucia, Vidal describe esos lugares y esas prácticas, y si se presume, como no cuesta presumir, que Head tuvo acceso a esa descripción antes de proponer la suya propia, debe admitirse que más allá de la información y los juicios de valor que ambas comparten, la descripción de Head aparece beneficiada por el ritmo del relato en el que se la incluye, y el protagonismo asumido por el narrador.

La descripción de Vidal, proyectada como ilustración de un grabado, tiende a ser estática, y esta tendencia aparece insalvablemente reforzada en el segmento de clausura del texto: una presentación de las aves carniceras que pululan en los mataderos, con los términos y el objetivismo usuales en los manuales de divulgación científica, como uno de Azara, que se cita. La descripción de Head, en cambio, es apenas distinguible del movimiento con que se la ofrece. El escenario —anticipa— es siniestro, con sus bandas de gaviotas merodeando por los charcos de sangre dejados por la faena de la víspera; las nuevas tandas de ganado esperando su turno; los caballos de los matarifes adormilados en ominoso silencio. Y el reloj de la Recoleta que dará la señal de la matanza; el vértigo de una violencia medida en segundos; la destreza de los jinetes; el vapor de las víctimas; las imágenes de los lazos que se tensan y se cortan. "Yo estuve más de una vez en medio de esta extraña escena", recuerda el viajero, "y a veces fui realmente obligado a galopar por mi vida, sin saber exactamente adónde ir, porque a menudo era como ir entre Scylla y Charybdis."[18]

Con otras piezas, pero con el mismo diseño y más detallada ejecución, el repertorio de contravenciones urbanas se repite en el otro extremo del itinerario argentino de Head, en la rela-

ción de su paso por la ciudad de Mendoza. Aquí el viajero
registra los hábitos goliardescos de un clero que había perdido
la protección de las autoridades civiles posrevolucionarias. Y los
hábitos generales de una población que, sin distingos de clase,
parecía anestesiada por las facilidades del clima, el escaso cos-
to de las provisiones, el aislamiento producido por las barreras
naturales de la pampa y de la cordillera de los Andes. En esa
suerte de Capua de segundo grado, la relajación de la moralidad pública podía ofrecer urticantes ejemplos, como ese de las
mujeres de todas las edades que acostumbraban bañarse desnudas, en el concurrido paseo de la Alameda, a plena luz del
día, y en una corriente de agua que apenas les llegaba a las
rodillas. "Ciertamente —concluye Head— de todas las escenas
que he presenciado en mi vida, nunca contemplé una tan indescriptible."[19]

Con estas rápidas anotaciones sobre las formas defectuo-
sas de asimilación de los caracteres urbanos, el relato de Head
crea la línea de contraste necesaria para distinguir la singularidad de la incursión por la llanura pampeana. Ya se adelantó
que las inflexiones del discurso romántico-sublime le habían
permitido elevar a categoría estética los rasgos físicos del paisaje recién descubierto. También que en el marco representado
por ese paisaje, había verificado y evaluado como interesante la
condición del hombre en América.

Head se interna en la inmensa llanura que separa la ciudad de Buenos Aires de la de Mendoza con una aprehensión
que debía responder legítimamente a los imprevistos riesgos del
viaje, pero que venía también a servir con holgura a sus propósitos de dramatizar las incidencias de la peripecia personal.
Bandas de aves carniceras punteaban, desde el cielo, cada una
de sus jornadas con inquietantes presagios. Los accidentes del
terreno no dejaban nunca de alertarlo sobre la precariedad de
los medios con que se movilizaba. En las postas, rara vez faltaban rumores sobre ataques inminentes de indios. En una oportunidad, Head y sus acompañantes prepararán sus armas de
fuego: una gruesa columna se divisaba a lo lejos. Eran, simplemente, setecientos desharrapados reclutas que el gobernador
de Córdoba enviaba al ejército que luchaba entonces contra el
Brasil. El desenlace es anticlimático, pero no desmerece el potencial de aventura que el testigo atribuye a su relato.

El indio fue una presencia más supuesta que real en el
curso de la travesía, pero fue, de todos modos, una presencia
que no dejó nunca de movilizar la fantasía y la atención del
viajero. Sin experiencia directa de sus formas de vida, Head las
reconstruye a través de versiones recogidas en el camino, y si

esas versiones corroboraban, por una parte, los aspectos sombríos que denunciaban los detractores del indio, la ferocidad de sus prácticas de lucha, las interminables borracheras, los instintos predatorios, dan cabida, por otra, a imágenes que le merecen una respetuosa calificación. La vida que llevan los indios, acota Head, es "singularmente interesante." Gente de a caballo, poseen una enorme resistencia física que les permite sobrellevar, casi desnudos, las más extensas variaciones del clima. Son incansables trabajadores y excelentes soldados. Y practican un tipo de sociabilidad no desdeñable, si se toma en cuenta la conducta de muchas de las cautivas blancas que, en escala creciente, acostumbraban retener en sus tolderías.

Head se remite aquí al informe de un oficial francés al servicio del ejército peruano que, atravesando en una oportunidad el territorio ocupado por los indios pampas, se encontró con un grupo de cautivas. El oficial se ofreció a mediar por la libertad de éstas, a llevarlas de vuelta a sus tierras. Les ofreció grandes sumas de dinero si aceptaban, mientras tanto, servir como intérpretes. Pero "ellas replicaron que ningún incentivo del mundo podría nunca hacerles dejar a sus maridos o sus hijos, y que ellas estaban enteramente contentas con la vida que llevaban."[20] Esta actualización de un tópico secular de la literatura de frontera, ejemplarmente incorporado a los anales de la americana en las páginas que Bernal Díaz del Castillo dedicó al primer cautivo español que eligió seguir viviendo entre los indios hacia la tercera década del siglo XVI, descansa obviamente sobre la mirada prejuiciosa y la ambigüedad que el viajero proyecta ahora sobre las relaciones mujer-maternidad-primitivismo-naturaleza, pero en el contexto en que se anuncia esa actualización la actitud de las cautivas parece aducirse, inequívocamente, como una valoración positiva del indio.

Si la apenas conocida figura del indio merece una seria consideración de parte de Head, la muy familiar del gaucho concita francamente su admiración. Lo tuvo de compañía regular durante la travesía de la pampa; comió y durmió en sus ranchos; lo observó en la cotidianidad de sus trabajos y sus días. Y en el decantado de esa suma de impresiones, Head creyó reconocer las señales de una incipiente matriz de civilización, igualmente eximida de la degradación de las formas urbanas comprobadas en Buenos Aires y en Mendoza, y de la obvia crudeza de los modos de existencia del indio.[21]

La naturaleza, el escenario físico, jugaba por supuesto un rol decisivo en la constitución de esa matriz. Al poner a disposición del gaucho las ilimitadas planicies de la pampa, la naturaleza vino a favorecer el instinto de libertad; al poner a su alcan-

ce los medios elementales de subsistencia, vino a favorecer en
él su orgulloso sentido de independencia de los bienes materiales. Pero las mismas opciones habían sido puestas al servicio
del indio, sin que la dinámica de la interacción cristalizara en
los mismos resultados. La diferencia, parece sugerir Head, proviene de los ancestros hispánicos del gaucho, por donde, vuelve
a sugerir, este retoño europeo aclimatado a la intemperie del
paisaje americano representaría la concreción de nunca resig-
nados ideales de civilización del Viejo Continente.[22]

Las líneas de valores sobre las que el gaucho, en la percepción de Head, fundaría la originalidad de su carácter revelan así
reminiscencias de algunas variantes del pensamiento utópico
que Shakespeare había introducido en el reservorio cultural de
Inglaterra desde las páginas de *The Tempest*. "Es verdad que el
gaucho no dispone de lujos: pero el rasgo principal de su carácter consiste en que es una persona sin deseos: acostumbrado a
vivir constantemente al aire libre y a dormir sobre el suelo, él
no considera que algunos agujeros en la choza lo privan de su
comodidad. No es que no le guste el sabor de la civilización, que
es tarea de todo ser racional promover; pero un humilde individuo, que vive, por sí mismo, en ilimitadas llanuras, no puede
introducir en las vastas y deshabitadas regiones que lo rodean
ni las artes, ni las ciencias: en consecuencia, le debe ser permitido, sin censura, dejar esas regiones tal como él las encontró, y
tal como ellas deben permanecer hasta que la población, que
creará necesidades, provea los medios de suplirlas."[23] Simpatía,
entonces, por el descubrimiento de una Arcadia que parece
confirmar una de las más caras presunciones del humanismo
europeo, pero simpatía puesta entre paréntesis, condicionada,
sujeta a la aceptación de que el desarrollo larval de esa Arcadia,
a su debido momento, ni podrá, ni deberá interferir con las
promesas del futuro.

Que esta delimitación sea formulada de manera casi incidental en el texto, no reduce en absoluto su carácter
caucionario, pero facilita un efecto de lectura por el que muchas de las proposiciones emitidas sobre el gaucho y su mundo
terminan presentándose como si no pesara sobre ellas esa delimitación. Mucho tiene que ver en la elaboración de este efecto
de lectura, por supuesto, la notoria morosidad con que Head
ilustra los rasgos que mejor definen el carácter del gaucho; la
afección transparente con que incorpora al relato los signos
reveladores de su personalidad. La descripción minuciosa del
rancho, la voluntad de destacar la dignidad de sus habitantes
entre la pobreza de los enseres y la promiscuidad aparente de
las costumbres, responden a esa disposición del viajero, como

lo hace el interés con que sigue las formas de aprendizaje del futuro jinete, la oportunidad con que cita una estrofa de Horacio ("Olim juventas et patrius vigor..."), para trazar un símil entre los progresos de la joven águila y los años formativos del gaucho.

Ejercicio permanente de la libertad, independencia de los bienes materiales, códigos de conducta dignificadores. A esta enfática apreciación del carácter del gaucho, Head agregará, en su momento, un tributo simplemente literario a su figura, una determinación de romantizar su imagen, de proyectarla a un plano arquetípico. De regreso de su visita de inspección a las minas de oro de uno y otro lado de los Andes, ya con la certeza del fracaso de su misión, el viajero está sopesando las duras conclusiones con que cerrará el manuscrito. Allí avisará a sus compatriotas de los riesgos de inmigrar a un país como la Argentina; de los cuidados con que debiera decidirse cualquier tipo de inversiones en un medio que parecía ignorar las más elementales reglas del juego. Y mientras madura estos pensamientos, redescubre las mil bellezas de la llanura, la grandeza y la magnificencia del espacio, la indescriptible placidez de un escenario en el que no se espera ver nunca a un ser humano, salvo, ocasionalmente: "el indómito y pintoresco perfil del gaucho sobre el horizonte, su poncho escarlata flotando a sus espaldas", firme en su cabalgadura, agitando las boleadoras en dirección a un avestruz que traga las distancias, en una carrera que parece eternamente indecisa.[24]

Cualquiera sea el grado de persuasividad que se atribuya hoy a este o a otros pasajes del texto de Head, cualquiera sea la respuesta a sus entonces novedosas representaciones del paisaje y de la sociabilidad argentinas, no parece que quepan dudas de que para los lectores contemporáneos el texto resultó altamente persuasivo y original. Al menos cuatro ediciones del relato aparecieron en Londres, entre 1826 y 1828. Ya en 1826 se difundió en París una versión francesa.[25] Y al año siguiente, mientras un impresor de Boston ofrecía la primera edición americana del texto, Andrés Bello en Londres se apresuraba a incluir unos "Extractos del viaje del Capitán Head por las pampas de Buenos Aires y la cordillera de Chile", en la segunda entrega de *El Repertorio Americano*.[26]

Estas simples comprobaciones acreditan para *Rough Notes* un fenómeno de recepción que no pareció acompañar, ciertamente, a los textos de los otros viajeros que acaban de incursionar por la región del Plata. En todo caso, y más allá de las comprobaciones numéricas de un fenómeno de recepción, no cuesta ahora verificar que para algunos de los viajeros ingleses que habían estado tiempo atrás en el Río de la Plata, o que regresaban a sus playas, o que se aprestaban a viajar en ese rumbo, las apreciaciones, las imágenes, las descripciones incluidas en el texto de Head valieron como el punto de referencia necesario o propicio para ponderar el registro de sus propias experiencias.

Por cierto, no fue necesariamente de simpatía la reacción que provocó la lectura del relato de Head en el capitán Joseph Andrews, a su regreso a Londres después de dos años de permanencia en la Argentina, Chile, Bolivia y Perú. Andrews había llegado a Buenos Aires con una ligera anticipación sobre Head, en 1825, y prácticamente con el mismo designio. La mayor prolijidad en el manejo de la misión que le fue encomendada y desde luego, la magnitud del escenario físico en que debió cumplirla, extendieron el tiempo de duración de sus viajes, de modo que a su vuelta a Inglaterra se encontró ya con la novedad —y el relativo éxito— del texto de Head.

En el Prefacio a *Journey from Buenos Ayres, through the Provinces of Cordova, Tucuman, and Salta, to Potosi...* escrito y publicado en 1827, Andrews no oculta su disgusto por el tipo de información y por las conclusiones adelantadas en el relato de Head, tan apresuradas, en su opinión, tan irresponsablemente enderezadas a cuestionar la factibilidad del negocio de explotación de minas en Sudamérica. Por lo que adelanta en el Prefacio, y por lo que repite a lo largo de su escrito, no sería abusivo considerar que con éste buscaba, fundamentalmente, articular una réplica a las aseveraciones difundidas en el texto de Head. Sin embargo, y aun admitida la función determinante de este objetivo, es curioso observar que Andrews de ninguna manera vuelve a ese objetivo incompatible con su aceptación de todos aquellos componentes del relato de Head que lo identificaban en cuanto relato, y que esa aceptación implica la transferencia a su crónica de algunos de los ordenamientos y muchos de los énfasis que Head había introducido, como novedosos, en la suya propia.

El viajero podrá ofrecer una apreciación de la ciudad de Buenos Aires, de sus edificios, de sus amenidades, de su gente, menos negativa que la propuesta en el relato de Head; pero cuando debe, a su turno, describir la llanura que se abre a las puertas de la ciudad, admitirá que ésta puede ser apropiadamente denominada un "terrene ocean". La pampa, ese horizonte ilimitado, esa vastedad que se impone a la mente del observador, es la región del gaucho, de la libertad, de la independencia animal: un escenario sobre el que viajeros contemporáneos "recientemente han dado al mundo vívidas e interesantes descripciones."[27]

La cita vale como un homenaje, y también como una excusa para pasar rápidamente sobre esas descripciones, para no repetirlas. Sin embargo, cuando el itinerario de Andrews se desvíe del rumbo seguido por Head, y las circunstancias y las peripecias difieran, el modo de referirlas seguirá respondiendo a algunas de las líneas de composición inscritas en el texto citado. Estas líneas incluían, como se recordará, la primordial atención al paisaje y a sus relaciones con la población nativa, además de la servicial información utilitaria, la anotación de pequeñas y grandes distorsiones al código europeo de urbanismo, la anotación de anomalías y curiosidades que podían valer tanto para matizar un relato obviamente dirigido a un lector metropolitano, como para justificar la andadura misma del relato, su irrefrenable expansividad. "Antes de proseguir con mi diario o con mi narración, o con uno o con ambos", dirá Andrews aludiendo al estatuto necesariamente ambiguo de su crónica.[28]

En el orden azaroso de esa crónica, las anotaciones importarán tanto por su imprevisibilidad como por su relativa importancia. Así, a la descripción del encuentro con un gigante negro, de aspecto demoníaco, que atravesará un río empujando, de paso, al carruaje de pasajeros, seguirá una digresión sobre las riquezas minerales de La Rioja, y a ésta, un pródigo capítulo de impresiones sobre la ciudad de Córdoba. Contradictorias impresiones, de verdad, que oscilan entre la aceptación y la condena de ciertos hábitos sociales, entre el optimismo que le inspira el cuarto de la población comprometido con la causa de la libertad, "en el más pleno sentido del término", y la desconfianza que le merece una mayoría ligada a la influencia de un clero decididamente conservador. En el balance final, es la atención sobre este sector la que consume el mayor espacio de la crónica, y la que la provee, en juicio del cronista, del más bizarro anecdotario. La descripción de una procesión religiosa en la plaza principal de Córdoba, y los abundantes detalles que da de la ceremonia de entrega del velo a una novicia, dan cuenta de esa calificación al tiempo que aventan las opiniones del viajero sobre la tradición hispánica, la Iglesia Católica y el anacronismo representado por ambas.

Sin otro efecto de transición que el debido al itinerario, Andrews se ocupará luego de las ruinas de los edificios ocupados alguna vez por los jesuitas; de los efectos terribles de una nube de langostas; del encuentro con "el gaucho dandy", un jugador profesional reminiscente del mismo prototipo londinense, cuya lujosa vestimenta contrasta con el primitivo escenario en el que la luce; del accidentado cruce del Saladillo y la visión de algunas mujeres, encomiásticamente exaltadas a lo largo de una página que no ahorra citas de la Biblia, de Milton, de Byron, bañándose en el río, inocentemente desnudas.

En Santiago del Estero, Andrews, que había presentido y temido sin llegarlos a conocer, a los indios de la llanura pampeana, se encontrará finalmente con el primer grupo de aborígenes americanos, y para asombro de las inquietantes figuraciones de su fantasía, los hallará pacíficos, colaboradores y poseedores de un don de hospitalidad que remedaba el disfrutado en el seno de algunas familias de Santiago, sin sus excesos. Y apenas entrado en el territorio tucumano, como surgida de la nada, una escena que parece fascinarlo: debajo de una higuera, en el círculo marcado por la copa de su follaje, un grupo de niños, sentado sobre la hierba, atiende la lección del maestro. "¡Qué delicioso estudio natural!", exclama Andrews. sorprendido de lo que observa, pero no sorprendido de que ese cuadro de pedagogía transcurriera en la primera población en la que advertía signos de actividad industrial. Porque la educación sigue a la industria, dice, ratificando el visible entusiasmo que recibe de esa comprobación.[29]

Es cierto que más adelante entrará en contacto con otros sectores de la población tucumana, y que en ellos advertirá señales de pereza y de abandono, atribuibles sumariamente a la abundancia de recursos naturales, a los resabios de la dominación española y a los efectos de las guerras civiles. Pero es cierto también que esta última será una impresión pasajera o, al menos, una impresión compensada por el conocimiento de otros sectores, o sujeta al poder de transformación que concedía, inequívocamente, a sus planes de inversión capitalista. En todo caso, a diferencia de Head, no se preocupa por establecer una relación coherente entre el entorno natural y el carácter de la población, variando esa relación de acuerdo con sus juicios circunstanciales de valor.

Nunca más evidente esta despreocupación que cuando se contrasta, en el mismo capítulo de la crónica dedicado a la provincia de Tucumán, la visión de aquellos sectores de la población negativamente afectados por la abundancia y facilidad de los bienes de la naturaleza con la visión inmediatamente posterior de los gauchos, a los que Andrews descubre en el interior de la provincia, y a los que califica con términos similares a los que Head —y él mismo— habían empleado para calificar al gaucho de las frugales llanuras de la pampa. Ejercicio de libertad; elegancia de maneras; valentía.

Andrews encuentra en el capataz que lo acompaña en esa oportunidad el epítome de estas cualidades, por lo que recorta morosamente su perfil, en el momento en el que aquél se dispone a contar las peripecias posibles y reales en la caza del jaguar. "Pero cuando él tiene una historia para contar, desde su montura, despliega tal flexibilidad corporal, volviéndose hacia uno con tan naturales y, sin embargo, tan finos gestos, una tal expresividad que habla mejor que sus palabras, que parece, así ubicado sobre su caballo, una combinación de caballero y de campesino, una composición de ambos caracteres, tan mezclada, como para producir una sorprendente y agradable totalidad."[30]

El viajero describe la operación de caza del jaguar, primero con sus propias palabras: "Hallado el enemigo, el gaucho elige la más conveniente posición para recibirlo a punta de bayoneta o de algún filo rudimentario, al primer salto que haga. Cuando los perros lo apuran, el jaguar salta sobre el gaucho, que lo recibe, arrodillado, con los ojos fijos en el animal, y con tal frialdad que apenas hay una chance de fracaso." Pero luego, cuando el efecto de presencia lo requiere, cederá al capataz la relación de su encuentro casi fatal con un jaguar enfurecido después de la primera carga de bayoneta: "Sostuve mi brazo para proteger mi garganta, a la que el animal parecía a punto de alcanzar; pero en el momento en que esperaba sentir sus colmillos en mi carne, el fuego verde de sus ojos que brillaba sobre mí, se apagó pronto. Cayó sobre mí, y murió en el preciso instante en que me pensé perdido para siempre."[31] Más adelante, y en otro contexto, Andrews recordará que la valentía fue un rasgo compartido por los gauchos de Güemes en su guerra de guerrillas contra el ejército español.

Si en el entorno natural el viajero encontró claves equívocas o contradictorias para juzgar el carácter de la población, en el mismo entorno descubrió, simultáneamente, la belleza desbordante del paisaje y el potencial de explotación económica que revelaba ese paisaje. No parece que quepan dudas de que Andrews quedó subyugado por las espléndidas vistas de la naturaleza en Tucumán; de que vivió como una fiesta de los sentidos todas las excursiones y paseos por su territorio. A diferencia de Head, enfrentado más bien con magnitudes en los momentos de definir la planicie pampeana o las moles andinas, Andrews se enfrentaba ahora con la variedad, la policromía, el abigarramiento de las montañas boscosas del subtrópico, es decir con un paisaje que podía representar tanto la tipicidad de la naturaleza americana, tal como la imaginó Chateaubriand en la Florida de *Atala*, y la que inventarió Humboldt en numerosos pasajes de *Personal Narrative*, como representar fantasías edénicas copiosamente elaboradas en diversas literaturas.[32]

Puede argüirse, con fundamento, que Andrews estaba cerca de la concepción romántica del paisaje, y familiarizado en consecuencia con las prácticas del discurso romántico-sublime. Así, en varias oportunidades, calificará de "romántico" al paisaje tucumano, sin que esta connotación suponga una referencia comparativa a la escala del paisaje europeo, en la manera empleada por John Miers. Su escala es una escala que sólo se reconoce en la unicidad de la naturaleza americana: "Tengo una recolección enraizada e imperecedera de los sentimientos con que contemplé el rico y variado escenario de este delicioso país, desde la arena de su propia belleza sin paralelo. No creo que en punto a grandeza y sublimidad sea sobrepasada en la tierra."[33] No hay felicidad, dice en otro momento, que pueda sobrepasar al sentimiento del despertar en uno de esos bosques, en las cercanías de los trópicos, inhalando el aire sereno y fresco de la más deliciosa atmósfera del mundo. De pasajes similares se deduce que cuando al despedirse de Tucumán exclama: "adiós a tus placenteras planicies, y a tus poderosas y románticas montañas", Andrews emplea el término romántico con conciencia de su aplicación específica al paisaje americano.[34]

Esta conciencia, sin embargo, parece menos firme en otras ocasiones en las que resulta posible advertir connotaciones del término en cuanto "pintoresco"; o connotaciones asociadas con imágenes de ruinas, en la variante del romanticismo cultivada por poetas y narradores de la segunda mitad del siglo XVIII. Como ejemplo de lo primero, puede anotarse la descripción de esa corriente de agua que corre bajo una arcada de árboles, y que refracta en su superficie el verde de la vegetación, convirtiéndose en el "Río verde, río verde" (sic) de la balada española. Como ejemplo de lo segundo, la descripción de un bosque en el interior de Tucumán: "Nunca presencié antes tal magnificencia vegetal. Miré, hasta que me dolieron los ojos, a esos patriarcas de la foresta, enmohecidos por la edad, cubiertos de enredaderas y adornados de plantas parásitas, como estrellas, por todas partes. Ellos parecían coetáneos con los tiempos antiguos y proponían las asociaciones de edad que los castillos arruinados inspiran en Europa, aunque sería en vano indagar por éstos, aquí."[35]

Con toda su variedad de acepciones, el registro romántico no agotó, sin embargo, el despliegue de referentes estéticos con que se califica el paisaje en la crónica de Andrews, sea porque la riqueza de matices del espectáculo que se ofrecía ante sus ojos convenció al viajero de que esa riqueza sólo podía rendirse

con un equivalente acopio de citas culturales; sea porque la
memoria de lecturas activada en la contemplación de ese espectáculo no encontró en el viajero la cuota de resignación necesaria para su sacrificio.

"Si me fuera permitido, por gusto —dice Andrews—,
indulgirme en una gastada alegoría, una figura favorita entre
los sudamericanos, podría describir al majestuoso Aconquija
posicionado con su cabeza entre las nubes, cubierta de nieves
eternas; su pecho derramando riquezas de oro y plata sobre la
rica *falda* (sic); su regazo vestido de brillante verdor; sus pies
deslizándose en el aterciopelado cultivo de bosques y praderas,
uno de los más finos, si no el más fino de los objetos jamás
producido por la naturaleza."[36] Sólo que la aparente
trivialización de su gesto, y la distancia irónica que supone
establecer la aposición, "una figura favorita entre los sudamericanos", dejan intacta la gastada alegoría y hasta le permiten
introducir más adelante otra, ahora sin excusas, en la cita de
los mismos versos de Thomas Campbell que había transcripto
Proctor en la relación de su viaje. Siguen una comparación de
los bosques de Tucumán con los bosques del Edén descriptos
en los versos de Milton; una comparación de los mismos bosques con las delicias evocadas en *Las mil y una noches*; un paralelo del mismo escenario con el escenario que los poetas griegos imaginaron como domicilio de las ninfas.[37]

Eventualmente, la voluntad de celebración del paisaje
pudo absorber, sin serio menoscabo de la celebración, la
heterodoxa invocación de fuentes en su auxilio. Pero no puede
decirse lo mismo de la asociación de ese acto celebratorio con el
descubrimiento del potencial económico significado por ese paisaje; al menos, por supuesto, que se acepte el triunfal
utilitarismo desde el que Andrews propone la asociación. Porque, efectivamente, para los ojos del viajero Tucumán podía ser,
al mismo tiempo, "el jardín de la República" y el sitio propicio
para ensayar técnicas de explotación y de inversión de capitales, en un modo de asociación que los escritos de Humboldt,
con otras escalas y otro ritmo de prioridades, habían contribuido a consagrar.

Al poner entre paréntesis la existencia del gaucho y del
entorno natural que la hacía posible, Head había postergado, de
hecho, la experiencia de esa asociación. Andrews la confronta, y
aunque en la operación procura respetar la autonomía de cada
discurso, es evidente que, al menos en tres ocasiones, las urgencias dictadas por su versión del discurso racionalista-
utilitario interfieren con ninguna sutileza en la textura de su
celebración del paisaje. Así, en medio de la encendida tirada de

admiración por aquellos patriarcas de la foresta que parecían coetáneos de los tiempos antiguos, Andrews se colocará a un costado de su propio entusiasmo, para admitir que en esos mismos momentos su pensamiento se adelantaba al instante en que una compañía con suficiente capital devastaría esos bosques para satisfacer a un promisorio mercado de madera. Mientras se siente arrobado por la visión imponente de los picos andinos, se dirá que "es de esperar que estas maravillas de la creación sean exploradas por el remoto inglés, sometidas a la herramienta del minero y administradas para la riqueza comercial de su país". Y ya lejos de Tucumán, en la proximidad de la ciudad de Salta, describirá en estos términos la posta de Lagunillas: "La situación de esta posta, con su vecindad a Salta, sobre una fina planicie inclinada hacia las colinas, ofrece una oportunidad para que cualquier inglés industrioso, con un pequeño capital, haga una buena fortuna en pocos años. Su cómoda distancia de la ciudad, situación romántica, y posibilidades generales para el establecimiento de una hostería o una casa de té, bajo administración inglesa, garantizan esta conclusión."[38]

Cuando no interfiere, la información utilitaria se ofrece a menudo en largos pasajes que reclaman sobre sí toda la atención de la lectura, y se abre en un amplio abanico que va del relevo de las existencias mineras de la región a las particularidades de su clima, de su flora y su fauna.

De las ciudades de Tucumán y de Salta, visitadas en la etapa final del itinerario argentino, Andrews recoge y selecciona impresiones que tienen ya mucho que ver en el balance global de la gestión que le fue encomendada. Y aunque este balance estuvo lejos de ser satisfactorio, lejos de materializarse en los contratos y en los compromisos que alentaron sus contactos con representantes gubernamentales y con particulares, su rendición en la crónica de viaje carece de la acrimonia con que Head registraba el fracaso de su propia gestión. Andrews creyó y confiaba en que se le creyera, que en la población de estas dos últimas ciudades, sobre todo, existían grupos entusiastamente convencidos de las ventajas de una estrecha alianza comercial con Inglaterra.

A pesar de los trastornos causados por la guerra de independencia y las desavenencias internas, y a pesar de los reducidos niveles de educación general, Andrews encontró en la sociabilidad tucumana rasgos de comportamiento parecidos a los que había encontrado en la de Buenos Aires. En la de Salta, por otra parte, identificó aquellos que había percibido tan nítidamente, durante sus semanas de residencia en Córdoba. No

sorprende, entonces, que la imagen más duradera de su visita a
Salta, o al menos a la que sirve con mayor dispendio de adjetivos, sea la que corresponde a la procesión religiosa en homenaje a "Nuestra Señora de Salta"; ni que los ángulos de evaluación
de ésta sean semejantes a los empleados para calificar las cere-
monias religiosas presenciadas en Córdoba. De Tucumán, en
cambio, prevalecerá la imagen del salón en el que el viajero
decide festejar el cumpleaños del rey de Inglaterra. Están allí el
gobernador de la provincia y el general Alvear, recién llegado de
Buenos Aires; están allí los más conspicuos ciudadanos entre-
lazados en fervoroso brindis por las relaciones de Gran Bretaña
y las Provincias del Plata; allí los hombres más brillantes y las
mujeres más agraciadas siguiendo el acto ritual de apertura de
un minué. Aunque, en un gesto que por su extrañeza escapa al
brillo de la evocación, algunas de estas mujeres no vacilen, en
algún momento, en sentarse a descansar sobre la alfombra.[39]

En los últimos días de 1825 llegó a Buenos Aires Edmond
Temple, el tercero de los viajeros ingleses que lo hacía en el
mismo año. Ni el calor del verano, ni las festividades, ni la
prisa, le dieron oportunidad de conocer mucho de la ciudad
porteña, y en pocos días estuvo en tránsito hacia Potosí, su
destino final, siguiendo un itinerario parecido al que siguiera
Andrews en su etapa argentina.

Aunque su informe, *Travels in Various Parts of Peru,
Including a Year's Residence in Potosi* (Londres, 1830), reconoce
su deuda con otros viajeros, no los menciona, por más que la
lectura de Head y la del propio Andrews se da por implícita:
"Ésta es la verdadera pampa de Sudamérica, de la cual, en los
ultimos años hemos leído y oído tanto en Europa", dirá como
oportuna introducción de su imagen de la "vasta llanura parecida al océano",[40] mientras las líneas de Andrews subrayan su
entusiasmo por los lujuriosos bosques tucumanos, y su gusto
por esa fuente situada en medio de una región "hermosamente
romántica", o por esas quintas de Salta "románticas ubicadas"
entre montañas de exuberante vegetación.[41]

Pero si los nombres de Head o de Andrews no se incluyen
en las citas, las abundantes referencias de Humboldt parecen
sugerir que Temple prefería sobreentender, en el señalamiento
del mentor común, el del común repertorio de respuestas a una
experiencia literalmente contemporánea, atendiendo más a la
temporalidad de esa experiencia que a la que podía atribuirse a
las fechas de publicación de los informes de Head y de
Andrews, anticipados al suyo en cuatro y en tres años respec-

tivamente. En todo caso, su devoción a la autoridad de Humboldt y a su fórmula de tratar estéticamente los sujetos de la historia natural encontró una oportunidad de identificarse que no tuvo que compartir con ninguno de los otros dos viajeros.

Temple ha llegado al escenario "salvajemente pintoresco" que rodea a Jujuy, y a poco de internarse en sus valles descubre una de las vistas más singulares y extraordinarias del mundo. "Uno de los lugares en donde cambié de caballos es llamado el Volcán, y ciertamente parece como si estuviera encerrado en un inmenso volcán en el fondo del cual descansa el camino, cuyas viboreantes contorsiones en el valle no mostraban ninguna salida ni adelante ni atrás: era un parapeto de roca montañosa de la forma más fantástica, a veces colgando temiblemente sobre nuestras cabezas, a veces levantándose en ásperas torrecillas hacia las nubes, grande, terrible y sublime, presentado en conjunto, indudable testimonio de alguna espantosa convulsión de la naturaleza, debida a la acción volcánica violenta o a la irresistible acción de las aguas que barrieron la superficie de la tierra en algún remoto período, quizá durante la formación del mundo o en el tiempo del diluvio universal."[42]

También de la puntillosa lectura de Humboldt parece deducir Temple ese gesto por el cual el viajero puede dar cuenta objetivamente de un fenómeno, particularmente de un fenómeno extraño o desconocido para su audiencia, sin privarse por eso de incluirse en los términos de la presentación, sin dejar de llamar la atención sobre la privilegiada circunstancia desde la que habla el observador. Así, en las numerosas páginas que dedica a describir los efectos del terremoto que asoló una región del Noroeste argentino, el 19 de enero de 1826; o en las que intenta registrar la magnitud de la invasión de langostas que devastó Salta algunas semanas después. Sobre este último caso, la conciencia de la singularidad del observador-viajero se expresa con una contundencia ejemplar: "Cuando las relaciones de los viajeros remiten a algún sujeto extraordinario, ellas son usualmente recibidas con un grado de sospecha que se ha vuelto proverbial, muy particularmente para aquellas personas que nunca han viajado. Éstas no pueden admitir pacientemente que lo que sucede supera en mucho su limitada experiencia, y aunque nosotros poseemos instancias cotidianas de corroboración y establecimiento de hechos que fueron considerados imposibles al ser mencionados por primera vez, todavía la incredulidad reaparece con la próxima relación extraordinaria ofrecida por cualquier viajero futuro. Para muchas personas, mi relación de las langostas, su número, que cubría el sol, su modo de cubrir la faz de la tierra por extensión de millas, y sus devastaciones sobre una entera región, pueden aparecer, quizá, como una de esas exageraciones moderadamente llamadas *licencia del viajero*."[43]

Y de Humboldt proviene asimismo, en buena hipótesis, esa visión del género humano que tiende a dignificar a todos los individuos y a todas las razas por igual, sin otros distingos que los que se deben a la acción del entorno natural, y que es una visión que opera sobre el redactor de *Travels in Various Parts of Peru* rectificando profundas resistencias personales para cambiar una primera impresión negativa del gaucho en otra, que quiere proponerse como positiva. En un primer registro, los gauchos, para Temple, en comparación con los campesinos de Inglaterra o de Francia, lucen apenas mejor que una especie de monos carnívoros; los habitantes de las inmensas llanuras pampeanas son insensibles o indolentes en un suelo que provee a las meras necesidades de la supervivencia. Pero inmediatamente sustituye un desdichado estereotipo con otro: "Me parece que los gauchos son indiferentes a cualquier cosa que esté más allá de su alcance y no acuerdan valor a aquello que es difícil de ser obtenido; *ergo*, ellos están satisfechos con su vida, y, ciertamente, nunca he visto entre ellos esa abyecta, esa degradante miseria tan generalizada entre el campesinado de Irlanda."[44] Y semanas después, en Tucumán, observa que si un tucumano posee un caballo, un lazo, un cuchillo y una guitarra, se considera entre los hombres libres de la tierra. La educación y los buenos ejemplos pueden inducirlos a ejercer las facultades de que están, como seres humanos, necesariamente dotados, aunque deja a los filósofos decidir si la paciencia que paraliza los mínimos actos de su vida cotidiana es una virtud, o el simple efecto de esa indolencia que caracteriza a los sudamericanos, que se debe, probablemente, tanto a la influencia del clima como a la herencia del gobierno español.[45]

El antihispanismo de este y otros pasajes de las memorias de Temple vale, como se advierte, como un trazo casi regular en los textos de los viajeros ingleses contemporáneos, y en las más de sus formulaciones, no es sino propaganda apenas simulada por esporádicas apelaciones al discurso científico y moral prevalente.

La estrecha franja cronológica que separa la experiencia del viaje de la del momento de publicación de los informes considerados hasta ahora, tan diversamente asumida en los textos de Temple y de Andrews con respecto al decididamente inaugural de Francis Bond Head, juega todavía un más curioso papel en la disposición y en los énfasis que se advierten en las memorias de Samuel Haigh, *Sketches of Buenos Ayres and Chile* (Londres, 1829).

Como agente de intereses comerciales británicos, Samuel Haigh llegó por primera vez a la Argentina en 1817, y recorrió por tierra el camino de ida y vuelta a Chile. Ocho años después, en su tercer y último viaje a Sudamérica, partió de nuevo de Buenos Aires hacia la capital chilena, en un periplo que incluyó diversos lugares de la costa del Pacífico y que finalizaría en 1827. Al regreso de su tercer viaje se encontró con que no sólo los informes de Head y de Andrews cubrían una región del planeta que él había conocido antes que los autores de esos informes: se acaban también de publicar sendas memorias de J. A. Beaumont y de Brand, dos compatriotas que habían arribado a la región del Plata con posterioridad a la fecha de su última excursión.

Haigh verificó así la existencia de un exitoso círculo de lectura, alimentado por la atención con que se seguían en Inglaterra los asuntos referidos al Río de la Plata y a la región andina, y verificó también que en los relatos que servían a ese círculo de lectura, era posible discernir la modulación de un código textual compartido.

Por el número de sus viajes como por el arco temporal cubierto por aquéllos, debió de ser evidente para Haigh que la mayor riqueza de su registro lo colocaba en situación de imponer a éste por encima de los registros ofrecidos por los otros viajeros. Había sido testigo privilegiado de las batallas por la independencia de Chile; había conocido de cerca a San Martín, a Belgrano, a Monteagudo, a Las Heras. Sin embargo, adoptó el formato consagrado ya en los relatos puestos en circulación, obligándose, con un ánimo de competencia que un año más tarde evitaría Edmond Temple, a cubrir en sus propias memorias muchas de las descripciones y de las peripecias ya incluidas en aquellos relatos.

Sketches of Buenos Ayres and Chile, publicado en 1829, refleja ya, en el recorte geográfico, la aceptación de ese formato. Y lo refleja en el sostenido esfuerzo con que busca controlar las discrepancias con los otros textos de la serie, particularmente con el de Francis Bond Head, que la inicia.

En efecto, en alguna oportunidad Haigh cita elogiosamente la capacidad descriptiva de Head, pero dice, poco después, que la pampa "parece (si puede usarse la expresión y se tolera un disparate) *un mar de tierra*", en alusión a la imagen evidentemente consagrada por éste.[46] O resumirá, en una briosa tirada, su prevención a las modalidades del relato divulgadas por él mismo (y por Andrews): "Sin embargo, no afligiré al lector enumerando las privaciones que sufrí en cada parada ni me detendré en describir todas y cada una de las que encontré, como parece costumbre de los viajeros modernos. No creo que importe decir, diariamente, si nuestro huésped estaba de bueno o de mal talante o si su hija era esquiva o bondadosa, ni que a veces comíamos carne sin pan y otras pan sin carne, y no puedo decir, después de una jornada fatigosa, que siempre me apercibiese de si el asiento era cráneo de caballo o de asno".[47]

Estas prevenciones, con todo, no impedirán a Haigh emular la costumbre de estos "viajeros modernos", y su recuento de las posadas sufridas en el camino, con un ojo puesto en la observación utilitaria y otro en el puro efecto de narratividad de esos pasajes, será un recuento minucioso —y tan pretendidamente literario— como el ofrecido por sus precursores.

Parece evidente que sus inclinaciones estéticas adolecían de cierto anacronismo, como lo prueba la reminiscencia de los fantasmas de Ossian en la atmósfera humosa de un rancho.[48] Y que esas inclinaciones se subordinaban a veces a meros escrúpulos realistas, como se verifica en aquel pasaje en el que el viajero sorprende a un gaucho solitario en persecución de un avestruz, pero a diferencia de Head, en la misma circunstancia, en lugar de dejar la persecución en suspenso, ambas figuras recortadas indefinidamente sobre la línea del horizonte, la remata con la muerte del animal y la fulminante determinación del gaucho de cortarle el pescuezo para hacerse una tabaquera. Pero tiene ojos para advertir que la posta de Achiras "se halla lo más románticamente situada entre rocas" y las lecturas suficientemente actualizadas y oportunas como para citar algunas líneas del *Childe Harold's Pilgrimage* de Byron, cuando quiere encarecer, en la cumbre de los Andes, "el poder omnipotente que formó obras tan asombrosas, e infunde en el hombre el sentimiento de su propia insignificancia."

Ya se indicó su falta de entusiasmo por la llanura pampeana, o si se quiere, su dificultad para aceptar sin reservas el entusiasmo demostrado por Head. En otro momento, sin embargo, admite el encanto indescriptible de la libertad que se siente cuando se cabalga por esas planicies, como admitirá, con Head, que el hijo predilecto de la pampa, el gaucho, representa como nadie los ideales de libertad e independencia: "Nada puede dar al que le contempla idea más noble de la independencia que un gaucho a caballo; cabeza erguida, aire resuelto y grácil, los rápidos movimientos de su bien adiestrado caballo, todo contribuye a dar el retrato del bello ideal de la libertad."[49] También admitirá, con Head, que los indios son hombres independientes y audaces, feroces con sus enemigos y capaces de asombrar a los propios gauchos con sus prodigios ecuestres.

Si se acepta que la emulación dictaba a Haigh este curioso contrapunto entre el relato que pudo haber escrito antes y el que efectivamente escribió después de la comprobable lectura del texto de Head y de la muy plausible lectura de los de Andrews, Beaumont y Brand, puede aceptarse también que la emulación pudo dictarle la elección de aquellas perspectivas por las que su relato, sin abandonar las imposiciones del contrapunto, prometía lucir con más originalidad o fuerza que el de sus predecesores.

En el año 1825, con escasa diferencia de meses, como se dijo, estuvieron en Buenos Aires, Head, Andrews, Haigh y Temple. Los dos primeros se adelantaron a Haigh en la publicación del informe relativo a esa experiencia, pero en el caso de este último, esa experiencia repetía una anterior en ocho años, una brecha temporal nada desdeñable en cuyo registro se anotaban circunstancias que ni Head ni Andrews pudieron obviamente consignar. Así, las corridas de toros, prohibidas en Buenos Aires en 1822, convirtieron a una que Haigh llegó a presenciar en 1817 en un testimonio francamente singularizador, sin contar con que la descripción de esa corrida de toros, en el momento en el que aquél emprende la redacción de sus memorias de viaje, implicaba reemplazar, y reemplazar sin desventaja, la sangrienta descripción del matadero en el relato de Head. Sustituida una imagen por otra, satisfecha una referencia que el texto de Head parecía consagrar —y consagró, en buena medida— como indispensable, no sorprende comprobar que Haigh, también conocedor de la ciudad de Buenos Aires, se conformara con dedicar apenas algunas líneas al carro que oficiaba de carnicería, inauspiciosamente, en las afueras de la ciudad, o que mencionara, también al pasar, que "darse de puñaladas" parecía estar a la orden del día entre los gauchos que lo acompañaron en su primera travesía por la pampa.

Por todos sus ajustes y adaptaciones internas, *Sketches of Buenos Ayres and Chile* se propone como un ejercicio de intertextualidad aun más laborioso que el mantenido por el relato de Andrews respecto del relato de Head, y acredita para su autor un grado de sensibilidad extremo para captar las expectativas de una audiencia. Como confirmación de este rasgo, basta señalar que dos años después de publicar el informe sobre sus viajes a la Argentina y Chile, publicó otra edición de ese informe con el agregado de sus experiencias de viaje en el

Perú, y que esta ampliación del marco geográfico parece menos relacionada con el prurito personal de contar toda la historia que con la certidumbre de que para el círculo de lectura que había saludado la primera parte de sus viajes, Perú se había convertido también en un país interesante.

J. A. Beaumont, que recorrió un escenario ya familiar en 1826, redactará sus memorias de viaje con recurrencia a perspectivas también ya familiares. Al cuidado de doscientos inmigrantes ingleses que venían a instalarse en la provincia de Entre Ríos, Beaumont llegó a la Argentina con una misión diferente a la de sus predecesores inmediatos, y en función de ella trajinó, despaciosamente, por caminos y pueblos de Buenos Aires y de las provincias del Litoral. Aunque la memoria que publicó a su regreso a Inglaterra, *Travels in Buenos Ayres, and the Adjacent Provinces of the Rio de la Plata* (Londres, 1828), se beneficia con la inclusión de alguna entrevista personal notable, como la que le fue concedida por Rivadavia, y con una menuda descripción de las prácticas comerciales de la época, es evidente que los criterios de selección que informan el grueso de los materiales contenidos en ésta responden a los criterios de selección ya probados por otros viajeros.

Es cierto que a la hora de las citas, el nombre de Humboldt, por ejemplo, se infiere sólo por su asociación con el de Bonpland, su acompañante en la expedición americana y coautor de *Personal Narrative*, y que las dos veces que menciona a Head lo menciona en su calidad de experto en la explotación de minas. La primera de estas citas proviene del ya tantas veces citado *Rough Notes Taken During Some Rapid Journeys Across the Pampas and Among the Andes*. La segunda, de *Reports on the Failure of the Rio de la Plata Mining Association*, su duro informe de 1826 sobre el espejismo de las inversiones inglesas en la Argentina, y por el que recibiera, de parte de Rivadavia, el epíteto de "el nefasto capitán Head". Pero ni el número ni el carácter de estas citas dan cuenta, necesariamente, de la gravitación de los nombres así evocados en la composición del texto de Beaumont. La cita de Humboldt es una cita de autoridad, de respaldo. El viajero recuerda que una de las víctimas de la dictadura del doctor Francia en Paraguay es el naturalista Bonpland, y para dar fuerza de denuncia a esta noticia, enfatiza: "Bonpland, el botánico compañero de Humboldt, quien entró al país con el objeto de proseguir sus investigaciones sobre historia natural". Por lo que se deduce que la obra, o las resonancias de la obra de Humboldt, debieron de ser familiares para

Beaumont antes de su viaje a la Argentina, y que esa familiaridad pudo condicionar sus expectativas sobre la naturaleza en América. Pero tuvo que leer a Head sólo a su regreso a Inglaterra, y esta lectura, superpuesta a la anterior, debió convertirse en la lente a través de la cual revisó sus recuerdos de viaje.

Sólo así se explica que en el prefacio de *Travels in Buenos Ayres* asegure: "Nada hay en la comarca que satisfaga la emoción estética o inspire la imaginación del escritor: lo bello y lo sublime son extraños a este paisaje", y lo asegure en un tono que implica menos un descubrimiento que una verificación negativa de un descubrimiento estético anunciado por otros; menos una iluminación súbita que una estricta confrontación de viejas y nuevas lecturas con los sedimentos sensoriales de su reciente excursión por tierras del litoral argentino.

Pero si la memoria del escenario físico, una y otra vez ejercitada en este juego de confrontación, se resiste a ser traducida según los parámetros sugeridos por la visión americana de Humboldt o la visión argentina de Head, la memoria de los individuos, de los hechos y de las circunstancias que poblaban ese escenario, seguirá con bastante fidelidad las guías establecidas en el texto del último de los nombrados. A la descripción de la ciudad de Buenos Aires, con sus contrastadas amenidades y penurias, con sus mujeres y varones bañándose desnudos en el río y sus mezquinos paseos, seguirá entonces la del matadero; a la descripción de los aparejos necesarios para la travesía de la pampa, la de la batalla contra los insectos; la del rancho hospitalario con su cabeza de vaca ofrecida para reposo del viajero; la de la linda muchacha, insinuante en su enigmático desamparo. Y a la presentación del gaucho, que se cuenta, "quizás, entre los seres más independientes del mundo" y más libre de necesidades, seguirá la del indio, cruel en sus hábitos de guerra pero no desprovisto de cualidades; y a la del indio, la de los cautivos.

Las guías, ciertamente, se proponen con la suficiente flexibilidad, como para que el último viajero introduzca sus propias acotaciones, su propia matización valorativa. Ésta es su descripción del matadero: "En Buenos Aires se ponen las bestias en grandes corrales y son sacadas de ahí, arreándolas, una a una, según se hace necesario y una vez enlazadas y en seguridad se les desjarreta y caen al suelo bramando; entonces las degüellan; luego les sacan el cuero y las descuartizan con hachas en tres masas longitudinales... A través de todo este espectáculo, la natural brutalidad de las clases bajas para con los animales se exhibe en forma bastante desagradable; la pobre bestia es torturada y arrastrada de un rincón al otro del matadero por espacio de cinco o diez minutos, antes de que el cuchillo ponga fin a sus padecimientos. La lucha frenética y los mugidos del animal, diríase que deleitan a los peones."[50]

Parece evidente en esta descripción que el peón del matadero se asimila a la clase baja urbana, y que con esta asimilación Beaumont busca afirmar el contraste con su visión de la vida campesina, en la cual la figura del gaucho (y para el viajero son gauchos todos los habitantes de la campaña, pobres y ricos) se destaca, precisamente en función de los rasgos que lo separan de los prototipos urbanos: "Los gauchos, tanto aquellos de clase baja como de condición más elevada, se cuentan, quizá, entre los seres más independientes del mundo. Sus necesidades son tan escasas, y pueden satisfacerse tan fácilmente, los empeños y ocupaciones de la vida les preocupan tan poco, y su vida y costumbres exigen gastos tan exiguos y están tan exentas de toda ostentación, rivalidad o competencia, que si no fuera por el juego, vicio que se extiende por todo el país, ellos no sabrían qué hacer con el escaso dinero que reciben."[51]

Y así como en la presentación del gaucho agrega su propia escala estimativa, y utiliza el término gentilicio de *gaucho* con una precisión desconocida para los otros viajeros, en la presentación de la pampa introducirá el fenómeno de las grandes quemazones veraniegas en la voz de una anciana que aseguraba haberse salvado de las furias de las llamas por la intercesión milagrosa de San Francisco. Y encontrará, para dar cuenta de la terrible experiencia del cautiverio entre los indios, el despojado testimonio de una mujer que lo había padecido: "Mientras estuve en Buenos Aires, me dieron el nombre de una señora que había sido llevada por los indios después de haber presenciado el asesinato de su esposo y de sus sirvientes y el saqueo de su estancia. Vivió así con la tribu largo tiempo, sufriendo toda clase de afrentas y siendo compelida a cocinar y trabajar para los indios; por último, un día, después de acechar mucho tiempo la oportunidad, pudo escapar y anduvo huyendo durante la noche y escondiéndose ella y su caballo, entre los cardales durante el día, hasta que llegó así a su establecimiento de campo cerca de Buenos Aires."[52]

Ninguno de los relatos de viaje considerados hasta ahora oculta con tanto celo sus motivaciones como el relato del lugarteniente Brand sobre su excursión al Perú, con obligada travesía por Buenos Aires, la llanura pampeana y la cordillera de los Andes. Puede presumirse que Brand fuera enviado a

Lima en misión militar o diplomática secreta, porque en el Prefacio a su *Journal of a Voyage to Peru: a Passage Across the Cordillera of the Andes, in the Winter of 1827* (Londres, 1828), omite toda referencia a esa misión y declara, en cambio, que en la tradición mantenida por los oficiales de la marina inglesa había redactado los borradores del relato de su viaje con el único propósito de ofrecer información y solaz a sus amigos. Sólo a su llegada a Inglaterra fue persuadido de la ventaja de publicar el manuscrito, aun a conciencia de que éste no aspiraba a ser tenido por un trabajo literario, redactado, como había sido, en la agitación de cada jornada.

Brand llegó a Buenos Aires en julio de 1827, y en seis meses de una febril carrera contra el tiempo fue a Lima y volvió desde Lima, listo para emprender su regreso a Inglaterra. Comprensiblemente, la obsesión del viajero por cubrir esa enorme y dificultosa excursión en las fechas que le habían sido estrictamente encomendadas se convierte en el módulo recurrente que pauta la progresión dramática del relato y en el que jerarquiza los niveles de atención observables en éste.

Buenos Aires no podía ocupar mucho espacio en el calendario de viaje asignado a Brand, y no lo ocupó, con toda evidencia. El oficial naval dedicó apenas una página de sus apuntes a memorar su arribo a Buenos Aires, y varias a registrar los días finales de estadía en la misma, sólo que en esta oportunidad, en lugar de confiar en sus propias impresiones, prefirió repetir algunas de las que se habían adelantado en el libro *A Five Years' Residence in Buenos Ayres During the Years 1820 to 1825*, escrito por un inglés que excluyó su nombre de la única edición de 1825, y que vale como una respetuosa y convencional descripción de la ciudad, de sus habitantes y sus costumbres.[53] Fuera de Buenos Aires, Mendoza fue entonces la única concentración urbana de cierta importancia incluida en el segmento argentino del viaje, y también aquí el escaso tiempo disponible dio para pocas observaciones de sustancia. Al menos a la ida, porque a la vuelta el viajero fue sorprendido, disgustado, asqueado, por el espectáculo de una corrida de toros, obviamente lícito en Mendoza, y ofrecido por tres damas distinguidas que no se mostraban, como tampoco las demás mujeres, durante "la fiesta", pero que aparecían cada vez que un toro estaba a punto de ser sacrificado.

Fuera de anotar esta defectuosa forma de asimilación al paradigma de civilización representado por la ciudad europea, el relato de Brand tiende a omitir todo registro que no corresponda a las experiencias a cielo descubierto, y en este registro es fácil distinguir las experiencias y los juicios de valor sugeridos o compartidos por viajeros anteriores, de las experiencias y los juicios de valor que exceden este marco referencial. Brand no cita, por nombre, a ninguno de los viajeros que siguieron su mismo derrotero en años anteriores, pero debió de conocer los informes de algunos de ellos. Al recordar su estancia en una posta en Barranquita, dice que se divirtió leyendo los nombres de varios viajeros, legiblemente marcados sobre las paredes, y aunque lamentablemente no transcribió esos nombres en sus apuntes, vuelve a referirse a ellos, colectivamente, cuando para desmitificar la leyenda del peligro que supone el paso por las laderas de los Andes, acota que ese peligro ha sido demasiado exagerado por casi todos los viajeros.

En todo caso, de esta lista anónima puede recuperarse, con poquísimas dudas, el nombre de Head. Brand retoma las metáforas paisajistas de éste; y en tres oportunidades por lo menos, acude a las consabidas imágenes del mar y del navegante para expresar la experiencia de su travesía por la pampa: "me recordaba de estar en el mar, con tierra a la vista", "las Pampas se extienden ante nosotros como un mar, tan lejos como el ojo puede alcanzar, sin una casa solitaria o un árbol que obstruya la visión", "la posta se levanta en el horizonte de la desolada llanura, como un extraño velamen visto desde un barco, en el mar."[54]

También lo que dice del habitante de la llanura, y el modo en que lo dice, parecen provenir de una memoriosa lectura de Head. Porque las primeras impresiones de Brand sobre el gaucho distan de ser positivas. Los ha visto, apenas salido de Buenos Aires, en una fonda de Luján, alrededor de una mesa de billar, haciendo apuestas, ansiosos, irritables, listos para acudir a sus cuchillos a la menor provocación. Los ha visto asistir a una carrera de caballos, en Frayle Muerto, con ostentosos ponchos de varios colores y espuelas de plata.

Pero al llegar a Mendoza, concluido el pasaje de la pampa, quiere ofrecer un balance de la figura del gaucho, y este balance toma de pronto una coloración parecida a la utilizada por Head en su informe de 1826: "Los nativos de las pampas constituyen una remarcablemente fina, elegante raza de hombres, con rostros expresivos e inteligentes. De la necesidad, siendo obligados a vivir de sus propios recursos, han adquirido un aire muy independiente; y de vivir casi sobre el lomo del caballo, ese aire se aproxima aun a la nobleza. Sus buenas cualidades son verdaderamente notables: tráteselos civilmente, y ellos responderán de una manera que va más lejos de lo que podría esperarse... Viviendo tan libres e independientes como el viento, no pueden reconocer y no reconocerán la superioridad de ningún otro mortal... Sus ideas son todas de igualdad: el humilde peón y mi señor podrían ser indistintamente tratados por el simple gaucho con el título de Señor."[55] La indolencia y la suciedad, como faltas persistentes, son invocadas al término de esta exhaltada caracterización, pero esta invocación parece tener que ver menos con el esfuerzo de brindar una imagen objetiva del gaucho, que con la oportunidad de hacer entrar en ella la imagen de la mujer de la llanura, reducida exclusivamente a la condición calificada por los términos de suciedad e indolencia: "...las mujeres no harán nada, sino malgastar su tiempo, fumando; y son tan disgustantememte sucias que es peligroso acercarse a ellas."[56]

Dada la flexibilidad estructural del modelo, este inesperado brote de misoginia se incorpora a éste, sin necesariamente modificarlo. Igualmente inesperadas, algunas acotaciones de Brand sobre la consagrada función utilitaria del viaje se inscriben al margen de las anotadas por Head, o para el caso, por las anotadas por cualquiera de los viajeros ingleses llegados a la Argentina en los años inmediatamente anteriores o posteriores. En efecto, mientras Brand no desdeña ofrecer el tipo de información previsiblemente útil para toda persona que en el futuro tuviera, como él, que contratar postillones, calcular distancias, manejarse con posadas y posaderos, aceptar la extrañeza de las costumbres y la eventualidad de los peligros, no desdeña tampoco abundar en un tipo de información interesante sólo para esa clase particular de viajero que en la incipiente cultura de consumo conspicuo de la época comenzaba a distinguirse como "turista".

Raymond Williams, en *The Country and the City*, ha señalado cómo, desde las décadas finales del siglo XVIII, en Inglaterra la nueva disposición de consumo de la sociedad industrial fue inducida e instruida para convertir a la región de los lagos tanto en una fuente de placer estético como en una moda dispensadora de prestigio social. Que esta alteración del gusto fuera orientada exitosamente, por una combinación de la mejor lírica inglesa contemporánea y del formato de las primeras guías regulares del turismo, y que en la redacción de estas guías no dejara de participar, inclusive, alguno de los grandes poetas, como Wordsworth, señaló la aparición de un espacio en el que, por largos años, la experiencia estética y la promoción turística del paisaje tenderían a confundir y legitimar recíprocamente sus prácticas discursivas.[57]

Con el avance del siglo XIX el turista, sujeto de esa atención doblemente focalizada, sería ya una figura percibida como familiar en escenarios tan alejados como diversos de los lagos ingleses, o el de sus émulos admitidos, los lagos y las montañas de Italia. En 1826, *The Last of the Mohicans*, para mencionar un relato de instantánea celebridad, introduce al turista contemporáneo que disfruta, sin riesgos, del mismo espectáculo de la naturaleza en que se enmarca la ficcionalización de un pasado ya largamente transcurrido. "El turista, el necesitado de salud, el amateur de las bellezas de la naturaleza que, en un coche de cuatro caballos rueda ahora a través de las escenas que hemos intentado describir en búsqueda de información, salud, o placer", dice casualmente el narrador, interrumpiendo la secuencia cronológica del relato para anotar los usos sociales del paisaje en la región de los lagos adyacente a la frontera entre Estados Unidos y Canadá.

Las inesperadas acotaciones de Brand impresionan, entonces, como inesperadas, no en función de abundantes referentes provistos por la cultura general de la época, sino en función del singular escenario físico sobre el que éstos se aplican, en función de un criterio de homologación que omite verificar las instancias materiales que volvían a la cordillera de los Andes, por entonces, en un espacio simplemente negado al consumo turístico. Brand, solo entre los viajeros contemporáneos, prescinde de ese criterio de validación, y da título a su relato, lo ilustra y elabora muchas de sus notas, pensando en una audiencia que incluye en su número a algunos turistas potenciales.

El extenso título del informe de Brand, *Journal of a Voyage to Peru: A Passage Across the Cordillera of the Andes, in the Winter of 1827, Performed on Foot in the Snow, and a Journey Across the Pampas*, apunta ya, en su parte central, a ese sector particular de la audiencia. También lo hace el grabado que sigue a la portada del libro y que muestra a una docena o más de hombres, de a pie, "ascendiendo la cumbre de los Andes, en lo profundo del invierno, en agosto de 1827", en palabras que sirven de título a la espléndida ilustración. Y lo reiteran las treinta páginas que el viajero dedica al doble cruce de la cordillera, y en las que encarece tanto las bellezas sin paralelo en el mundo de algunas de las vistas de los Andes, como la seguridad con que puede llevarse a cabo la travesía, aventando las exageraciones con que casi todos los otros viajeros habían referido los riesgos de las laderas inclinadas, los abismos, las corrientes vertiginosas.

En el capítulo penúltimo del relato, Brand vuelve sobre estas acotaciones y agrega ahora una suerte de calendario en el que indica las estaciones del año que parecen más recomendables para una travesía placentera de los Andes; e insistiendo en que su intención fundamental es la de proveer una guía para el viajero, recomienda a éste, en un plano bien personal, el uso del cosmético que le permitió a él mismo realizar esa travesía sin arruinar la piel de su rostro: sebo de vela, un secreto aprendido en sus viajes anteriores por Sudáfrica.

En 1828, el mismo año en que se publica el informe de Brand, una nave inglesa de exploración marítima recaló en la Isla de los Estados y en Tierra del Fuego. El médico de a bordo, W. H. B. Webster, resumió más tarde sus notas de observación en *Narrative of a Voyage to the Southern Ocean, in the Years 1828, 29, 30* (Londres, 1834). En la Isla de los Estados descubre un escenario "salvaje y romántico en extremo" y en Tierra del Fuego encuentra un grupo de nativos a los que describe, en media docena de páginas, con una curiosidad no exenta de simpatía condescendiente.[58] Los fueguinos sobrellevan prácticamente a la intemperie las duras inclemencias del tiempo; son indolentes, dóciles, tratables y muy capaces de recibir instrucción.

Con el informe de Webster se interrumpe, brevemente, la frecuencia sostenida por los viajeros ingleses desde 1820. En los primeros años de la década siguiente, la presencia de nuevos viajeros, Darwin, Fitz-Roy y Scarlett, retoma ese ritmo, pero lo retoma para convertir a los escritos de cada uno de estos viajeros en los escritos que clausuran la serie.

En el caso de Webster, aunque con enormes diferencias de grado e intensidad, los objetivos científicos y geopolíticos encomendados a la tripulación del *Beagle* impidieron que tanto el capitán de la nave, Robert Fitz-Roy, como el naturalista invitado, Charles Darwin, llevaran a cabo lo que parecía la ejecución normativa de los viajes en el Río de la Plata: la excursión terrestre desde Buenos Aires hacia las masas andinas. Esta chance quedó reservada para Campbell Scarlett, que llegó a Buenos Aires en 1834, en tránsito hacia Valparaíso, Lima y Panamá, con intenciones de estudiar las posibilidades de la navegación comercial en las costas del Pacífico.

En el relato que este último publicó después de su regreso a Inglaterra, *South America and the Pacific: Comprising a Journey Across the Pampas and the Andes, from Buenos Ayres to Valparaiso, Lima and Panama* (Londres, 1838), las jornadas insumidas por este viaje canónico se vierten en un registro que funciona también, incluidas las flexibilidades, como canónico.

La previsible mención de Head sugiere las modalidades de ese registro; la no previsible de Edmond Temple la confirma. En la línea de Head, confesado instigador de su deseo de atravesar la pampa, Campbell Scarlett separa su visión de la vida al aire libre de la visión que le merece la ciudad de Buenos Aires. El viajero elogia la gracia de las mujeres de la ciudad, sin dejar de sorprenderse, risueñamente, por el tamaño de sus peinetones; describe algunos de sus pocos lucidos edificios, algunas de las modestas distracciones de su vida social. Pero para el viajero, la suma de impresiones sobre la ciudad no vale lo que la impresión única ofrecida por el espectáculo del matadero.

"Hoy (2 de noviembre de 1834) fui con varios oficiales a presenciar la más repulsiva de todas las vistas: la matanza de toros para el mercado. La pintura de Hogarth de los últimos estadios de la crueldad no sobrepasa este espectáculo."[59] La descripción que sigue a este anuncio reitera muchos de los trazos y perspectivas ya utilizados por Head y los otros viajeros que se ocuparon del mismo asunto. Sólo que en el relato de Campbell Scarlett, entre el anuncio y la descripción específica de lo que se anuncia, se interpolan los comentarios de una circunstancia ajena al registro de los otros relatos. El narrador, en efecto, apenas divisa a un grupo de gauchos matarifes junto al gran corral del matadero, interrumpe la representación de lo que ve para recordar que un carnicero de Buenos Aires, de nacionalidad inglesa y voluntario escolta del grupo, les había prevenido de mezclarse o ponerse en el camino de los nativos, nada simpatizantes de los ingleses después de la ocupación de las islas Malvinas por el gobierno de Gran Bretaña, en enero del año anterior. "Él dijo que haríamos bien en no acercarnos demasiado, porque ellos podrían o bien insultarnos, o enlazar nuestros caballos, mitad en broma, mitad en serio, como para provocar una discusión, en la cual nosotros sacaríamos la peor parte, desde que ellos estaban armados con sus largos cuchillos."

Esta hostilidad hacia los ingleses percibida por el informante, e inmediatamente por el informado, como rasgo particular de la población de las orillas de Buenos Aires, obliga al narrador a demorarse en la caracterización de este grupo social, de esta "semi-bárbara raza de rufianes criollos." Los gauchos, término con el que Scarlett designa al conjunto de la población rural, son gente silenciosa, ignorante, supersticiosa; pero mientras los gauchos de las distantes llanuras tienden a ser pacíficos y bien dispuestos para con los extranjeros, los de las ciudades, no... "En los alrededores de las ciudades, especialmente aquellos de Buenos Aires, cuyos naturalmente fieros temperamentos están acaso inflamados por la supuesta injuria que hemos infligido a la nación al apropiarnos de las islas Falkland, a las que ellos reclaman como de su pertenencia, son más irritables, vengativos, malhumorados, violentos."[60]

Sin distinguir las formas de las motivaciones, ni confrontar su percepción de los otros con la percepción de los otros sobre él, el viajero no parece extraer de este curioso episodio sino la simple confirmación de su censura a las expresiones degradadas de la vida urbana. Y en cuanto concluye la presentación del matadero, se hace evidente la distensión con que emprende la continuación del relato. La aventura física, el descubrimiento de paisajes, de lugares, de costumbres, facilita o impone el ritmo a la narración; como lo facilita o impone, por otra parte, la admitida precedencia del texto de Head: "Desde hace mucho he deseado llevar a cabo esta travesía (de la pampa), de la cual me enamoré, primero leyendo el inteligente y agradable libro del capitán Head."[61]

A riesgo de repetirse, entonces, y repitiéndose, de hecho, Scarlett se lanzará a devorar las distancias de esa interminable llanura, donde los ranchos, "un punto negro en el horizonte de este calmo mar", aumentarán gradualmente de tamaño del mismo modo que "un barco visto a gran distancia en el océano, se convierte, por último, en un objeto discernible para el ojo."[62] Al llegar a Córdoba dirá, "después del océano de tierra que habíamos atravesado" la vista fue deliciosa. Y al concluir la travesía, la mole de los Andes le parecerá el último esfuerzo "para perturbar la superficie de una llanura que rivaliza en horizontalidad con el océano."[63]

Si toda la excitación del paisaje nuevo se resuelve para Scarlett en imágenes ya probadas en el texto de su precursor, la novedad de los individuos, de los grupos, de las costumbres registradas en el camino, tenderá también a confirmarse en los módulos comprobados por aquél. Así, los indios, presentidos siempre como una amenaza aunque no aparezcan nunca en escena, son evocados a través de la imagen de los pobladores, que efectivamente han soportado y pueden soportar sus ataques, y a través de la imagen y de la información de viajeros tan remotos como Falkner y tan contemporáneos como Caldcleugh y Head. En su resumen personal de lecturas y de impresiones indirectas, Scarlett considera que hay buenas razones para asegurar "que no existe una más excelente raza de hombres que la de los indios Pampas", y que los indudables hábitos de barbarie que ahora se reconocen en ellos no fueron sino generados por la necesidad de sobrevivir a la guerra de exterminio decretada sobre ellos desde la llegada de los primeros españoles.[64]

Como resultado de la reciente y celebrada campaña militar de Rosas, señala el viajero, algunos contingentes de indios se han incorporado pacífica y positivamente a la vida civilizada. Y éste es un argumento para indicar que la barbarie en ellos es un subproducto, un gesto existencial reactivo. Otro argumento, tomado en préstamo de Head, es que algunas mujeres de las poblaciones rurales, arrebatadas en cautiverio por los indios, se habrían negado a abandonar a sus captores cuando les fue ofrecida la oportunidad de hacerlo.

Y el gaucho de la llanura, visiblemente afectado por su parentesco con el gaucho de la ciudad en la primera apreciación de Scarlett, revelará su dignificado perfil en cuanto se lo ubique en su entorno natural. En ese entorno, "ellos son, como los antiguos patriarcas, amos de sus familias y de sus fuentes de provisión; y podrían dedicarse a competir, a comer carne, jugar cartas en la casa o a cazar avestruces afuera, de generación en generación sin interrupciones, a menos que por accidente o designio, una partida de indios se acercara a sus aisladas viviendas."[65] Esta imagen, no sorprendentemente, arrastra otras que pertenecen al universo cultural del viajero y se condensa en la fugaz fantasía que le asalta en el tránsito de la llanura propiamente dicha a las serranías de Córdoba, cuando una modesta posta rodeada de algarrobos se le anticipó como "una suerte de paraíso, con murmurantes arroyuelos, bóvedas arcádicas, pastores y pastoras; una suerte de hotel de Utopía, en el cual podríamos disfrutar, al menos por una noche, la felicidad y el reposo que nuestros miserables albergues nos habían negado hasta ahora."[66]

Por cierto, el narrador señala a continuación que nubes de mosquitos lo despertaron de su sueño, una prueba de que su sentido del humor podía, oportunamente, corregir sus fugas alegóricas o el excesivo apego a las expectativas fomentadas por sus lecturas. Pero la sustancia en que se apoyaban esa fuga o ese apego: el interés, la extrañeza, la simpatía por el gaucho y por el entorno natural del gaucho, perseveran en su memoria meses después de los días que consumieron la travesía de la pampa, en circunstancias que componían ya el contenido del segundo volumen de sus memorias de viaje.

Ya en el Perú, en medio de las novedades y los acontecimientos que pasa a su registro, Scarlett consigna la lectura del informe de Edmond Temple, *Travels in Various Parts of Peru*, pero en contra de lo que pudiera esperarse del lector de un texto directamente relacionado con los intereses de su estadía en este país, Scarlett recorta un único pasaje de ese informe y lo transcribe en el suyo: "Su descripción de los gauchos de esta provincia podría aplicarse bien a los de Mendoza o Buenos Aires. Él dice que si un tucumano posee un caballo, un cuchillo, un lazo y una guitarra —que todos parecen disfrutar— se considera a sí mismo entre los hombres independientes de la tierra y más allá de los caprichos de la fortuna."[67]

Por esta cita y por las numerosas citas de Head, puede decirse que Scarlett se sintió particularmente inclinado a confirmar sus impresiones en aquellas que encontró en la literatura de viajes disponible sobre el tema, o al menos en la que seleccionó como propia. Y puede agregarse que este proceso de identificación no reconoció otro sobresalto que el originado en su versión del cruce de la cordillera de los Andes.

Es bien curiosa la disparidad de reacciones que la experiencia del cruce provocó entre los viajeros ingleses de esos años. Los que no habían leído o no habían asimilado la lectura de Humboldt, optaron, como ya se dijo, por ignorar la grandeza del paisaje andino o reducirla en función del modelo significado por el paisaje de los Alpes. Pero también Scarlett, que había aprendido la lección de Humboldt a través de Head, y parecía tan bien predispuesto a aceptar con entusiasmo la novedad de América, sucumbió a la tentación de las comparaciones, y en este terreno, su declarada preferencia por las vistas de los Alpes suizos revela lealtades más profundas que las debidas a sus recientes lecturas: "(Los Alpes suizos) son únicos, y no son sobrepasados, quizá ni siquiera igualados por ningún otro escenario en el mundo, por la inagotable variedad de sus perfiles, y por la belleza y sublimidad de su vista general."[68]

Antes de que Scarlett completara su travesía de Buenos Aires a Chile, el *Beagle* iniciaba su segundo recorrido de la costa patagónica. Pocos años después, en 1839, el capitán de la embarcación, Robert Fitz-Roy, dio cuenta de los objetivos y de las muchas peripecias acontecidas a la misión que le fue encomendada en ese viaje y en otro anterior de 1828, en los tres volúmenes de *Narrative of the Surveying Voyages of His Majesty's Ships Adventure and Beagle Between the Years 1826 and 1836*. Consumar el relevamiento de las costas más australes del planeta fue el objetivo declarado de la primera expedición y un aspecto sustancial de la segunda, circunstancias que ubicarían al informe presentado por Fitz-Roy, decididamente, en la lista no favorecida por la traductora inglesa de los viajes de Humboldt, cuando señalaba, como se recuerda, que los viajes marítimos ofrecían menor interés al lector que las jornadas terrestres.[69]

En la inteligencia de contar con la misma audiencia en la que pensaba la traductora de Humboldt, puede conjeturarse que el capitán del *Beagle* temía, y con razón, el destino que podía aguardar a sus memorias. Pero puede conjeturarse también, con buenos fundamentos, que lejos de aceptar pasivamente ese destino, procuró rescatarlo con la apelación a todas las ocasiones y a todos los recursos que le parecieron pertinentes. Pedir excusas, reiteradamente, al lector general, por la inevitable monotonía de sus observaciones, era una forma de distanciarse de sus materiales menos interesantes. Introducir segmentos narrativos apenas lo permitían las peripecias del viaje, valía como su acto de complicidad con ese lector general. Introducirlos o recuperarlos, porque Fitz-Roy, que se incorporó a la expedición dos años después de iniciada, debió efectuar un trabajo de recomposición de los mismos y se valió de los diarios y apuntes escritos por algunos oficiales que le precedieron para cubrir esa etapa de la memoria.

Entre estos segmentos narrativos el primero, cronológicamente, concierne a una serie de encuentros con un grupo de indios patagones, entre los años 1827 y 28, a la entrada misma del estrecho de Magallanes. Aunque en un mapa político moderno, el sitio de los encuentros se disputaría más bien como perteneciente al territorio chileno que al argentino, los indios en cuestión, de acuerdo con las observaciones del informante, se identificaban netamente con el área de influencia cultural rioplatense. Uno de los jóvenes del grupo llevaba pesadas espuelas de bronce, como los gauchos de Buenos Aires, y su caballo, equipado de riendas y montura, hubiera dado crédito a cualquier respetable jinete de Buenos Aires o Montevideo. María, la carismática madre del joven, hablaba algo de español, y aunque aducía haber nacido en Asunción del Paraguay, su verdadero lugar de nacimiento, en opinión del informante, debió de estar en las cercanías de Buenos Aires.

A través de María, "esa más bien notable mujer", y el único miembro de los grupos indios patagones que aparece en cada uno de los cuatro encuentros registrados, se establece una red de relaciones que el viajero no dejará de anotar en su diario de a bordo, y que Fitz-Roy no dejará de recoger, a sabiendas de que esas anotaciones contradecían el monótono repertorio de apuntes por el que se justificaba la misión. Hábitos de comercio, creencias religiosas, modos de diversión, se mezclan así con historias personales, y éstas con la descripción de saludos que varían de una a otra oportunidad. En el segundo de los encuentros, el más extenso de todos, María presenta su familia al viajero, ofrece para él la representación de un rito religioso, lo lleva a visitar la tumba de un niño recién fallecido, lo acepta como fiador de un intercambio de bienes entre su gente y los tripulantes de la nave: carne de guanaco, cueros y tejidos por cuchillos, tijeras, espejos; pero también tabaco, harina, azúcar, alcohol. En la noche de ese encuentro María insiste, sin éxito, en pasar la noche en la nave, y a la mañana siguiente las condiciones del tiempo eran tan desfavorables, que el capitán de la embarcación decide zarpar, suspendiendo el envío a tierra de las provisiones prometidas en la víspera. "...Cuando observamos a María en la playa, montada en su caballo blanco, mirando con otros nuestra partida, y cuando resultó evidente que nosotros nos íbamos, ella se dirigió lentamente hacia su toldo, sin duda, considerablemente afligida. Me apenó tratarlos de esa manera, porque su conducta hacia nosotros había sido abierta y amistosa."[70]

También durante este encuentro, el mismo oficial que lo registra (y que debió de ser, aparentemente, Phillip Parker King, capitán del *Adventure*) recuerda que María, intentando explicar la beodez de su hermano por la inesperada muerte de una de sus hijas, dirigió la vista hacia el cielo mientras murmuraba una suerte de plegaria o invocación "a su demonio principal, o espíritu dominante, a quien Pigafetta, el compañero e historiador de Magallanes, llamó *Setebos*, nombre que según el almirante Burney sirvió de original para uno de los usados por Shakespeare en *The Tempest*." Se trata, con toda evidencia, de una pura atribución de parte del informante, quien no asegura haber escuchado ese nombre de labios de María, pero que descuenta que no podía ser otro. La atribución confirma, por una parte, el fenómeno de proyección cultural universalmente registrado en la literatura de viajeros, y confirma, por otra, que para muchos lectores y espectadores de Shakespeare la utopía descripta en *The Tempest* por Gonzalo no podía sino concebirse en el marco de la realidad americana.

Otro de los segmentos narrativos de significación en la memoria publicada por Fitz-Roy corresponde a una larga secuencia fragmentada entre los volúmenes primero y segundo, y en la que el propio Fitz-Roy asume la función de informante. Esta secuencia contiene el potencial de un relato de primer orden y destaca, precisamente para la naturaleza del texto en el que se incluye, la atracción ejercida por los módulos puramente narrativos. Ya en los momentos finales de la primera expedición del *Beagle*, en el año 1830, Fitz-Roy decidió embarcar y llevar a Inglaterra a cuatro indios fueguinos, con el objeto de exponerlos a los beneficios de la vida civilizada. Tres de ellos provenían de islas del oeste de Tierra del Fuego; el cuarto, de una isla inmediata al canal del Beagle, recién descubierto por un miembro de la tripulación de la expedición.[71] Después de dos años de permanencia en Inglaterra, cuando se le encomienda el viaje de circunvalación que debía llevar al *Beagle*, otra vez, hacia el sur patagónico y Tierra del Fuego, Fitz-Roy entendió que ése era el momento y la oportunidad de concluir con aquella experiencia, devolviendo a los indios a su tierra natal. La crónica del retorno de Fuegia Basket, York Minster y Jemmy Button, los tres sobrevivientes del grupo originario, es contada por el capitán de la nave en sus dos momentos extremos. El primero, en enero de 1833, es el del encuentro de los indios fueguinos, cada uno con su propia respuesta al proceso de aculturación a que habían sido sometidos, con los parientes y miembros de la tribu y de tribus vecinas. El segundo, tras un corte temporal de un año empleado por la tripulación del *Beagle* en proseguir las rutas de navegación asignadas, es el de la despedida final de Fitz-Roy, quien vuelve por el sitio en que fueron desembarcados Fuegia, York y Jemmy, y puede registrar así el efecto que en cada uno de ellos produjo, o pareció producir, el singularísimo esfuerzo de reinstalación al entorno. Fuegia y York, unidos en pareja, han reasumido, totalmente, los hábitos y la conducta que los caracterizaba antes del viaje a Inglaterra. Jemmy, que había aceptado con entusiasmo la lengua y la urbanidad de los ingleses, desnudo ahora, escuálido, desaseado, conservaba sin embargo los modales y su relativo dominio del inglés, que había difundido con éxito entre sus parientes. Parecía enfermo, pero interrogado por Fitz-Roy dijo que nunca se había sentido mejor, que estaba muy contento y que no deseaba cambiar de ninguna manera su forma de vivir.

La crónica encierra, como se advierte, los gérmenes de una verdadera novela antropológica, y aunque el narrador carece de la experiencia, y si se quiere de la legitimación convencional del género, es innegable, por el espacio que le concede y la morosidad con que se aplica a la reconstrucción de este episodio, que el cronista entendía que sus historias apuntaban a no otra cosa que al diseño de una novela cabal.[72] Darwin, testigo del desenlace de este episodio, se mostrará igualmente inclinado a considerarlo fundamentalmente un universo narrativo.

Otro pasaje de la memoria de Fitz-Roy que excede la minuciosa carga informativa que se esperaba de su misión, se sitúa después del desembarco de los indios fueguinos, y remite a una corta incursión por las Islas Malvinas, en marzo de 1833, a poco de su ocupación por Inglaterra. Le sorprende al informante no encontrar autoridad visible en el lugar, y entre la escasa población distingue enseguida a un grupo de gauchos que ocupaban su tiempo libre jugando, discutiendo, peleando con largos cuchillos, dando y recibiendo serias heridas.

"Con sus ponchos sueltos, sombreros caídos, pelo largo, tez oscura y ojos aindiados, parecen caracteres más acomodados para el pincel de un artista que para el calmo hogar de un industrioso colono." Además de los gauchos, vio a cinco indios que habían sido eximidos de estar en prisión en Buenos Aires a condición de acompañar al que había sido gobernador argentino de las islas. "Incluyendo las tripulaciones de unos treinta balleneros que rondaban las islas; los hombres de varios navíos norteamericanos, todos armados con rifles; los ingleses cazadores de focas con sus mazos; esos gauchos con aspecto de degolladores; los descontentos descorazonados indios prisioneros, y los tripulantes de unos cuantos balleneros franceses que no podían o no querían entender por qué ellos no tendrían tan buen derecho a las islas como los ingleses, no faltaban allí elementos de discordia; y fue con angustia y tristes presentimientos —concluye Fitz-Roy— que aguardé a los meses que podían transcurrir sin la presencia de un militar, o la apariencia de cualquier autoridad regular."[73]

Desde el presente en que se describe esa situación, y desde el presente en que se supone instalado al lector de esa descripción, surgen líneas narrativas que anuncian claramente la composición de un intenso drama de lealtades, recelos y percepciones distorsionadas por el miedo, en un marco de provisoriedad y de inminente amenaza.

Y un año después, en marzo de 1834, cuando el *Beagle* regresa a las Malvinas, Fitz-Roy comprueba que sus peores premoniciones han sido cumplidas. En efecto, en agosto del año anterior, tres gauchos, y los cinco indios prisioneros, dirigidos por Antonio Rivero, tomaron por asalto la casa que había sido del gobernador Vernet, mataron al ciudadano inglés que había sido designado custodio de la bandera de ese país, mataron a otros dos ingleses y a dos empleados de los colonos, secuestraron a un grupo de colonos y huyeron al interior de la isla con todo el ganado y los caballos disponibles. El viajero conoce estos hechos después de concluidos, por lo que apela al testimonio del capitán Seymour para reconstruir sus principales secuencias y asegurar la coherencia del relato. Con todo, en cuanto el recurso al *flashback* cubre sus funciones, el viajero se incorpora a la narración como observador directo, ofreciendo al lector el remate de una historia de cuya gestación se considera ostensiblemente testigo privilegiado. Ya hay una autoridad inglesa firmemente constituida en las islas; la insurrección ha sido dominada; el gaucho Rivero ha sido remitido, engrillado, a las bodegas del *Adventure*. "Cuando visité la colonia, ésta lucía más melancólica que nunca; y a doscientas yardas de la casa en la que había vivido, encontré, para mi horror, los pies del pobre Brisbane emergiendo de la tierra... Fue asesinado por villanos porque defendió la propiedad de su amigo (el que estaba a cargo de la casa del gobernador Vernet); mutilado por ellos para satisfacer su malicia infernal; arrastrado a lazo, fuera de las casas y dejado allí para ser comido por los perros."[74]

Una versión, como se advierte, que no deja resquicios de reivindicación política a los actos protagonizados por Rivero, en la línea ensayada más de un siglo después por grupos nacionalistas argentinos.[75]

A pesar de que las naves encomendadas a Fitz-Roy en su segunda misión permanecieron por más de dos años en aguas territoriales argentinas, el propio Fitz-Roy tuvo escasas oportunidades de incursionar profundamente en tierra firme. Estas oportunidades se le brindaron, en cambio, a Charles Darwin, el joven naturalista que acompañaba a la misión, munido como estaba de un plan de trabajo diferente, y de la libertad de acción necesaria como para llevar a cabo ese plan.

Incluir en esta serie de viajeros ingleses el texto que Darwin elaboró como diario de a bordo de su después célebre expedición alrededor del mundo, *Journal and Remarks* (Londres, 1839), podría parecer un abuso de la analogía, y un abuso destinado a oscurecer la atención sobre todos sus acompañantes de la serie, si no se dijera de inmediato que el texto de Darwin se incluye aquí en función estricta del registro de experiencias compatibles con las de los otros viajeros que lo precedieron. Así recortado el material de su diario de a bordo, es conveniente sin embargo precisar dos circunstancias que singularizan ese material por sobre sus elementos de correspondencia con la serie en cuestión. Una de esas circunstancias tiene que ver con el carácter científico de la misión de Darwin; la otra, con la dirección de un derrotero que no era dictado siempre por los fines específicos de esa misma misión.

Como naturalista integrado a la tripulación del *Beagle*, Darwin emprendió su viaje alrededor del mundo, en diciembre de 1831, con una disposición de propósitos que remedaba, en algunos aspectos, a la que presidió la empresa americana de Humboldt, en los comienzos mismos del siglo. Las numerosas citas de la ya por entonces clásica obra de referencia de Humboldt reivindican así, en la redacción final del diario de Darwin, el empleo de un discurso científico estrictamente adherido a la tradición iluminista, por encima de las más simples variantes utilitarias de la misma tradición, ensayadas por los agentes comerciales, inspectores o simples curiosos, cuyos nombres se acreditan en el "corpus" textual hasta ahora considerado. Pero esta reivindicación se produce, conviene puntualizarlo, no sólo sin sacrificar el componente estético introducido por Humboldt como novedad en su momento, sino tratando ese componente desde los usos amplificadores establecidos después por viajeros como Francis Bond Head.

La otra circunstancia, la del derrotero, permitió que Darwin recorriera buena parte del espacio recorrido en años anteriores por varios de sus compatriotas, pero determinó que lo hiciera, como ya se anticipara, no según el rumbo tradicional, desde Buenos Aires (ciudad a la que ha visitado, incidentalmente, en noviembre de 1832) hacia el interior del país, sino desde el sur de la provincia hacia Buenos Aires, en un momento, y desde Chile y la cordillera de los Andes hacia Mendoza, en otro. Y determinó que agregara a ese recorrido ya familiar en la literatura de viajeros al Río de la Plata, otro menos familiar, y, en todo caso, nunca conectado con el de los expositores de la serie: la costa patagónica, las Islas Malvinas y Tierra del Fuego.

Por la frecuencia y la exclusividad de las citas, no caben dudas de que el texto de Head anticipó y orientó, tanto en el sentido de su confirmación como de su negación, muchas de las observaciones apuntadas por el naturalista en su tránsito por las llanuras desde Carmen de Patagones donde abandonó, temporariamente, en agosto de 1833, la ruta de navegación del *Beagle*, para dirigirse hacia Buenos Aires y las tierras del litoral santafesino. Darwin se internó en la campaña bonaerense durante el tiempo en que Rosas, como gobernador de la provincia, volvía sistemática la guerra contra los indios. Los hechos y los protagonistas de esta guerra singularmente despiadada ganan así preeminencia en las primeras páginas de la sección argentina de su diario. El encuentro con Rosas fue, sin duda, una sorpresa que el viajero no dejó de registrar con juicios de valor ciertamente positivos: "es un hombre de un carácter extraordinario y ejerce la más alta influencia en el país"; pero la población regular de ese inmenso escenario, la población de indios y de gauchos, se le presentaba menos como una sorpresa que como una revisión de sus lecturas de Head en el contraluz del estado bélico que conmovía a la campaña.[76]

A diferencia de Head, Darwin pudo conocer efectivamente y de cerca algunas agrupaciones indígenas. Sus impresiones de una tribu que encontró en Carmen de Patagones, en pleno proceso de asimilación, no pueden calificarse de entusiastas. Y de otra que conoció en Bahía Blanca, asociada a las tropas del ejército de Buenos Aires, sólo recordará la salvaje escena del vivaque nocturno, con los indios borrachos, bebiendo la sangre del ganado recién degollado, revolcándose y cubriéndose de suciedad, en el modo en que los versos de Virgilio, puntualmente citados, vertían la imagen del cíclope Polifemo en su horrenda caverna.[77] Pero en el contingente de indios acampando en el cuartel general de Rosas, Darwin encontró hombres y mujeres de recia estampa física, avezados plateros, elegantes jinetes, interesantes grupos familiares.[78]

No parece improbable que esta última apreciación se viera reforzada por su creciente certidumbre de que en esa guerra sin cuartel los indios, cualquiera fuera el bando por el que combatían, estaban destinados a la extinción en un término no mayor de cincuenta años. En todo caso, en la dirección de esta notable profecía y en la de su condena a las atrocidades de esa guerra, Darwin no vacila en abandonar por un momento el método de observación directa con que cubre regularmente su diario, para ocuparse de un relato difundido en el campamento sobre la espectacular huida de un cacique indio, con su pequeño hijo a cuestas, jinete de un caballo blanco que agotó, por tres veces, el cambio de cabalgadura del comandante de la tropa que lo seguía. "La desnuda y bronceada figura del hombre con su pequeño —imagina ahora Darwin—, cabalgando como un Mazeppa su caballo blanco, dejando así atrás a sus perseguidores."[79]

La coloración de esa suerte de épica desesperada de la supervivencia, reforzada por la alusión al héroe cosaco celebrado por Byron, apaga por contraste el registro de las otras figuras que pueblan los campamentos militares.[80] Allí están, por supuesto, las cautivas, venidas de un lugar tan remoto como Salta, y olvidadas ya del uso de la lengua española; y están los gauchos, pasajeramente saludados por su espíritu de independencia, o dudosamente identificados, en el caso de la escolta que le ofreció Rosas para llegar a Buenos Aires, con los modelos de Salvatore Rosa, el afamado pintor de escenas del bandolerismo italiano del siglo XVII.[81]

Fuera de los campamentos, sin embargo, la figura del gaucho se le aparece con caracteres más nítidos. En su primer encuentro con un grupo de ellos, a la caída del sol, en pleno desierto, observará la capacidad del gaucho para sobrellevar las durezas de la vida a la intemperie. "Aquí tenemos —dirá uno de ellos— las cuatro cosas necesarias para la vida en el campo: pasto para los caballos, agua, carne y leña." Y Darwin agregará, a continuación, que apenas se decidían por una pieza del ganado mostrenco, mientras preparaban el asado, los gauchos se sentían de muy buen ánimo por haber encontrado estas lujurias. Ésa fue la primera noche, recuerda el viajero, que durmió bajo cielo descubierto, y ese recuerdo, absolutamente imborrable, le inspira el comentario que sumará luego a sus notas: "Hay un elevado goce en la independencia de vida del gaucho: ese ser capaz, en cualquier momento, de detener el caballo y decir aquí pasaremos la noche."[82]

Pocos meses después, ya en territorio uruguayo, Darwin pudo conocer a los gauchos que vivían aún en un hábitat similar al que Head conoció en su recorrido por las llanuras extendidas al oeste de la provincia de Buenos Aires, y desde esta perspectiva refunde nuevas y viejas impresiones para ofrecer, en la redacción final de su diario, una valoración del tipo gaucho que no contradice, a pesar de algunas reservas y del uso de un tono menos efusivo, la valoración ofrecida en el texto de Head. La manía del juego, el robo y la tendencia a usar el cuchillo para dirimir cualquier tipo de conflicto, pesan ciertamente como reservas; pero de la comparación de la conducta general del gaucho con la del habitante de las ciudades, Darwin extraerá un dictamen que favorece abiertamente al primero sobre el segundo: "Durante los últimos seis meses he tenido ocasión de observar un poco el carácter de los habitantes de estas provincias. Los gauchos, o campesinos, son muy superiores a aquellos que residen en las ciudades. El gaucho es, invariablemente, más servicial, cortés y hospitalario. No he encontrado un solo caso de rudeza o de inhospitalidad. Es modesto, tanto en lo que respecta a sí mismo como a su tierra, pero lleno de vida y audaz."[83]

Otra vez en el orden del itinerario, que no repite necesariamente, como se advierte, el orden cronológico seguido en la redacción última del diario, Darwin registra sus impresiones de la ciudad de Buenos Aires. Como ya se anticipó, Darwin había visitado la ciudad en noviembre de 1832, aprovechando una larga permanencia del *Beagle* en Montevideo, pero suprimió en la versión final de *Journal and Remarks* las notas tomadas durante esa primera visita. Decidió, en cambio, refundirlas y sintetizarlas en oportunidad de la segunda, con curiosos resultados, porque la única página que concede a su paso por Buenos Aires es una que está dispuesta como un verdadero díptico, con dos espacios que se separan y se complementan alternativamente.

En el primer espacio se describe la ciudad, casi como si se describiera una maqueta de ésta, con una apreciación global de su trazado regular y del decoro y la uniformidad de sus edificios. "La ciudad de Buenos Aires es grande, y juzgaría que una de las más regulares del mundo... El conjunto de los edificios posee considerable belleza arquitectónica, aunque ninguno, individualmente, puede presumir de poseerla." Sin transición, en el segundo espacio se describe sólo el matadero, como específico *locus* urbano, y en esta descripción, los ángulos visuales elegidos y los comentarios que acompañan a las imágenes decantadas por esos ángulos visuales, no parecen sino responder a las modulaciones notoriamente registradas en el texto de Head: "El gran *corral* (sic) donde los animales son faenados para proveer alimentación a esta población comedora de carne, es uno de los espectáculos dignos de ser vistos. La fortaleza del caballo, comparada con la del toro, es sorprendente: un hombre a caballo que arroje su lazo sobre los cuernos de la bestia puede arrastrarla adonde quiera... Cuando el toro ha sido llevado al sitio donde será faenado, el *matador*, con gran cuidado, le corta los tendones. Entonces da el rugido de la muerte; un clamor de agonía más salvaje que ningún otro que conozca. A menudo lo he distinguido desde larga distancia, y he sabido siempre que la lucha llegaba a su final. La entera visión es horrible y repulsiva; el suelo consiste prácticamente de huesos; y los caballos y los jinetes están empapados de sangre."[84]

Este juego de preferencias sugiere el poder configurador del relato de Head; la capacidad de éste para ofrecer, a un lector avezado como Darwin, su propio listado de opciones y de expectativas.

En la imagen que ofrece del gaucho y del indio, en su caracterización de la ciudad de Buenos Aires, Darwin sigue ese listado de opciones y de expectativas y adhiere, claramente, a los juicios de valor agregados por Head a su listado. Pero no vacila en separar las expectativas del juicio de valor en el caso particular del paisaje pampeano. Apenas sale de Buenos Aires, observa que la tierra está cubierta de tréboles y de cardos, y que los últimos, "bien conocidos por la animada descripción ofrecida por F. Head, estaban entonces en los dos tercios de su desarrollo."[85] Era inevitable, entonces, después de esta verificación de detalle, que el viajero aguardara la verificación de la promesa principal de la guía en materia de paisaje: la de la pampa semejante al océano. Head había tomado en préstamo esta imagen para ilustrar su visión de la llanura pampeana desde la falda de los Andes, y esta circunstancia, que Darwin no podrá homologar sino un año después, cuando la expedición del *Beagle* lo acerque a los Andes desde la costa chilena, condiciona y deja en suspenso lo que valdrá como su corrección personal y última a la metáfora difundida por Head.

A una jornada de Buenos Aires, en el trayecto que lo llevaría del poblado de San Nicolás al de Rosario, el naturalista se siente inclinado a admitir, por lo que observa, que nada de lo que diversos viajeros han dicho sobre la extrema nivelación de esas tierras puede considerarse exagerado. Sin embargo, se obliga a agregar que algunas rupturas debían suponerse en esa línea horizontal, porque allí, a diferencia de lo que acontece sobre la superficie del océano, el observador que gira su cabeza percibe los objetos a más grandes distancias en unas direcciones que en otras. Esta diferencia, en su opinión, "destruye la grandiosidad que uno hubiera imaginado en una vasta llanura horizontal."[86] Como se advierte, la dificultad de combinar los discursos científico y estético, anticipada por Humboldt, podía proponerse a veces, en la práctica, como insalvable.

Pero cuando no era insalvable, la dificultad de combinar ambos discursos podía resolverse en la articulación de un texto de perdurable efectividad. Poco después de dejar las ciudades de Rosario y de Santa Fe en el límite de su excursión hacia el norte, Darwin cruza el Paraná hacia la costa entrerriana, en donde debe detenerse por cinco días. El incansable naturalista emplea ese tiempo para examinar los rasgos geológicos de la costa y para compararlos con otros que había examinado desde el arranque de su viaje, en Carmen de Patagones. La comparación de esos hallazgos: huesos, fragmentos de huesos, conchillas, composición de suelos y la comparación de éstos con otros similares efectuados por unos pocos naturalistas contemporáneos a lo largo del continente americano, valen como la base científica del texto que Darwin incorpora a su diario. Sólo que esa base científica, lejos de quedar recortada en sí misma, alienta un juego especulativo que no tarda en convertirse en verdadera imaginación poética, y los huesos, y las conchillas y las arenas se abren a la fascinante y novedosa descripción de un Génesis con plataformas continentales que se desplazan, con tierras que surgen del fondo del mar, con especies animales que transmigran y cambian. De un Génesis que certifica la procedencia marítima de la pampa y comprueba la existencia de un caballo americano extinguido, misteriosamente, siglos antes de la llegada de los españoles.[87]

No por imposición de la secuencia cronológica del diario, sino contagiado por el movimiento de imágenes suscitado por su propia escritura, Darwin intercala a continuación la referencia a un fenómeno del que no tuvo noticia sino por mediación de terceros: la tremenda sequía que asoló a la región pampeana entre 1827 y 1832. Millares y millares de animales murieron entonces, y de acuerdo con testigos oculares, muchísimos lo hicieron de manera patética, arrojándose y quedando prisioneros de las orillas fangosas de los ríos, a la vista del agua. Las intensas lluvias que siguieron a esa sequía, del mismo modo que las intensas lluvias que siguieron a otras cíclicas sequías del pasado, enterraron entonces, en los mismos sitios, a sucesivas tandas de restos de animales, sin distinción de especies ni de fechas. Reconstruido ese cuadro en escala de estratificaciones geológicas, Darwin se pregunta: "¿Cuál podría ser la opinión de un geólogo, viendo tan enorme colección de huesos, de toda clase de animales y de todas las edades, así fijados en una densa capa de tierra? ¿No lo atribuiría a un diluvio que barrió la superficie de la tierra, más bien que al orden común de las cosas?"[88]

Es sabido que el sistema de creencias religiosas con el que Darwin inició su viaje de circunnavegación en el *Beagle* entró en progresiva colisión con los hechos y las observaciones acumuladas en aquél, una circunstancia que la lectura de los dos últimos pasajes contribuye suficientemente a ilustrar. Pero en la esfera laica, el sistema de creencias y valores adheridos a su condición de ciudadano británico sobrellevó las experiencias del viaje sin vacilaciones. Así, inmediatamente después de sus heterodoxas ensoñaciones cosmogónicas, al emprender su regreso a Buenos Aires, navegando ahora el río Paraná, tomará conciencia, de pronto, del valor de comunicación comercial que representa esa inmensa corriente de agua, de la fertilidad de las tierras que recorre, de la prosperidad de las ciudades que podían florecer a sus orillas. Y como desde la balandra que lo conduce a Buenos Aires no ve materializada ninguna de esas proyecciones, concluye con una aseveración que hubiera suscripto cualquiera de los agentes comerciales ingleses que visitaron la Argentina esos años: "¡Cuán diferente podría haber sido el aspecto de este río, si colonos ingleses, por buena fortuna, hubieran navegado primero hacia el Plata. Qué nobles ciudades podrían ahora haber ocupado sus costas!"[89]

Darwin finaliza su excursión por las provincias del litoral con una reclusión forzosa de dos semanas en Buenos Aires asediado por tropas que buscaban desestabilizar la situación política para favorecer el ofrecimiento de la suma del poder a Rosas. Llega, finalmente, a Montevideo, y en diciembre de 1833 se incorpora a la tripulación del *Beagle* para emprender su segundo viaje hacia el Sur patagónico. Inevitablemente, la relación contenida en este segmento del diario de Darwin debía de coincidir, en muchos aspectos, con la ofrecida por Fitz-Roy, el capitán de la nave, como que ambos daban cuenta del mismo lote de experiencias: la instalación y despedida de Fuegia, York y Jemmy, los tres indios que Fitz-Roy traía de regreso de Inglaterra, las interminables recorridas por los canales fueguinos y el estrecho de Magallanes, la visita a las Islas Malvinas. Pero los énfasis, las exclusiones, el perspectivismo profesional, la específica competencia narrativa, distinguen suficientemente una versión de la otra.

Así por ejemplo, en la versión de Darwin, las Islas Malvinas importan más por la composición y características de su escenario físico que por la reciente determinación de Inglaterra de apropiarse de aquéllas; más por el desafío con que invita a una despiadada vida al aire libre, que por las turbulencias de esa población que filtra de amenazas el texto de Fitz-Roy. Darwin resume, por mera prolijidad informativa, los acontecimientos de los dos últimos años que cambiaron el destino de las islas: "Inglaterra reclamó sus derechos y tomó posesión de ellas. El inglés que quedó en custodia de la bandera, fue después asesinado. Un oficial británico fue enviado a continuación, sin el soporte de ningún poder, y cuando nosotros llegamos, lo encontramos a cargo de una población constituida, en más de su mitad, de rebeldes fugitivos y asesinos." "El teatro es merecedor de las escenas actuadas en él. Una tierra ondulante, de un aspecto desolado y miserable..."[90]

Una larga excursión por el interior de una de las islas, en compañía de dos gauchos, provee sin embargo al naturalista no sólo de la oportunidad para recoger información sobre la naturaleza física del lugar: también la de admirar la destreza de los gauchos que le servían de guía, la habilidad en el manejo del lazo y de las boleadoras; la de aferrar con ellas, en corridas a campo abierto, a toros que parecían reproducir el tamaño y la fiereza de los toros inmortalizados por la escultura griega. Con un ojo puesto en el lector metropolitano, Darwin dirá que estos gauchos preparaban una "carne son cuero" (sic), digna de ser celebrada en Londres. Y con otro ojo puesto en la estimación de su propia capacidad para sobrellevar esas jornadas, en las peores condiciones climáticas imaginables, recordará que aun esos gauchos hechos de acero admitieron alegrarse cuando regresaron al poblado.

La secuencia del retorno de los indios fueguinos, debe aclararse, es apenas aludida en la versión del *Journal and Remarks* que Darwin publicó como parte de una obra colectiva encabezada por Fitz-Roy, en la que el propio Fitz-Roy, responsable de ese retorno, había asumido las funciones de cronista. Pero después de dos exitosas reimpresiones del volumen que contenía su Diario, Darwin preparó una segunda edición de éste, en 1845, en donde, sin los comprensibles escrúpulos de la primera, concedió numerosas páginas a la presentación del episodio.[91]

Decididamente, la historia de los tres indios que regresaban a sus ignotas islas del extremo sur del continente poseía demasiados elementos de interés como para que el naturalista invitado de la expedición se resignara a excluirla de sus memorias de viaje. Y entre esos elementos de interés, Darwin, al igual que Fitz-Roy, debió de advertir los que en esa historia se ofrecían como nudos germinales de una suerte de novela antropológica. En todo caso, con los recursos expositivos e interpretativos a su disposición, no dudó en establecer para esa historia el estatuto y las prerrogativas de un universo narrativo particular.

Repárese en la presentación de Jemmy Button, en los días de navegación del *Beagle* hacia la Patagonia: "Era de condición patriótica y le gustaba elogiar a su propia tribu y a su región, en la cual, decía, había abundancia de árboles, e insultaba a todas las otras tribus declarando resueltamente que en su tierra no existía el Diablo. Jemmy era bajo, grueso y gordo, pero de apariencia vanidosa; acostumbraba usar guantes, su pelo estaba netamente cortado, y sufría si sus bien lustrados zapatos se ensuciaban."[92] Tenía, agrega Darwin, un módico conocimiento del inglés, y había olvidado, correlativamente, su lengua nativa. Tomado por sus palabras y por sus gestos, Jemmy es así, desde la presentación, y por la presentación, la persona y el personaje del drama que se avecina: el del reencuentro con el entorno y con las gentes de la tribu; el del estallido del conflicto de aculturación ominosamente anunciado por esas palabras y esos gestos.

Una descripción de Tierra del Fuego incluida ya en la primera edición del Diario se mantiene, en la segunda, inmediatamente después de la presentación de Jemmy: un servicio de interpolación narrativa por el que el mero escenario físico deviene ahora escenografía del drama individual que se anticipa. "La región es una masa quebrada de rocas salvajes, elevadas colinas e inútiles bosques, vistos a través de nieblas y de interminables tormentas. La tierra habitable se reduce a las piedras que forman la playa; en busca de comida están compelidos a vagar incesantemente de lugar a lugar, y es tan escarpada la costa que ellos sólo pueden acercarse en sus miserables canoas."[93]

Al presenciar el primer encuentro de Jemmy con su madre, su hermano y las gentes de la tribu, Darwin confirmará sus sospechas de que Jemmy había olvidado prácticamente su lengua nativa: "Era risible, pero también penoso oírle hablar en inglés a su hermano, y entonces preguntarle, en español ("¿no sabe?" sic) si no lo entendía". Y un año después, cuando el *Beagle* regresa al lugar en que fuera desembarcado, el viajero comprobará los duros efectos que la instalación entre los suyos ha obrado en la personalidad y en la apariencia de Jemmy. El fueguino daba la espalda a la tripulación de la nave, avergonzado de que sus antiguos compañeros de travesía lo vieran en ese estado: casi desnudo, flaco, el pelo largo y desordenado. Contará después que York y Fuegia, vueltos al salvajismo, cometieron la villanía de engañarlo con falsas promesas y de robarle todas sus pertenencias. Sin embargo, con toda su miseria, reiterará al capitán de la nave su voluntad de permanecer en tierra, sin otra razón aparente, en opinión de Darwin (no sugerida por Fitz-Roy), que el amor del indio por su flamante esposa, esa agraciada joven que lo acompañaba en su despedida final de la tripulación del *Beagle*. Por lo que la historia de Jemmy, evocada por el naturalista, concluye por ser tanto la ilustración de un formidable capítulo de etnografía comparada como la ilustración de una conmovedora historia de amor, tan próxima ya al imaginario que filtra los dominios de la literatura.[94]

Con toda la importancia que el naturalista concede al regreso y a la instalación de los tres indios fueguinos, es evidente que el seguimiento de sus casos no lo distrajo de otras observaciones y reflexiones. Es evidente, sobre todo, que lo consternó la mera existencia de esas tribus desharrapadas, la comprobación de que misteriosas tendencias migratorias habían arrojado a esos hombres y mujeres a los confines del mundo, para obligarlos a sobrellevar allí las más inclementes condiciones de vida; la comprobación de que a pesar de esas inclemencias, esas tribus no enfrentaban el riesgo de extinguirse, por lo que debía suponerse que "disfrutan de una suficiente cuota de felicidad, de la clase que fuere, para volver a la vida merecedora de ser vivida". Es evidente que en el registro de esos modos de existencia, lo consternó también la comprobación de la distancia entre la realidad que observaba y la perspectiva cultural desde la que observaba, y de las enormes dificultades de comunicación que implicaba esa distancia.

Por eso, tal vez, el rescate de una mínima anécdota de su incursión por los canales fueguinos: "En otro refugio, no muy distante, una mujer que estaba amamantando a un niño recién nacido, apareció un día a un costado de la nave, y permaneció allí, por simple curiosidad, mientras la nevisca caía y se derretía sobre su pecho desnudo y sobre la piel desnuda de su hijo".[95] Una visita que se anuncia como la metáfora de un puente de comunicación; pero una metáfora que se interroga a sí misma, sin embargo, apenas el viajero resume el bulto de sus observaciones y encuentra difícil aceptar la creencia de que esos desdichados indios fueguinos, con sus rostros embadurnados de blanco, sus voces discordantes y gestos violentos, sean sus congéneres y habiten en su mismo mundo.

A fines de mayo de 1834, el *Beagle* inicia su recorrido final de los canales fueguinos, rumbo a Chile, y las páginas que Darwin reserva en su diario a esa etapa del viaje están cubiertas con información sobre la naturaleza física del escenario, y con breves acotaciones sobre la belleza y la extrañeza de un paisaje al que no vacila en calificar por momentos de sublime. Una vez en Chile, antes de emprender el cruce de la cordillera de los Andes hasta Mendoza, hallará una imprevista oportunidad de rememorar su visita a las provincias de Buenos Aires y del litoral argentino. En las proximidades del puerto de Valparaíso, en efecto, conocerá y tratará de cerca a algunos huasos chilenos, y de la observación de sus hábitos de vida al aire libre, sus destrezas profesionales y sus condiciones de eximios jinetes, extrae una imagen cuyo paralelo con la imagen del gaucho que conoció y trató en la llanura rioplatense tiende a reafirmar su estima de este último, al tiempo que le sugiere alguna hipótesis de explicación a las diferencias que advierte entre las modalidades del campesino chileno y el argentino.

"Los guasos de Chile —dice Darwin— que se corresponden a los gauchos de la pampa, son sin embargo una muy distinta clase de seres. Chile es el más civilizado de ambos países, y sus habitantes, en consecuencia, han perdido mucho de su carácter individual. Las gradaciones de rango están muy fuertemente marcadas: el guaso, de ninguna manera, considera a cada hombre su igual; y yo me he sorprendido bastante al encontrar que mis compañeros no gustaban comer al mismo tiempo conmigo. El sentimiento de inigualdad es una consecuencia necesaria de la existencia de una aristocracia de la riqueza." "El gaucho, aunque puede ser un degollador, es un caballero; el guaso es, en algunos aspectos mejor, pero es al mismo tiempo, un tipo vulgar, ordinario."[96]

Cualesquiera que sean el alcance y la idoneidad atribuibles a este paralelo y a la hipótesis explicativa que lo sustenta, es indudable que éste viene a articular, retrospectivamente, ese sentimiento o creencia que no alcanza a expresarse en las páginas del diario dedicadas al gaucho: el sentimiento o la creencia de que en la sociedad pastoril, en la Argentina, esos aires de igualitarismo y de elegancia natural que podían evocar tanto la memoria como el advenimiento de una Arcadia posible eran función de sus propios rasgos de primitivismo.

Es probable que Darwin tuviera, otra vez, presente el texto de Head al fundar sus consideraciones finales sobre el gaucho. Es absolutamente seguro que lo tuvo al decidir el cruce de los Andes y repetir, aunque en sentido contrario, el itinerario seguido, nueve años antes, por el autor de *Rough Notes Taken During Some Rapid Journeys Across the Pampas and the Andes*. Desde luego, los simples remitidos y las notas insertas por Darwin en su diario reconocen en el relato de Head la guía —y la única guía— utilizada en el transcurso del paso de los Andes. Y muchas de las observaciones y de las reacciones contenidas en este segmento del diario, como había acontecido ya en el relativo a la incursión por la llanura pampeana, no parecen sino explicarse por la necesidad del viajero de confirmar, rectificar o enriquecer el repertorio de expectativas suscitado por la consulta regular de esa guía.

Entre las confirmaciones, la más entusiasta es la de la visión gloriosa que se ofrece al viajero desde la cima de los Andes: la atmósfera resplandecientemente clara; el cielo de un azul intenso; los profundos valles, las rocas de brillantes colores contrastados con las apacibles montañas de nieve. Y entre las confirmaciones, la más deprimente es la de la apariencia de la ciudad de Mendoza y la de la sociabilidad de los mendocinos. "El señor Head, hablando de los habitantes, dice: —toman su cena, y si hace mucho calor, se van a dormir; ¿y qué otra cosa mejor podrían hacer?— Estoy enteramente de acuerdo con Head: el feliz destino de los mendocinos es comer, dormir y estar ociosos."[97]

Previsiblemente, los agregados que Darwin propone a la lista de hechos y de circunstancias anotadas por Head vienen, o del disfrute de una experiencia azarosamente negada a su precursor, o del entrenamiento específico de su ojo de naturalista. Entre los primeros: ese caballo congelado sobre una columna de hielo, como sobre un pedestal, con sus patas posteriores al aire; o ese efecto, verdaderamente mágico, producido por unas nubes que se disipan, de pronto, al hacerse la noche. Entre los segundos: esos árboles petrificados que descubre en Villavicencio y de cuya observación no tarda en remontarse a una de sus ya conocidas ensoñaciones cosmogónicas. "No requiere mucha práctica geológica interpretar la maravillosa historia que esta escena, de una vez, revelaba. Me quedé tan sorprendido al comienzo que apenas podía creer en la más plena evidencia. Yo veía el lugar en donde un grupo de excelentes árboles, alguna vez, onduló sus ramas sobre las costas del Atlántico, cuando este océano (ahora retirado en 700 millas), llegaba hasta el pie de los Andes."[98]

Pero es en el margen de las rectificaciones en donde la incidencia de la gula de Head luce más explícita. Algunas de estas rectificaciones son menores y se formulan como tales, como cuando Darwin asevera que el riesgo ofrecido por las correntadas y laderas en los Andes ha sido grandemente exagerado, aunque convenga con Head que la expresión de aquellos que están pasando un abismo no sea la misma de aquellos que ya lo han pasado. Pero otras, en particular la relativa a la imagen que ofrece la pampa desde las alturas de la cordillera, son asentadas con una mezcla de desilusión y de acrimonia obviamente proporcionadas al grado de autoridad concedido a los juicios y valoraciones de la guía.

En el caso de la imagen de la pampa, se recordará que Darwin había anunciado ya una suerte de rectificación del juicio de Head durante la jornada que lo conducía desde San Nicolás a Rosario. A ese enunciado, para convertirse en prueba, le faltaba repetir las exactas circunstancias en las que Head fundaba su símil del océano, es decir, le faltaba ser formulado desde la falda de los Andes. Que las posibilidades de verificar este juicio se le dieran al naturalista un año después dependió, sin duda, más de la programación general asignada a la misión del *Beagle* que a determinación propia. Pero que apenas desembarcado en Chile y resuelta la excursión a Mendoza, Darwin aguardó, ansiosamente, el momento de la verificación, lo demuestra el tono confidencial con el que admite, en el registro de sus impresiones del día 24 de marzo de 1835: "Temprano en la mañana, escalé una montaña sobre un costado del valle, y gocé de una extensa vista de las pampas. Éste era un espectáculo al que había aguardado siempre con interés." Y de inmediato, verificada la prueba, y con la confirmación de su juicio de un año anterior, unas cortantes conclusiones que traducen tanto su satisfacción por haber tenido razón, como su pesar por haberla tenido, el pesar de que su obstinada confianza en el requisito de observación hubiera prevalecido, finalmente, sobre las expectativas generadas por uno de sus libros de cabecera: "...pero fui desilusionado: a primera vista se asemeja mucho a una visión distante del océano, pero muchas irregularidades fueron pronto distinguibles en partes del norte."[99]

El cruce de los Andes y la visita a la ciudad de Mendoza son el último contacto físico de Darwin con la Argentina, y las anotaciones asentadas en su diario, las últimas directamente referidas al país. Pero más de un año después, al resumir la etapa final de un viaje que lo llevaría de las islas Galápagos a Nueva Zelanda, a Australia, a las islas del Coral, a Inglaterra, el naturalista vuelve a convocar ciertas imágenes de la Argentina que parecen ahora, sin embargo, menos vinculadas a las impresiones ya registradas en su diario, que a esa suerte de visión universal que le depara la conclusión del viaje, esa suerte de significante mayor que reordena y jerarquiza la cadena de significados parciales.

En este punto de clausura, Darwin reconoce el poder que ciertas ideas preconcebidas debieron de ejercer sobre sus impresiones, y entre aquéllas, en primer término, las ofrecidas por Humboldt en *Personal Narrative*, "que excede en mérito, de lejos, a cualquier otra cosa que yo haya leído."[100] Este homenaje al texto de Humboldt, por el lugar y por los términos en que se enuncia, supone una lucida superación de su influencia, y en esta condición abre una antología de impresiones de viaje que Darwin, ostensiblemente, quiere que se lea como propia.

El espectáculo que se ofrece desde la cumbre de los Andes conforma uno de los escenarios naturales que perduran en su memoria. También la Cruz del Sur, y otras constelaciones del hemisferio sur, Magallanes, la espesura de los bosques del Brasil, la isla-lago construida de arrecifes de coral. Ninguna imagen, sin embargo, vuelve a los ojos del viajero con tanta insistencia como la imagen de las llanuras patagónicas. "Ellas pueden ser solamente descriptas por caracteres negativos: sin habitantes, sin agua, sin árboles, sin montañas, capaces de sostener apenas algunas plantas enanas. ¿Por qué, entonces, y no es mi caso particular, estos áridos desiertos se han aprehendido tan firmemente en mi memoria? ¿Por qué las mejor niveladas, más verdes y más fértiles pampas, útiles a la humanidad, no producen igual impresión? Yo apenas puedo analizar estos sentimientos: pero debe ser parcialmente debido al libre campo concedido a la imaginación. Las llanuras de la Patagonia no tienen límites, porque son difícilmente atravesables, y en consecuencia desconocidas: semejan haber sido como son ahora, por eras, y no parece haber límite a su duración en el tiempo futuro. Si, como suponían los antiguos, la tierra plana estaba rodeada por una impenetrable extensión de agua, o por desiertos calentados hasta un extremo intolerable, ¿quién no podría mirar a estos últimos límites al conocimiento del hombre, sino con profundas aunque mal definidas sensaciones?"[101]

Leído desde la perspectiva de la serie invocada por las frecuentes citas de Head, el diario de Darwin se propone, incuestionablemente, como parte constitutiva de la serie. Pero en la medida en que el diario registra un caudal de información, de experiencias y de objetivos holgadamente superior al empleado por los otros integrantes de la serie, y en la medida en que Darwin controla y revisa sus impresiones de viaje desde el momento de su conclusión, puede argüirse que el efecto de lectura que produce la redacción final de su extenso relato tiende tanto a confirmar como a relativizar y disolver los elementos configuradores de la serie.

El corredor geográfico que une Buenos Aires y las provincias del litoral con las faldas andinas, sede de la sociedad y de la historia argentinas conocidas y referidas por los viajeros ingleses entre los años 1820 y 1835, es el corredor geográfico, la sociedad y la historia que Darwin conoce y refiere durante la primera y la tercera etapa de su excursión por el extremo Sur de América. Pero este escenario es expandido por Darwin (y por Fitz-Roy) con la incorporación del inmenso territorio patagónico, Tierra del Fuego y las Islas Malvinas, un paisaje distinto, una población y una historia remota o escasamente vinculada a la población y la historia asentadas en el varias veces secular corredor establecido por los colonizadores españoles. De alguna manera, entonces, la particular naturaleza de este complemento viene a redimensionar, a reubicar, a ordenar de nuevo el grueso del material acumulado por el propio Darwin y por los otros viajeros que lo precedieron de cerca.

Entender la segunda operación como complementaria de la primera es admitir, simplemente, que Darwin construye en su diario una imagen de la Argentina más abarcadora y compleja de la que muchos de los propios argentinos tenían del país entre los años 1835 y 1845.

La tercera operación, sin embargo, la del rescate del recuerdo de la Patagonia como el recuerdo más perdurable del viaje alrededor del mundo, tiene menos que ver con una Patagonia poblada todavía de nativos de alta talla, que con el ambiguo sentimiento sugerido por sus vastas latitudes a un observador europeo: el de representar acaso la última frontera a la voluntad de apropiación del conocimiento.

NOTAS

[1] Un puntual registro de estos viajeros, en Susana Santos Giménez, *Bibliografía de viajeros a la Argentina*, Buenos Aires: FECIC, 1983, 2 vols. Estudios que incluyen una representación parcial de aquéllos: S. Samuel Trifilo, "Nineteenth Century English Travel Book on Argentina. A Revival in Spanish Translation", en *Hispania*, vol. 41, N° 4, 1958, pp. 491-496; *La Argentina vista por viajeros ingleses: 1810-1860*, Buenos Aires: Ediciones Gure, 1959; Richard W. Slatta, *Gauchos and the Vanishing Frontier*, Lincoln: University of Nebraska Press, 1983; Kristi-

ne L. Jones, "Nineteenth Century British Travel Accounts of Argentina", en *Etnohistory*, 32 (2), 1986, pp. 195-211. También, desde luego,
los estudios mencionados en la Introducción, N° 4.

[2] John Miers, *Travels in Chile and La Plata*, Londres: Baldwin,
1826, 2 vols. Reimpreso: Nueva York: AMS Press, 1970, p. 13.

[3] *Idem*, pp. 86-87.

[4] *Idem*, pp. 298-299.

[5] Miers, como muchos de sus contemporáneos en Inglaterra, usa-
ba el término "romántico" como equivalente de "exótico", "pintoresco",
"extraño", "maravilloso". Aplicado al paisaje, el modelo de los Alpes
proveía el repertorio completo de calificaciones. Sin embargo, para
aquellos lectores familiarizados con los círculos literarios, este modelo
competía, o había sido reemplazado por el de la región inglesa de los
lagos, cantada desde principios del siglo por Wordsworth y Colerigde,
como fuente y paradigma del sentimiento de lo sublime.

[6] Alexander Caldcleugh, *Travels in South America, During the
Years 1819-20-21*, Londres: John Murray, 1825, 2 vols., p. 281.

[7] *Idem*, p. 240.

[8] *Idem*, p. 269.

[9] Robert Proctor, *Narrative of a Journey Across the Cordillera of
the Andes and of a Residence in Lima and Other Parts of Peru, in the
Years 1823 and 1824*, Londres: Archibald Constable, 1825, pp. 14-15.

[10] *Idem*, p. 48

[11] *Idem*, pp. 70-71.

[12] "Where Andes, giant of the western star,
    With meteor-standard to the winds unfurled,
    Looks from his throne of clouds o'er half the world".
Citado por Thomas Campbell, "The Pleasures of Hope", Part I,
versos 58-60.

[13] Peter Schmidtmeyer, *Travels into Chile over the Andes, in the
Years 1820 and 1821*, Londres: Longman, Hurst, Rees, 1824, p. 217.

[14] Francis Bond Head, *Rough Notes Taken During Some Rapid
Journeys Across the Pampas and Among the Andes*, Londres: John Murray, 1826, p. 160.

[15] *Idem*, pp. 139 y 167, respectivamente.

[16] *Idem*, pp. IX-X-XI.

[17] E. E. Vidal, *Picturesque Illustrations of Buenos Ayres and Montevideo*, Londres: R. Ackermann, 1824, pp. 35-40.

[18] Head, op. cit., pp. 33-35.

[19] *Idem*, pp. 69-70.

[20] *Idem*, pp. 93-94.

[21] *Idem*, pp. 22-23.

[22] Jean Franco, "Un viaje poco romántico: Viajeros ingleses hacia
Sudamérica:1818-1828", en *Escritura*, 7, Caracas, 1979, p. 141.

[23] Head, op. cit., p. 23.

[24] *Idem*, pp. 248-249.

[25] En la ya citada edición de *Nouvelle Biographie Générale*, 1858,
se incluye una breve semblanza de Francis Bond Head, una celebridad
relativa que, con excepción de Darwin, no logró ninguno de los otros

viajeros tratados en la serie. Después de citar sus apuntes de viaje a la Argentina y Chile, el articulista cita una primera novela, *Bubbles from the Brunnens of Nassau*, una "picante sátira del mundo aristocrático y sus prejuicios". Enviado al alto Canadá como gobernador, su administración tuvo que contener un enfrentamiento entre los ingleses y los franceses, y en la eventualidad no vaciló en buscar el apoyo de tribus indígenas. Por otros tres libros publicados antes de 1856, el gobierno lo agració con una pensión de cien libras esterlinas por servicios rendidos a las letras. Todavía en 1901, veintiséis años después de la muerte de Head, *Chamber's Cyclopedia of English Literature* recogerá una nota en la que se dice del primero de sus libros, *Rough Notes*: "El trabajo fue extremadamente popular, y la reputación de 'Cabeza galopante', como fue llamado el brillante capitán, fue acrecida con la publicación de *Bubbles from the Brunnens of Nassau* (1834)". La expresión "Galloping Head" juega, obviamente, con la acepción literal del apellido del viajero y la rapidez de sus desplazamientos entre Buenos Aires y Chile.

[26] *El Repertorio Americano II*, Londres, enero de 1827. Reproducido en Andrés Bello, *Obras completas*, vols. 19-20, Caracas: Comisión Editora, 1957.

[27] Joseph Andrews, *Journey from Buenos Ayres Through the Provinces of Cordova, Tucuman, and Salta to Potosi, Thence by the Deserts of Caranja to Arica, and Subsequently to Santiago de Chile and Coquimbo*, 2 vols., Londres: John Murray, 1827. Reimpreso: Nueva York: AMS Press, 1971, pp. 23-24.

[28] *Idem*, p. 298.

[29] *Idem*, pp. 168-173.

[30] *Idem*, pp. 218-219.

[31] *Idem*, pp. 219-220.

[32] Por más que se trate de un hecho conocido, no está de más recordar que, en efecto, la versión que propone Chateaubriand del territorio de Florida es imaginaria, puro efecto de proyección sobre un espacio que no llegó a conocer, evidentemente, durante sus seis meses de estadía en los Estados Unidos en 1791. Así, la levemente ondulada sabana de Alachua, donde se produce el encuentro de Atala y Chactas, aparece en el texto rodeada "de colinas que, alejándose las unas detrás de las otras, cargan elevándose hasta los cielos, bosques cubiertos de palmeras, limoneros, magnolias y verdes encinares". Este abuso de la topografía se legitima, aparentemente, en un precepto estético, porque para Chateaubriand "no hay paisaje bello sin un horizonte de montañas". Véase Gustave Charlier, *Le sentiment de la nature dans les romantiques*, París: Fontemoing, 1912, pp. 220-223.

[33] Andrews, op. cit., p. 198.

[34] *Idem*, p. 251.

[35] *Idem*, p. 223.

[36] *Idem*, p. 198.

[37] *Idem*, pp. 214-215 y 221-222.

[38] *Idem*, p. 278.

[39] *Idem*, p. 238.

[40] Edmond Temple, *Travels in Various Parts of Peru, Including a Year's Residence in Potosí*, 2 vols. Filadelfia-Boston: Carey-Lilly, 1833, pp. 67-70. Para ilustrar la experiencia de la travesía de la pampa, Temple reproduce un pasaje del viaje a Rusia, de Madame de Staël: "Se diría que uno atraviesa una nación que acaba de irse". En la pampa, en cambio: "el viajero podría decir que atraviesa un país donde la nación está todavía por llegar", p. 65.

[41] *Idem*, pp. 135 y 157, respectivamente.

[42] *Idem*, pp. 161-162.

[43] *Idem*, pp. 145-146.

[44] *Idem*, pp. 60-61.

[45] *Idem*, pp. 117-118.

[46] Las citas corresponden a la segunda edición, ampliada. Samuel Haigh, *Sketches of Buenos Ayres, Chile and Peru*, Londres: Effingham Wilson, 1831, p. 59.

[47] *Idem*, pp. 50-51.

[48] Haigh llevaba consigo un ejemplar del poema de Macpherson, y lo ofreció en préstamo, en algún momento, a Monteagudo. Su afición por un texto que circulaba desde 1760 puede considerarse anacrónica, pero fue, en todo caso, un anacronismo ampliamente compartido: con excepción de Byron, "Ossian" fue el poeta de mayor popularidad en Inglaterra durante buena parte del siglo XIX. Entre las complejas circunstancias que sustentan la perdurabilidad de un texto, una puede vincularse al largo y traumático proceso de modernización que sitúa a los contemporáneos de Macpherson y a los de Haigh en un mismo horizonte de expectativas frustradas. Frente a las profundas modificaciones decididas por la sociedad mercantil y la revolución industrial, la nostalgia de los más simples, de los más heroicos tiempos antiguos pudo parecer la única respuesta posible. Véase Adam Potkay, "Virtue and Manners in Macpherson's *Poems of Ossian*", *PMLA*, 107, enero 1992.

[49] Samuel Haigh, op. cit., p. 56.

[50] La cita, en este caso, está tomada de la traducción española de José Luis Busaniche, en J. A. B. Beaumont, *Viajes por Buenos Aires, Entre Ríos y la Banda Oriental (1826-27)*, Buenos Aires: Librería Hachette, 1957, p. 114.

[51] *Idem*, pp. 90-91.

[52] *Idem*, p. 85.

[53] *A Five Year's Residence in Buenos Aires During the Years 1820 to 1825. By an Englishman*, Londres: G. Herbert, 1825. Residente típico, el cronista no se aventura más allá de los alrededores de la ciudad de Buenos Aires, y encuentra que la campiña es monótona y sin atractivos. Algunas de las múltiples acepciones del término "romántico", sin embargo, habían llegado a sus oídos: algunas mujeres, dice, llevan los románticos nombres de Rosario, Irene, Magdalena, Victoria, Martina... y admite que por ser "muy romántico", admira los "don Carlos", "don Enrique", "don Guillermo", y los "doña Clara" y "doña Dominga", en lugar de los vulgares Mr. Smith y Mr. Wilkins o Miss Williams o Miss Brown.

[54] Charles Brand, *Journal of a Voyage to Peru: A Passage Across the Cordillera of the Andes, in the Winter of 1827, Performed on Foot in the Snow, and a Journey Across the Pampas*, Londres: Henry Colburn, 1828, pp. 41, 55 y 283 respectivamente.

[55] *Idem*, pp. 73-74.

[56] *Idem*, pp. 75-76.

[57] Raymond Williams, *The Country and the City*, Oxford: Oxford University Press, 1973, pp. 127-141. "No es, en este nivel, una alteración de la sensibilidad; es estrictamente un agregado al gusto. Como en los parques artificiales, donde cada ornamento era empleado para producir un efecto natural, las regiones salvajes de las montañas y los bosques fueron, por la mayor parte, objetos de consumo estético conspicuo: haber estado en los lugares nombrados, intercambiar y comparar experiencias de viaje, fue una forma de moda social".

Sobre la participación del poeta Wordsworth en estos esfuerzos: James Twitchell, *Romantic Horizons*, Columbia: University of Missouri, 1983, pp. 63-71.

[58] W. H. B. Webster, *Narrative of a Voyage to the Southern Ocean, in the Years 1828, 29, 30*, 2 vols., Londres, 1834. Reimpreso: Folkestone - Londres: Dawson of Pall Mall, 1970, pp. 100-103 y 177-184.

[59] Peter Campbell Scarlett, *South America and the Pacific; Comprising a Journey Across the Pampas and the Andes, from Buenos Ayres to Valparaiso, Lima, and Panama; with Remarks upon the Isthmus*, Londres: Henry Colburn, 1838, pp. 87-91.

[60] *Idem*, p. 89. La tripulación de la corbeta inglesa *Clio* había tomado posesión de las islas Malvinas en enero de 1833. Las autoridades de Buenos Aires, al tiempo que disponían el enjuiciamiento del comandante argentino de la guarnición, iniciaron las protestas diplomáticas ante Gran Bretaña. Pero en septiembre de ese mismo año, Darwin, con un pasaporte obtenido después de una cordial entrevista con Rosas, visitó la ciudad de Buenos Aires y sus alrededores, sin haber percibido los signos de hostilidad popular que Scarlett registrará en el mes de noviembre del año siguiente.

[61] *Idem*, p. 115.

[62] *Idem*, p. 172.

[63] *Idem*, p. 199.

[64] *Idem*, pp. 274-275.

[65] *Idem*, p. 273.

[66] *Idem*, p. 200.

[67] *Idem*, Vol. II, pp. 172-173.

[68] *Idem*, Vol. II, p. 6.

[69] Como era frecuente en este tipo de viajes, el relevamiento topográfico, la información científica o el acopio de datos útiles a la navegación no parecieron ser los únicos objetivos de las expediciones del *Beagle*. En junio de 1829, dos oficiales de la nave inglesa visitaron en la ciudad de Santiago de Chile al director, general Pinto, para interiorizarlo de los propósitos de la expedición y para aventar, al mismo tiempo, rumores circulantes de que Inglaterra quería tomar posesión de Chiloé, en el extremo sur de Chile. Pero apenas dos meses

después del encuentro, un oficial preparó un minucioso informe de casi treinta páginas, incluidos luego en el texto de Fitz-Roy, en el que daba cuenta de los recursos humanos y naturales de la isla, con abundante información histórica y económica. *Narrative of the Surveying Voyages of His Majesty's Ships Adventure and Beagle, Between the Years 1826 and 1836, Describing their Examination of the Southern Shores of South America, and the Beagle's Circumnavigation of the Globe, 3 vols.* Londres: Henry Colburn, 1839. Reimpreso: Nueva York: AMS Press, 1966. El informe está incluido en Vol. I, pp. 269-297.

[70] *Idem*, pp. 85-94.

[71] *Idem*, pp. 415-416 y 444-458.

[72] *Idem*, Vol. II. *Proceedings of the Second Expedition, 1831-1836, under the Command of Captain Robert Fitz-Roy*, pp. 1-16 y 202-227. Una de las ilustraciones incluidas en este volumen reproduce las fisonomías de Fuegia, Jemmy y York, antes y después de los años de permanencia en Londres.

[73] *Idem*, pp. 278, 279.

[74] *Idem*, p. 332.

[75] Juan Lucio Almeida presenta así el caso: "El 26 de agosto de 1833 (Antonio Rivero) fue protagonista de un hecho de sangre. No actuó solo; lo acompañaban cinco indios y dos gauchos. Lo escrito sobre el evento y su corolario quedó en papeles de archivo durante más de un siglo. Escasísima bibliografía menciona el acontecimiento. En papeles y bibliografía, Antonio Rivero es adjetivado *asesino*. En la década de 1960, un grupo de argentinos se reúne y proclama: *Antonio Rivero no es asesino; es un héroe nacional*. Se constituye la 'Comisión Pro Monumento a Antonio Rivero'. El episodio histórico entra en polémica y surge un interrogante de dimensión nacional: Antonio Rivero: ¿héroe o asesino?" En *Qué hizo el gaucho Rivero en las Malvinas*, Buenos Aires: Plus Ultra, 1972. También Mario Tesler, *El gaucho Antonio Rivero. La mentira en la historiografía académica*, Buenos Aires: Peña Lillo, 1971. La Academia Nacional de la Historia había publicado un informe sobre este asunto, en 1967, descartando las motivaciones políticas en la acción de Rivero. Una defensa del informe de la Academia, en Ernesto J. Fitte, *Crónicas del Atlántico Sur*, Buenos Aires: Emecé, 1974.

[76] Darwin, *Journal and Remarks*, op. cit., pp. 85-86.

[77] *Idem*, p. 118.

[78] *Idem*, p. 84.

[79] *Idem*, p. 123. Mazeppa, el héroe cosaco evocado por Byron. Pero así como Darwin había citado los versos de Virgilio, sin citar a Virgilio, esta sobreentendida alusión a Byron confirma el grado de reciprocidad que el viajero establece con la información literaria de sus lectores, y el papel de la literatura en la constitución de sus propios escritos. Desde luego, ésta fue una práctica generalizada en los escritos de viajes contemporáneos, pero la preeminencia del texto de Darwin facilita, obviamente, su identificación.

[80] Como la del rastreador, "una mirada al rastro (sic) dice a esta gente toda una historia. Suponiendo que ellos examinen las huellas de

miles de caballos, enseguida calcularán el número de los que van montados observando cuántos han galopado sofrenadamente; por la profundidad de otras impresiones, si algunos caballos iban pesados con cargas; por la irregularidad de los pasos, su grado de fatiga; por la manera en que la comida había sido cocinada, si el perseguido viajaba con prisa; por la apariencia general, cuánto tiempo había transcurrido desde su pasaje. Ellos consideran que un rastro de diez días o de quince es lo suficientemente fresco como para ser perseguido". *Idem*, p. 119.

[81] *Idem*, pp. 121-122 y 130.

[82] *Idem*, pp. 80-81.

[83] *Idem*, p. 182.

[84] *Idem*, pp. 140-141. Al finalizar la travesía del *Beagle*, Darwin tenía ya elaborado el borrador de un Diario de a bordo, al que sometió luego a una nueva redacción antes de darlo a publicidad en los volúmenes compartidos con el capitán de la nave, Fitz-Roy. El borrador del Diario permaneció inédito hasta el año 1933, en que lo editó su nieta, Nora Barlow. En este borrador, el viajero ofrece una descripción de Buenos Aires, con motivo de su primera visita, en 1832, que es básicamente la descripción que *Journal and Remarks* propone como correspondiente a la segunda visita, un año después. Sin embargo, la descripción publicada difiere en algunos aspectos significativos del borrador. En este último, Darwin dispone de más de cinco páginas para registrar lo que se impone como una muy relajada visita a la ciudad, con más bien convencionales anotaciones sobre el comercio, el culto y las modas femeninas, y con ocio como para recordar el encuentro con un coronel Vernon, declarado turista que había cruzado el Atlántico para conocer Río de Janeiro y que ahora se aprestaba a iniciar la travesía de la pampa. Al recortarse estas digresiones del texto publicado, éste enfatiza el poder de contraste con la descripción inmediata del matadero. Y aun esta descripción difiere en una y otra versión: es más breve la del borrador y en ella no se menciona el estremecedor rugido de agonía de los animales sacrificados. *The Works of Charles Darwin. Vol. I. Diary of the Voyage of H. M. S. Beagle*. Editado por Nora Barlow, Nueva York: Nueva York University Press, 1986, pp. 109-110.

[85] *Journal and Remarks*, op. cit., p. 143.

[86] *Idem*, p. 146.

[87] *Idem*, pp. 149 y ss.

[88] *Idem*, p. 157.

[89] *Idem*, p. 164. Este pasaje no se encuentra en el borrador del Diario.

[90] *Idem*, p. 245.

[91] La segunda edición de 1845, titulada *The Voyage of the Beagle*, contiene estos agregados y algunas correcciones menores. Desde la fecha de su publicación ha sido una común práctica editorial reproducir esta edición. Con la intención de mantener los distingos textuales, sólo citamos de la segunda edición cuando es absolutamente pertinente, como lo es en caso del episodio de la repatriación de los indios fueguinos.

[92] *The Voyage of the Beagle*, Nueva York: New American Library, 1988, pp. 178-179.

[93] *Idem*, p. 186.

[94] En esta edición de 1845, once años después de la despedida de los tres indios fueguinos, Darwin agrega una nota a pie de página que confirma la preocupación con que siguió cavilando en aquellos destinos y su tendencia a evocarlos en términos que no eluden el efecto melodramático. En la nota consigna que el capitán Sullivan, que había sido miembro de la tripulación del *Beagle*, oyó de un marinero, hacia el año 1842, en el estrecho de Magallanes, que fue sorprendido por una indígena que subió a bordo y que poseía algunos rudimentos de inglés. "Sin duda, ella era Fuegia Basket. Vivió (me temo que en el doble sentido del término), algunos días en la embarcación", p. 197.

[95] *Idem*, p. 183.

[96] *Journal and Remarks*, op. cit., pp. 315-316. Es curioso que de la observación de los hábitos de vida del huaso chileno, Darwin haya omitido toda referencia a la participación de aquéllos en el trabajo de los mataderos. Otro viajero inglés, Basil Hall, había incluido en su *Extracts from a Journal Written on the Coasts of Chili, Peru and Mexico*, Londres, 1824, la descripción de un matadero en Chile, más detallada pero también menos sombría que la que Head dedicó al de la ciudad de Buenos Aires. Darwin conoció el texto de Hall, y lo cita una vez a propósito de la formación de terrazas de arena en la costa chilena, pero cita nueve veces a Head, lo que parece indicar que este último cumplió para su etapa argentina un modelo de estímulo y verificación que no cumplió el otro para la etapa chilena. Los dos volúmenes del escrito de Hall fueron reimpresos por The Gregg Press, en Nueva York, 1968. La descripción del matadero se encuentra en las páginas 158-171 del volumen primero.

[97] *Journal and Remarks*, op. cit., p. 405.

[98] *Idem*, p. 406

[99] *Idem*, pp. 400-401.

[100] *Idem*, p. 604.

[101] *Idem*, pp. 604-605.

II

Los signos emergentes de la literatura nacional argentina en el contexto de los relatos de viajeros ingleses

1- Juan Bautista Alberdi

En junio de 1834, diez años después de emprender su viaje de estudios a la ciudad de Buenos Aires, Juan Bautista Alberdi regresaba a Tucumán sin otro propósito aparente que el de una breve visita a familiares y amigos. Volvía con el respaldo de una accidentada experiencia académica, el flamante título de abogado, obtenido finalmente en la Universidad de Córdoba, un desordenado lote de lecturas y vagas aspiraciones de liderazgo intelectual compartidas con otros jóvenes que, como él, nacidos literalmente con el país, tendían a confundir con éste los síntomas y las expectativas de un mismo ciclo biológico. Por todo este cúmulo de circunstancias, el breve regreso a Tucumán debía desbordar, y desbordó, se diría que inevitablemente, la supuesta privacidad, el supuesto reclamo de una deuda sentimental con familiares y amigos. Al menos, ésta es la conclusión a que invitaba la lectura del folleto *Memoria descriptiva sobre Tucumán*, escrito con prisa por Alberdi, y publicado en Buenos Aires en noviembre de 1834, días después de que Echeverría hiciera conocer su segundo volumen de poemas, *Los consuelos*.

Presentado como una memoria descriptiva o, si se toman en cuenta los énfasis agregados, como un minucioso tributo a la belleza física del suelo natal, el texto de Alberdi se articula, sin embargo, en función de una estrategia que va más allá de la mera presentación de un cuadro de la naturaleza. Ya en la "Advertencia", Alberdi se previene de aquellos que pueden calificar de inútil su escrito porque no trata más que de bellezas: "Yo creo que un país no es pobre con sólo ser bello, y que la historia de su belleza, en consecuencia, no puede ser insignificante. Estoy cierto, por otra parte, que semejante objeción no me será propuesta por hombres como Buffon, Cabanis, Humboldt y Bonplán (sic), que jamás pudieron ver separado el conocimiento de la fisonomía de la naturaleza en diferentes regiones, de la filosofía de la historia y de la civilización".[1] Las leyes de correspondencias orgánicas, la armonía universal, la fusión de conocimientos aducidas en la autoridad de estas citas, franquean así el tránsito de la descripción física de Tucumán a la narración de su historia, de la narración de su historia al relato estrictamente autobiográfico.

Aunque los planos se suponen simultáneos, la experiencia real en que se apoya la redacción de la *Memoria descriptiva* se revela en los segmentos finales de ésta, cuando Alberdi, puesto a registrar las circunstancias personales de su viaje de poco más de dos meses a Tucumán, encuentra que los lugares que lo remiten a la memoria de su infancia lo remiten también a la memoria de la infancia del país. "Pero estos objetos tienen para mí un poderío que no causarían a otros. El campo de las glorias de mi Patria es también el de las delicias de mi infancia. Ambos éramos niños: la Patria argentina tenía mis propios años. Yo me recuerdo de las veces que, jugueteando entre el pasto y las flores, veía los ejercicios disciplinados del Ejército. Me parece que veo aún al general Belgrano, cortejado de su plana mayor, recorrer las filas; me parece que oigo las músicas y el bullicio de las tropas y la estrepitosa concurrencia que alegraba estos campos".[2]

Desde el fondo de esa memoria compartida, la mirada del adulto regresa al presente y comprueba que los monumentos de esa gloria nacional están en ruinas, que los cuarteles, derribados, están rodeados de una triste soledad; que la pirámide de mayo, una vez circundada de rosas y alegría, representa ahora la soledad y la muerte. Comprueba que esos signos son los signos del fracaso de una generación, de "nuestros hombres del día, tan desgraciadamente desnudos por lo común de costumbres monárquicas como republicanas", y deduce de allí que los más jóvenes, los que como él no conocieron sino "el sol de la libertad", están llamados a convertirse en los mediadores y en los ejecutores de un programa político digno de la idea de nación formulada por los padres fundadores.

La exposición de ese plan político, sin embargo, parece menos urgente en Alberdi que su necesidad de llamar la atención sobre la existencia previa de los estados provinciales convocados en la idea originaria de la nación. Menos urgente, en consecuencia, que la necesidad de legitimar su derecho a proponerse como vocero del estado de Tucumán, sede del cabildo que proclamó la independencia de las provincias confederadas, en 1816.[3] Sus privilegiados recuerdos de la infancia apuntan a ese proceso de legitimación. Lo acompañan la función que se atribuye de descubridor literario, de revelador de las bellezas naturales de su provincia y del carácter moral de sus habitantes.

Si algunas de las citas incluidas en la redacción de la *Memoria descriptiva* (Humboldt, Bonpland) permiten deducir que Alberdi no se aventuró, a su solo riesgo, en el designio de esa función, las citas del texto de Joseph Andrews permiten asegurar que sin la recurrencia puntual a la perspectiva y a las disposiciones retóricas del viajero inglés, Alberdi no habría podido, simplemente, ejecutar esa función.

En primer lugar, la perspectiva. "Por dondequiera que se venga a Tucumán, el extranjero sabe cuándo ha pisado su territorio sin que nadie se lo diga. El cielo, el aire, la tierra, las plantas, todo es nuevo y diferente de lo que se ha acabado de ver."[4] Así anuncia la primera frase de la primera sección de la *Memoria descriptiva* afirmando el supuesto de que sólo la visión del extranjero, la del viajero que arriba con un caudal de percepciones decantado de otras experiencias, puede registrar la "originalidad" del nuevo paisaje. Alberdi asume entonces la mirada del viajero, entiéndase, asume el conjunto de operaciones que la cultura a su alcance podía reconocer como mirada del viajero, y, a través de esa mirada, descubre, nombra, califica, representa como paisaje al entorno físico sin cualidades que conoció en sus años de infancia y adolescencia.

Con la visión internalizada del viajero, Alberdi, que no conocía por entonces el océano, dirá del asiento en que fue fundado el pueblo de Tucumán: "Puesto uno sobre las orillas de la elevación en que está el pueblo, ve abierto bajo sus pies un vasto y azulado océano de bosques y prados que se dilata hacia el Oriente hasta perderse de vista". Y acotará, sin haber visitado Europa todavía: "Son encantadores los contornos del pueblo; alegría y abundancia no más se ve en los lugares donde en las grandes ciudades no hay más que indigencia y lágrimas. No es el pobre de Tucumán como el pobre de Europa."[5]

Recorrerá después los bosques y las montañas de los alrededores; percibirá, a cada momento, "cuadros tan nuevos y únicos como sublimes y bellos"; enfatizará la audacia de aquellos gigantescos árboles que prentendían ocultar sus cimas en el cielo; encarecerá a la selva por su inagotable capacidad de sorprender los sentidos. Y cuando la persuasividad de esas anotaciones parezcan desacreditarse por sus propios excesos, Alberdi no vacilará en recordar, en el cierre de esta sección de la *Memoria descriptiva*, que esas anotaciones se corresponden con las recogidas en los escritos del capitán Andrews: "Ruego a los que crean que yo pondero mucho, se tomen la molestia de leer un escrito sobre Sud-América que el capitán Andrews publicó en Londres en 1827. Advirtiendo que el testimonio de este viajero debe ser tanto menos sospechoso cuanto que pocos países le eran desconocidos, y que su carácter no dio motivo para creer que fuera capaz de mentir por mero gusto. Y adviértase que los juicios de Mr. Andrews no son como los míos, sino que son comparativos. No dice como yo, que Tucumán es bellísimo", sino que dice "en punto a grandeza y sublimidad, la naturaleza de Tucumán no tiene superior en la tierra; que Tucumán es el jardín del Universo".[6]

La cita de Andrews, en este contexto, refuerza la persuasividad de su representación personal del paisaje tucumano. Pero la cita, al mismo tiempo, por su sola inclusión, revela la debilidad de esa representación; la artificiosidad de la perspectiva desde la que la elabora; su carácter francamente derivativo. Alberdi, sin embargo, no parece advertir el doble efecto de la cita, o no toma en cuenta ese efecto, y vuelve a mencionar en otras dos oportunidades el escrito de Andrews, como si su identificación con la perspectiva y los modos expositivos del viajero inglés se soldara para él, y para cualquiera de sus eventuales lectores, en una práctica cultural sólidamente aceptada.

Decir que el encuentro con *Journey from Buenos Ayres through the Provinces of Cordova, Tucuman, and Salta to Potosi* significó para Alberdi una experiencia única y memorable es decir lo que corresponde sobre la intensidad y la perdurabilidad de esa experiencia. Todavía después de casi cuarenta años de producido ese encuentro, al redactar, en Europa, las páginas del opúsculo *Mi vida privada*, recordará nítidamente las circunstancias en que aquél se produjo:

"En el mes de junio de ese mismo año de 1834, pasé a Tucumán, teniendo por compañeros de viaje, entre otros sujetos agradables, a mi amigo don Juan Avellaneda y a don Mariano Fragueiro, que se encaminaba para Bolivia. Hacíamos el viaje en una diligencia o carruaje de cuatro ruedas, tirado por caballos, de propiedad privada de mi paisano y amigo don Baltasar Aguirre. Para entretener el tiempo, nos leía don Manuel Fragueiro el *Viaje del Capitán Andrews* (sic), hecho a través de nuestras provincias del Norte, por cuenta de una compañía inglesa de minas, en 1825. El señor Fragueiro lo traducía del inglés al tiempo que lo leía. Nos había leído todo lo relativo a Santiago, a Tucumán, a Salta y hasta Potosí, menos Córdoba, el país nativo del lector. ¿Por qué omitía lo que más nos interesaba, pues era el pueblo que acabábamos de habitar? De temor de leernos, confesó el señor Fragueiro, la crítica amarga que de muchas cosas de la sociedad de su provincia había hecho el viajero protestante que la visitó en 1825. El libro de Andrews, aunque ligero, está lleno de interés por la época de su viaje. Llegó a Potosí, poco después de la victoria de Ayacucho. Conoció a Bolívar y a Sucre, y describe la situación de esos momentos dramáticos, en que se formaba la república de Bolivia. Describe la ejecución de mi tío don Bernabé Aráoz, en el pueblo de las Trancas, por la revolución que lo derrocó de su gobierno dictatorial, en Tucumán. Presenció una discusión del Parlamento provincial de Tucumán, sobre un punto de política, tocante a religión, donde un jesuita tucumano, de los expulsados en el siglo pasado, resistió, del modo más dramático, toda innovación favorable a la libertad religiosa. Encontró algunos oradores, comparables, por la gracia y calor de su elocuencia, a los mejores oradores del Parlamento británico. El Capitán Andrews llamó a Tucumán, con la majestad de su naturaleza física, el *jardín del universo*, el *Edén del mundo*".[7]

Otros textos, además del de Andrews, son citados por Alberdi en el folleto de treinta páginas que dedicó a rememorar la etapa argentina de su vida, concluida con su primer exilio en Montevideo, en 1838: un catálogo de nada menos que de medio centenar de textos de autores célebres, de Rousseau y Buffon a Chateaubriand y Byron; de La Bruyère y Bentham, a Tocqueville y Victor Hugo. Pero a diferencia del formato de catálogo en que son referidos esos textos, escueta indicación de su repertorio de lecturas formativas, Alberdi abre para el escrito de Andrews, como acaba de verificarse, un espacio generoso en el que la calidez de la reminiscencia recupera no sólo el lugar y el momento en el que oye la traducción del texto de Andrews, sino también la sensación de sorpresa con que acogió la presentación de sus tópicos principales.

Captado por las modalidades del género en que acababa de ser iniciado, y seducido por la función asumida de doble del viajero inglés, Alberdi transfiere a la exposición de su *Memoria descriptiva* mucho de la adjetivación y de los paralelos literarios utilizados por Andrews. Y en esta línea de identificación hasta no vacila en homologar las circunstancias únicas que acompañaron el itinerario de Andrews, con las que correspondían a su mero regreso a la provincia natal: "Me parece oportuno prevenir a mis lectores, que tanto Mr. Andrews como yo hemos visitado a Tucumán en la estación más triste del año, y no hemos salido por los lados más hermosos de la campaña, a más de tres leguas del pueblo".[8]

Admitidas las constancias de este fuerte proceso de identificación, debe admitirse, a su vez, que en la *Memoria descriptiva* no dejan de ofrecerse constancias o de rupturas esporádicas o de distanciamiento de ese proceso. Algunas de esas rupturas sirven a Alberdi para reflexionar sobre la perspectiva desde la que el viajero inglés observa y califica. Y para advertir de inmediato en esa perspectiva, la incidencia de fórmulas y procedimientos románticos.

Por supuesto, el joven redactor de la *Memoria descriptiva* conocía de primera o de segunda mano, como todos los intelectuales jóvenes de su generación, todo lo que podía conocerse

sobre el romanticismo europeo, y él mismo se apresurará a
nombrar a algunos de sus cultores favoritos. No es la novedad
del romanticismo, entonces, la que se impone en su reflexión
sobre las fórmulas y procedimientos explicitados en el texto de
Andrews, sino el reconocimiento de su arsenal retórico en un
texto que capta y expresa un mundo que es el suyo propio. Y
que lo capta y expresa —repárese en la circularidad del distingo— porque ese mundo sólo podía ser captado y expresado en
el registro romántico.

Después de haber señalado ese registro en la descripción
del entorno físico de su provincia, dirá Alberdi: "Ningún sistema
literario hará más progresos en Tucumán que el romántico,
cuyos caracteres son los mismos que distingue el genio melancólico. Sentimientos, ideas y expresiones originales y nuevas;
pereza invencible que rechaza la estrictez y la severidad clásica
y conduce a un eterno abandono; imaginación ardiente y sombría. El romántico no ha recibido sus más grandes progresos
sino bajo las plumas melancólicas de Mme. de Staël, Chateaubriand, Hugo, Lamartine y muchos escritores sombríos del Norte".[9]

Cualquiera que sea la pertinencia de las atribuciones que
Alberdi escoge para definir un fenómeno susceptible de tan
copiosas definiciones como lo fue (y lo es) el romanticismo,
importa destacar que esas atribuciones son reconocidas como
correspondientes a un "sistema literario", y que esa noción de
sistema explica que en la extensión del párrafo anterior haga
lugar al agregado de los siguientes términos: "Se deja ver ya
esta tendencia en las clases rústicas de Tucumán que, careciendo de cultivo, no se les puede suponer contagio. Sus cantos
y versos rudos, todavía están, sin embargo, envueltos en una
eterna melancolía. Ninguna producción literaria ni artística se
propaga más rápidamente en Tucumán que la que lleva el sello
de la melancolía". En este agregado, la invocación de las clases
rústicas no pasa de ser, ostensiblemente, la invocación de la
idea de las clases rústicas accesible a un lector asiduo de la
literatura romántica, pero no deja de ser interesante observar
que gracias a esta evocación, Alberdi repara en los cantos y
versos rudos con que el pueblo iletrado se integra al sistema
literario del romanticismo.

El visitante local, que acababa de reconocer los rasgos
románticos de Tucumán por la mediación de Andrews, al afirmar que esos rasgos se correspondían, de todas maneras, con
los del carácter sustantivo de la región, se apartaba de su rol de
doble del viajero inglés para establecerse, a partir de esa afir-
mación, como el descubridor de hecho, el profeta, el ejecutor

del programa del romanticismo en Tucumán. En esta voluntad de distanciamiento —nunca, sin embargo, tan explícita como para renunciar a los beneficios de la compañía legitimadora de Andrews—, Alberdi integrará sus propias enmiendas y agregados en la presentación del itinerario tucumano de éste.

Así, por ejemplo, inmediatamente después de prevenir al lector, como se recuerda en párrafos anteriores, que tanto él como Andrews visitaron a Tucumán en la estación más triste del año, en los meses de julio y agosto, dirá que "por el mes de septiembre yo puedo decir que he visto a mi patria como a una hermosa mujer que sale de su lecho con la alegría en el semblante, pero llena de abandono y desaliño". O suplirá su propia ignorancia y la de Andrews con la información recibida de sus paisanos: "Tampoco he visto los bosques de rosas del Conventillo y otras mil preciosidades que me han sido referidas por personas cuya palabra es tanto menos suspecta (sic) cuanto que ni saben lo que es la exageración de la poesía".

Repetirá, con Andrews, la obligada referencia a Milton cuando se trata de comparar las bellezas de la selva tucumana con la que imaginó el cantor de *Lost Paradise*. Pero dará una versión holgadamente libre del pasaje en el que Andrews comparaba la edad de los bosques con la de las construcciones humanas:

"Hallamos una colmena en el tronco de un árbol. Hachóse el tronco, bamboleó el árbol, declinó con majestad, y acelerando progresivamente su movimiento, tomó por delante otros árboles menores y se precipitó con ellos con un estrépito tan sublime y pavoroso como el de un templo que se hunde. Pero las ruinas del palacio natural, no así como las del hombre, arrojaron perfumes deliciosos. Al tomar mi caballo quise apartar un lazo de flores que caía sobre el estribo, y alzando los ojos vi, suspendida de él, una bala de miel que no quise tocar."[10]

Versión libre con la que Alberdi se facilita no sólo una demostración de fuerzas en el dominio de los tropos literarios, sino también una oportunidad de zafarse de la incómoda mención de Andrews, en el final de ese pasaje, del valor de explotación económica de esos árboles.

También a las esporádicas observaciones de Andrews sobre los habitantes de la región agregará su propio registro de impresiones. Andrews había recordado, en términos muy positivos, la presencia de un asiento indígena no muy lejos del territorio tucumano; y pese a algunas reticencias generales sobre los efectos combinados del clima y el efecto de inercia de la educación española sobre la población nativa, dio un perfil del gaucho de la provincia en nada diferente al ofrecido en el texto de Head sobre el gaucho pampeano. Igualmente favorable fue su visión del núcleo social que frecuentó en la ciudad capital de Tucumán. Pero ni indios ni gauchos (ni antiguos esclavos de origen africano, también omitidos en la descripción de Andrews) aparecerán reconocidos como tales en la neta división de clases alta y baja con que Alberdi engloba su percepción de la sociedad tucumana.[11]

El que las "dos grandes masas que componen este pueblo", en palabras de Alberdi, se mostraran diferentes a pesar de convivir en el mismo escenario físico, y de estar sometidas a los condicionamientos de un único y restringido entorno físico, no implicaba una contradicción a las leyes de correspondencia natural popularizadas por Humboldt, sino meramente un ajuste. El entorno físico, razona Alberdi, tiende a favorecer la eclosión del temperamento bilioso en el grueso de la población tucumana; pero no eran necesarias "sino algunas ligeras modificaciones en el temperamento bilioso para convertirle en melancólico", para distinguir con el temperamento el pasaje de la clase baja a la alta. El bilioso confirmaba los rasgos de clase por su alimentación exclusivamente carnívora, su gusto por el alcohol y las actividades al aire libre; el melancólico conquistaba los suyos por el trabajo sedentario, la abstinencia y la inclusión de legumbres, frutas y harinas en su dieta.

De acuerdo con estos criterios taxonómicos:

"El plebeyo tucumano tiene por lo regular fisonomía atrevida y declarada, ojos relumbrantes, rostro seco y amarillo, pelo negro crespo a veces, osamenta fuerte y sin gordura, músculos vigorosos, pero de apariencia senseña (sic), cuerpo flaco, en fin, y huesos muy sólidos. Sin embargo, bajo este aspecto insignificante abriga frecuentemente una alma impetuosa y elevada, un espíritu inquieto y apasionado, propenso siempre a las grandes virtudes o grandes crímenes: rara vez vulgar, o es hombre sublime o peligroso".

Por su parte, "El tucumano de la primera clase, tiene por lo común fisonomía triste, rostro pálido, ojos hundidos y llenos de fuego, pelo negro, talla cenceña, cuerpo flaco y descarnado, movimientos lentos y circunspectos. Fuerte bajo una apariencia débil; meditabundo y reflexivo, a veces quimérico y visionario; lenguaje vehemente y lleno de expresiones nuevas y originales; desconfiado más de sí que de los otros: constante amigo, pero implacable enemigo, suspicaz de tímido, celoso de desconfiado, imaginación abultadora y tenaz, excelente hombre cuando no está descarriado, funesto cuando está perdido.

"Una de las conclusiones que se siguen de estas observaciones es que el plebeyo tucumano es más apto para la guerra y el distinguido para las artes y ciencias".

Para los que ya conocían a Alberdi y para los que llegaron a conocerlo en el transcurso de su vida, esta descripción del tucumano distinguido no era, o no debía revelarse, sino como un desembozado autorretrato, forma de apropiación de un uso típicamente romántico que el joven autor de la *Memoria*, propulsor del romanticismo, se decidía a esgrimir con estricta coherencia y en apoyo de la misma estrategia con que disponía los diversos componentes de su escrito.

Dos imágenes, dispersas en un texto que no escatima su recurrencia a aquéllas, buscan iluminar, lateralmente, los objetivos a que servía esa estrategia. Así, al objetivo laboriosamente argumentado de proponer al autor como vocero legítimo del estado de Tucumán, esta imagen aislada iluminará, con su contundencia alegórica, el reclamo de Tucumán a ocupar su espacio específico en el conjunto de los estados confederados:

"Todo el Occidente presenta un vasto y sublime cuadro cuyo conjunto es de un efecto digno de notarse. La montaña inferior presenta una faja azulada. Tras de ésta se eleva otro tanto la montaña nevada, que ofrece una franja plateada sobre la cual pone el cielo otra turquí. De suerte que se cree ver el cielo y la tierra agotar de consuno sus gracias para formar la bandera argentina. A la izquierda, más a lo lejos, eleva su eterno diente el Aconquija, y parece el asta de la bandera que parece flamear mirando al centro de la República".[12]

Y esta otra imagen reforzará, a su vez, las credenciales literarias del mismo vocero, tan afanosamente urdidas en la redacción de la *Memoria* volviendo sensible el beneficio de una experiencia personal virtualmente negada, hasta entonces, al resto de los poetas argentinos. "No me parece que sería impropiedad llamar al monte que decora el occidente de Tucumán, el Parnaso Argentino, y me atrevo a creer que nuestros jóvenes poetas no pueden decir que han terminado sus estudios líricos, sin conocer aquella incomparable hermosura. A lo menos, existe la misma razón que indujo a los griegos a poner la morada de las Musas en el Parnaso, pues que el monte de San Javier es una fuente no menos fecunda de inspiraciones, de sentimientos y de imágenes poéticas."[13]

Que la sobredeterminación de estas notas complementarias contribuyera a enfatizar el carácter de manifiesto político-literario con que la *Memoria* sería, finalmente, ofrecida a la prensa de Buenos Aires; o que viniera a denunciar la ansiedad del autor ante la posibilidad de que las metas de ese manifiesto no fueran cabalmente comprendidas por sus lectores eventuales, es por supuesto materia de pura especulación. La arrogancia general del estilo, las apelaciones autobiográficas, el autorretrato, la función asumida de doble de un viajero inglés, favorecen, sin duda, la primera interpretación. Las intensas expectativas con que un grupo de intelectuales en Buenos Aires se aprestaba a un debate crucial sobre la noción de país y sobre la noción de literatura nacional, y la presión de esas expectativas sobre la condición de intelectual provinciano desde la que Alberdi accedía a ese debate, favorecen la segunda.[14]

A mediados de noviembre de 1834, cuando el manuscrito de su *Memoria* se encontraba, muy probablemente cerca de su proceso de impresión, la aparición de *Los Consuelos*, el segundo poemario de Echeverría, y los comentarios suscitados por éste, anticiparían a Alberdi la consistencia de esas expectativas. Uno de esos comentarios, sobre todo, el atribuido a Juan Thompson, llegaba a sostener que las posibilidades de concreción de una literatura nacional, anunciada hasta entonces en algunos decorosos esfuerzos, parecía finalmente verificarse en algunas de las innovaciones ensayadas en *Los Consuelos*. Aunque en lugar de precisar esas innovaciones, como lo hace con las que conciernen a la importación de la modalidad quejumbrosa del romanticismo, y al abandono de rutinarias variantes de la versificación española, el comentarista prefiere parafrasear el alcance de una observación que el propio Echeverría había incluido en una nota al poemario, y en la que indicaba que el *desideratum* de una poesía nacional, su carácter propio y originalidad, no podía constituirse sino como reflejo de la naturaleza física, de las costumbres y de las ideas y pasiones dominantes en la sociedad. Sólo así, razonaba Echeverría, "campeando libre de los lazos de toda extraña influencia, nuestra poesía llegará a ostentarse sublime como los Andes; peregrina, hermosa y varia en sus ornamentos como la fecunda tierra que la produzca".[15]

Cuatro semanas después de publicado el volumen de Echeverría, *La Gaceta Mercantil*, en su edición del 18 de diciembre, anunciaba la aparición del folleto de Alberdi, *Memoria descriptiva sobre Tucumán*, y en su edición del día 22, en una columna titulada "Literatura nacional", dedicaba un extenso comentario a éste: "Carta crítica sobre la Memoria Descriptiva del Sr. Alberdi, escrita por un Joven literato de nuestro país y anotada por el autor de la Memoria". La rapidez con que se redactó el comentario, su relativa extensión y la oportunidad que la dirección del periódico ofreció a Alberdi de agregar sus propias aclaraciones al texto de la "Carta crítica" se corresponden, obviamente, con el clima expectante con que se acababa de saludar la aparición de *Los Consuelos*. Pero el tono, las reservas y las distinciones contenidas en el comentario no dejarían de señalar que si existía, en el círculo de lectores que ese comentario suponía representar, una fórmula para satisfacer esas expectativas, esa fórmula no era necesariamente, o no era todavía, la fórmula ensayada por el autor de la *Memoria descriptiva sobre Tucumán*.

Para empezar, las credenciales presentadas por Alberdi, más allá de lo que revelan las frases de cortesía, no parecieron encontrar en el responsable de la "Carta crítica" ni un receptor demasiado atento ni de muy favorable disposición. Saludaba, es cierto, al joven talento que había decidido cantar las glorias del pueblo en que había nacido; pero al indicar la ventaja de que otros talentos de provincia siguieran su ejemplo, desprendía como resultado de esta acción conjunta no una contribución a la fundación de una literatura nacional, sino una contribución empírica al mejor conocimiento del país, "porque es mengua que mientras conocemos las más mínimas particularidades de las tierras polares y sus miserables habitantes, desconozcamos los pueblos que nacieron de una misma madre, resucitaron a la libertad en un mismo día, han armado una República, y volverán a unirse en circunstancias más propicias".[16]

Admitida, en el segmento final de la cita, la aportación auxiliar del autor de la *Memoria* a un programa político de alcance nacional, el comentarista no discutirá, sin embargo, ni los títulos personales de Alberdi para intervenir en ese programa, ni volverá, de hecho, a discurrir sobre la índole o los desarrollos posibles de ese programa. Lo que intentará, de ahí en adelante, será explicarse y explicar las razones por las que negaba solvencia y representatividad a la noción del romanticismo ofrecida por Alberdi, y a la presunción implícita de que su escrito sobre Tucumán abría el camino real de la literatura argentina.

El responsable de la "Carta crítica" admite, sin vacilaciones, su rechazo de uno de los supuestos románticos por excelencia: el de la influencia determinante del clima en la conformación del carácter y las costumbres de los pueblos. Y se lamenta de que este abuso de interpretación, esta desdichada manía intelectual hubieran afectado, por tanto tiempo, a tantas inteligencias ilustres. Del romanticismo acepta, en cambio, la exaltación del estado religioso que sus cultores adscriben a la contemplación de los grandes espectáculos de la naturaleza.

Acuerda entonces con una observación contenida en la *Memoria* de Alberdi. Aunque en apoyo de ésta, curiosamente, como si necesitara exhibir su propia familiaridad con las fuentes textuales al uso, el comentarista remite de pronto, contra toda coherencia, a la generosa transcripción de un pasaje de *Souvenirs Atlantiques*, la obra de "un joven francés amigo mío, que ha visitado recientemente nuestros países y viajó también por el Norte de América"[17]. El pasaje consta de fragmentos de una descripción de los lagos canadienses y las cataratas del Niágara, con algunas efusiones sentimentales reminiscentes —reconoce el redactor de la "Carta crítica"— de algunas muy celebradas de Chateaubriand.

Como si esta cita no indicara, como indica, una obvia dependencia de un hábito cultural compartido con muchos de sus contemporáneos, el comentarista enrostra, al finalizar el artículo, la dependencia de Alberdi del texto que le sirvió de apoyatura para su descripción de Tucumán. No menciona a Andrews, pero al evaluar positivamente el criterio romántico de originalidad, y una vez reconocida la necesidad de que la literatura de un país se revista de los colores de su entorno físico, declara sus esperanzas de que cuando aparezcan en Tucumán poetas dignos de ser leídos y admirados, estos poetas seguirán, correctamente, "el camino que les abra la naturaleza y no el que han señalado los escritores de otros pueblos".

Duro, como suena, este desplazamiento al futuro, esta remisión a los logros de una literatura por venir, es un juicio menos condenatorio para el texto de Alberdi que el contenido en una observación precedente, interpolada como una ingenua digresión en la que es posible, sin embargo, reconocer el sitio desde el que se ordena toda la argumentación desplegada en la "Carta crítica". La observación recorta el hecho de que el redactor de la *Memoria descriptiva sobre Tucumán* se presenta siempre como un viajero solitario, en vez de hacerlo, como suponía era una práctica regular en aquellos parajes, en "compañía de muchos individuos de ambos sexos llegados a aquellos sitios deliciosos por el deseo de gozar del fresco del aire, de los perfumes de las flores y de la vista de los cerros vestidos de vegetación fecunda. Si no me engaño —agrega el comentarista— hay en Tucumán la costumbre de hacer numerosas y largas cabalgatas, a las cuales preside la confianza y la más sincera alegría".[18]

Esta observación no sólo cuestiona el pretendido protagonismo del viajero romántico, el perfil narcisista del relato en primera persona: cuestiona también la feracidad, la magnitud y la novedad de un paisaje que se sugiere ahora como producto de consumo al alcance del menudo turismo dominical. La novedad y, por lo que se infiere de otra observación, hasta la oportunidad, la circunstancia histórica en que Alberdi hace lugar al sentimiento del paisaje.

En la *Memoria*, en efecto, Alberdi había aducido el recuerdo de unos versos escritos por Fray Cayetano Rodríguez, a su regreso a Buenos Aires, después de haber recorrido el escenario de la batalla librada por Belgrano, en Tucumán: "...Oh! solitario Aconquija,/ Dulce habitación de amantes!/ Oh! montañas elegantes!/ Oh! vistas encantadoras/ Oh! feliz Febo que doras/ Tan apacibles verdores!/ Oh! días de mis amores,/ Qué dulces fueron tus horas!" De los mismos versos, el comentarista extrae otra línea y, de esa otra línea, una lectura absolutamente distinta a la de Alberdi. "La presencia del hombre embellece el paisaje; por esto es que nunca se borrará de mi memoria la imagen del virtuoso y sensible Rodríguez, sentado bajo aquel árbol único en los campos de Ciudadela. Se me figura que, penetrando aquel poeta con la imaginación los secretos del futuro, se entristecía contemplando que algún día había de correr en aquellos lugares la sangre de hermanos, de paisanos y de hombres libres. Lo mismo digo a Vd. de Belgrano. ¡Lástima grande que la yerba cubra ya los cimientos de la casa de héroes, y que sofoque con el tiempo hasta el último de sus escombros!"[19]

En las notas que Alberdi pudo agregar al comentario anónimo de *La Gaceta Mercantil*, se advierte la omisión de toda referencia al objetivo político que adjudicaba a su folleto, y de toda referencia a su visión personal de la historia argentina. Pero se advierte, al mismo tiempo, el deseo de ampliar aquellas opiniones y de sostener aquellas actitudes que en los tramos más significativos de la *Memoria* afirmaban su voluntad de participar en la creación de una literatura nacional, de proyección y de alcances efectivamente nacionales. Una de las notas promete incorporar a una futura redacción del folleto algunas muestras de "los cantos y versos rudos" del pueblo tucumano. Otras dos insisten en destacar la impronta romántica en la concepción del clima como determinante del carácter y las costumbres de los pueblos. La cuarta y última postula el criterio romántico de la originalidad como atributo del temperamento melancólico: el tipo de temperamento que predomina, precisamente, en la constitución de la sociedad tucumana.

Afirmado en los términos obviamente inclusivos de esa definición, Alberdi cierra la nota, agradeciendo al redactor de la "Carta crítica" la oportunidad de ser introducido, a través de sus comentarios, en el debate con que los jóvenes se aprestaban a discutir los rumbos de la literatura nacional. "¡Ojalá su ejemplo fuese imitado por los demás jóvenes de letras! Yo tendría el doble gusto de verme criticado por mis propios colegas, cuyos progresos no me interesan menos que los míos, y de contemplar el grato espectáculo de ver a nuestra juventud trabajando con entusiasmo en la grande obra de la literatura Argentina."

Alberdi, por lo que se sabe, no se comprometió o no fue comprometido en otra ronda de aclaraciones sobre determinados aspectos de la *Memoria descriptiva*; ni convirtió el exiguo folleto publicado bajo este título, en la "obra", anunciada en una de sus notas a la "Carta crítica". Ratificó así la resignación de sus aspiraciones de representación política, sugerida ya, por omisión, en sus acotaciones al comentarista de *La Gaceta Comercial*. Y sancionó su deserción a las urgencias de un debate que él mismo había contribuido a elevar a su nivel más promisorio, con su visión de una literatura nacional sensible a la ejecución de programas específicos y diferenciados del romanticismo literario.

Ni la laboriosa gestación del *Fragmento preliminar al estudio del derecho*, publicada en julio de 1837, tres meses antes de que Echeverría diera a conocer *La Cautiva*, ni el texto leído en la inauguración del "Salón Literario", en el mismo año; ni cualquiera de los ejercicios periodísticos que a la manera de Larra escribió para *La Moda*, antes y después de su arribo a Montevideo, en noviembre de 1838, muestran, en efecto, reminiscencias del temple emocional y la ejercitación de imágenes que se entrelazan con los aspectos aseverativos de la *Memoria descriptiva*. Mucho menos, indicios que remitan la inesperada cadena de secuencias que siguieron a la revelación del escrito de Andrews durante la travesía de las selvas y las montañas tucumanas.

Hasta que otros viajes, precisamente, los emprendidos hacia Europa desde Montevideo en 1843, y el regreso de Francia a Santiago de Chile en 1844, parecerán recuperar para Alberdi, por momentos, el aire de una melodía ausente en sus escritos posteriores a 1834. En la base de esta nueva experiencia no se encontrará, sin embargo, la impronta de ningún relato de viajes específico, en la escala de lo significado por el relato de Andrews. Se encontrará, más bien, la disposición y el gusto de un lector adiestrado en los códigos culturales de un género particularmente adaptado a las modalidades expresivas y a los gestos existenciales del romanticismo. De un lector que sabía que la primera obligación de un viajero romántico era pensar y vivir el viaje en función del texto en que debía culminar esa experiencia. Ya se citó en la *Introducción* lo observado por Michel Butor a propósito de los viajeros franceses del romanticismo. Estos viajeros, señala Butor, a partir de Chateaubriand, leen siempre durante sus travesías, llevan diarios, organizan sus observaciones con un libro en mente, viajan para escribir, escriben mientras viajan, porque para ellos "el viaje mismo es escritura"[20]. Y los viajeros ingleses de los mismos años, por lo que sabemos, hacían exactamente lo mismo.

Es cierto que Alberdi, antes de abandonar Buenos Aires a comienzos de 1838, en sus esfuerzos por descubrir el perfil del público lector de la ciudad y en su búsqueda de fórmulas novedosas para conjurarlo, había proclamado desde las páginas de *La Moda*: "no somos ni queremos ser románticos", denunciando con esa negación lo que consideraba persistencia anacrónica de una categoría de origen feudal y reaccionaria. Pero el "arte social" o "arte socialista", propuesto por Alberdi en esas mismas páginas como sustituto de aquella categoría, y perceptible en algunas de las viñetas costumbristas que publicó en el mismo semanario, eficaz acaso para combatir algunas inflexiones políticamente negativas del romanticismo, a la larga fue insuficiente para contrarrestar el efecto demorado de otras.[21] Al menos, de los escritos debidos a los viajes de ida y de vuelta de Europa no se deduce sino su entera fidelidad a muchos de los preceptos habitualmente identificables como románticos.

El Edén. Especie de poema escrito en el mar, redactado en colaboración con Juan María Gutiérrez, es el primero de los textos de Alberdi vinculado a esa experiencia de viaje. *Impresiones y recuerdos*, con el formato de un diario, recoge anotaciones sobre diversos lugares de Europa y sobre el viaje de regreso, desde El Havre a Río de Janeiro primero, y desde esta ciudad a Santiago de Chile. *Tobías. O la Cárcel a la vela* fue escrito paralelamente a la parte final del viaje registrado en *Impresiones y recuerdos*, es decir, durante los primeros meses de 1844. Por último, *Veinte días en Génova*, redactado ya en Santiago de Chile, en 1845, agrega, a las previsibles anotaciones anunciadas en el título, la información necesaria para conocer los objetivos del viaje: el estudio de la jurisprudencia y el funcionamiento de las instituciones jurídicas en Italia, motivación utilitaria si las había.

Ya antes de despedirse de Montevideo, Alberdi sobreentendía que entre sus obligaciones de viajero contaba la de dar cuenta de los objetivos propios del viaje; pero sobreentendía también que cualquier referencia a sus observaciones sobre las instituciones jurídicas italianas debía matizarse, en homenaje a la amenidad, con otras suscitadas por imprevistos percances o circunstancias de la travesía. Y al concederse esta flexibilidad, según las determinaciones vigentes del género, tomaba conciencia de que, como viajero americano, cualquier anotación que hiciese sobre la travesía y sobre el arribo a Europa implicaba una completa inversión de la perspectiva tradicional de la literatura de viajes.

Así prevenido, recomendará al lector sus primeras observaciones al llegar a Italia: "Voy a copiar literalmente las expresiones que escribía en presencia de los objetos mismos. Ésta es prueba no poco atrevida de mi parte; pero es el único medio o al menos el más perfecto medio de que el viajero americano pueda valerse para dar cuenta exacta de sus primeras sensaciones de Europa... A una persona venida de una capital europea, mis impresiones darían risa quizás; a un americano del Sud, muy lejos de eso."[22]

¿Y cómo reaccionaría un lector sudamericano ante la descripción de la travesía misma, del pasaje por ese océano proceloso y mítico que separaba y unía inextricablemente a América y Europa? Alberdi pensó, antes que nada, en la necesidad de responder a ese desafío, y respondió a este desafío asociándose con Juan María Gutiérrez, su compañero de viaje, en la decisión de escribir a bordo de la nave una versión en contrapunto de la travesía: Alberdi se ocuparía de redactar, en prosa, impresiones de viaje que Gutiérrez se ocuparía de trasladar a verso. En el volumen que Alberdi preparó a su regreso a Chile, *El Edén. Especie de poema escrito en el mar*, se comprueba que Gutiérrez cumplió sólo parcialmente con su cometido, pero los fragmentos en prosa y en verso que se incluyen parecen suficientes para dar cuenta de este modesto, aunque curioso, ejercicio de colaboración intelectual, en el que "la inspiración y el pensamiento", para decirlo con palabras del ocasional poeta, pertenecen, muy probablemente, al prosista.[23]

En todo caso, en algunos de los once cuadros versificados, y desde luego en los veinte que quedaron sin versificar, es fácil admitir que Alberdi, sin dejar de proveer una suerte de libreto neutral, compatible con la doble perspectiva del ejercicio a que estaba destinado, no desperdició oportunidad de incluir en ese libreto reminiscencias o impresiones estrictamente personales. En el cuadro titulado "Cádiz y sus gracias", sobre todo, este tipo de interferencia parece indisputable.

Al aproximarse la nave a la costa española, a la vista de Cádiz, Alberdi recuerda el amor de Byron por Inés, la bella gaditana, tal como el poeta lo refiere en las páginas de *Childe Harold*. Ya otras veces había citado al poeta, verdadero icono de la literatura de viajes de la época, sin contar que en ocasiones filtra algunas líneas del *Childe Harold* en sus iniciales descripciones del océano. Pero si en otras ocasiones la cita de Byron se agotaba en su propio poder de referencia, en ésta, la cita origina y se abre a la formulación de un ensueño. En este ensueño Alberdi elabora la suposición de que Byron, de acuerdo con sus deseos, hubiera intentado atravesar el equinoccio en dirección al sur del continente. En este supuesto, el ensoñador le dice al poeta que, si en lugar de la bella mujer de Cádiz, conducido por un bridón de nuestras *pampas*, hasta las montañas del *Aconquija*, hubiese visto errar entre los bosquecillos de mirtos a la virgen de *Tucumán*, habría entonces abrazado a la esposa, a la musa, a la musa de los mares y de las altas montañas, que bajo la forma de una mujer, salía ya de las olas del Plata, ya de los parques encantados de *Tucumán*, la Grecia de América.[24]

Si se concede que el propio Byron no hubiera rechazado las espesas connotaciones sexistas de este ensueño, es decir, si se concede la posibilidad de situar la metáfora usada por Alberdi en el horizonte de prejuicios culturales de su época, debe convenirse también en que la amplificación retórica del tema del viaje, sustento de esa metáfora, parece igualmente engranada en el horizonte de estimaciones culturales de la época. En el ensueño, Alberdi conecta su experiencia personal del descubrimiento del paisaje tucumano a partir de la versión de Andrews, con la expresión de deseos de que el genio poético de Byron, viajero por excelencia, descubra ese mismo paisaje y lo consagre, haciéndolo suyo. Curva y refracción de la mirada del viajero americano. Marcas y rémoras del discurso colonial.

Discurso colonial cuyos desnudos fundamentos de poder, por otra parte, el mismo Alberdi no dejaría de advertir (y de aceptar) en la versión inglesa por entonces prevalente. En el cuadro, "Pasaje animado del estrecho de Gibraltar", tampoco versificado, dice Alberdi al aproximarse al célebre peñón: "No preguntéis qué bandera es la que se agita en su cima. Esa columna es límite de dos continentes y dos mares capitales del globo: os basta esto para saber que es la misma que se ve flamear, al pasar del Océano Atlántico al Mar de las Indias Orientales; del Grande Océano Pacífico al Océano Atlántico. En todos los puntos solemnes de la tierra, a la cabeza de las más célebres penínsulas; en la embocadura de los más grandes golfos, a la puerta de los ríos más caudalosos del Universo: cuando el cañón salude a vuestra bandera, izad maquinalmente en el palo de proa el pabellón británico y contestad pronto a su demostración antes que os niegue el permiso de pasar adelante.

"Preguntad a Inglaterra con qué derecho se sientan sus leopardos en el promontorio de Calpe: y dos mil cañones abrirán su boca, para fundarle con más elocuencia que lo haría el orador divino de la Irlanda."[25]

Después de ejercitar su memoria literaria y de afirmar su agenda de expectativas, Alberdi concluye la travesía del océano con esta didáctica revisión de sus nociones de geopolítica. Ya en tierra, en la ciudad de Génova, durante los veinte días dedicados a la justificación utilitaria de su viaje, anota las primeras impresiones pero, curiosamente, posterga la elaboración y la redacción del balance de esa experiencia hasta el momento de su regreso a Chile, casi dos años después. Si se sigue entonces el orden cronológico en que asienta sus observaciones directas, este orden nos remite al conjunto de notas recogidas en el volumen, *Impresiones y recuerdos*.

Leídas en ese orden, estas notas asumen la disposición de una línea parabólica: cuanto más agudiza el viajero su proceso crítico de ajuste de las expectativas acumuladas durante la prehistoria de la travesía, más agudiza su tendencia a mirarse en el espejo sin fondo de la nostalgia. Después de Italia, la excursión a Suiza vale y se sostiene como un tributo literario a la memoria de Rousseau, del lago Leman y de toda la iconografía de origen del romanticismo francés. Pero Francia, la estadía de dos meses en París, el conocimiento de algunos hombres célebres, el espectáculo de sus calles animadas y de sus cafés, la admiración de sus monumentos, terminarán valiendo lo que declara este resumen lapidario del día 10 de octubre de 1843: "Dentro de cuatro días me voy de París al Havre, donde debo tomar pasaje para América. ¡Cuánto suspiro por verme en aquellos países! ¡qué bella es la América! ¡qué consoladora! ¡qué dulce! Ahora la conozco; ahora que he conocido estos países de infierno, estos pueblos de egoísmo, de insensibilidad, de vicio dorado y prostitución titulada. Valemos mucho y no lo conocemos; damos más valor a Europa que el que merece."[26]

En las semanas transcurridas en El Havre, a la espera de la nave que ha de conducirlo a Río de Janeiro, la mera permanencia en Francia, la región menos favorecida en su experiencia, le inspira franco desagrado. Y apenas si interrumpe el mal humor, en el inicio de la travesía, para anotar ante la vista de la costa inglesa: "Vi con placer esta famosa tierra; estaba claro el día, había sol y las colinas británicas se divisaban verdes y alegres".

El océano, reconoce Alberdi, no le provoca las impresiones poéticas de la primera vez, por lo que ahora, en lugar de escribir, lee. Lee y piensa en la difícil situación que le aguarda como exiliado que no acaba todavía de decidir el país de destino, y piensa en una América que a lo largo de la travesía se reduce de más en más al Río de la Plata, y en un Río de la Plata que no tardará en reducirse a la Argentina. El aniversario de la victoria de Caa-Guazú, Lavalle, la revolución de los Varela, Rosas, desde luego, recortan la historia argentina reciente, y esa historia reciente es, a su vez, la historia de sus años de estudiante en Buenos Aires y de sus primeras confrontaciones con la realidad política del país. Ensimismado como viene en estos pensamientos, no se cuida de repetir la inicial comprobación de su indiferencia ante el espectáculo del océano, aunque ahora refuerce la comprobación invirtiendo, curiosamente, las connotaciones de una socorrida imagen literaria: "En esta ocasión el mar no me ha impresionado una sola vez poéticamente. Ni siquiera los terrores solemnes y poéticos que me causó la primera vez he experimentado en ésta; nada, como si anduviese por las pampas del Sud de Buenos Aires".

Al acercarse a Río de Janeiro, anota: "Mañana, por fin, hablaré con gente de la mía, hablaré de los asuntos de la patria, de esta patria amada de la que he estado tan lejos". Y cuando la embarcación que lo lleva desde esta ciudad a Santiago de Chile, su destino final, pasa por las proximidades del Río de la Plata, sus sentidos creerán reconocer en el viento pampero los aires sahumados de los campos argentinos. Es un día del mes de febrero, y la evocación del tiempo de vacaciones estudiantiles en las campiñas de los alrededores de Buenos Aires desanuda emociones que el exiliado en tránsito procurará traducir en máximas de riguroso pragmatismo político: "¡Buenos Aires! ¡Buenos Aires! ¡Cuándo volveré a ver tus verdes riberas, tus dulces campiñas!... Noches adorables de mi juventud, que han pasado como ráfaga fragante que se disipa en el cielo. ¡Mi Dios! ¿Cuándo volveré a la patria? ¿Seré yo de esos proscriptos que acaben sus días entre los extraños? ¡Oh! ¡Yo haré por que así no sea; yo no seré proscripto eternamente! ¡Vergüenza al que arrojen lejos de los suyos! No puede ser oprobioso jamás el habitar su país, aunque sea en cadenas".[27]

En la mejor tradición de la literatura de viajes, el viajero parte para volver, para reinstalarse en el sitio en que la misma idea del viaje y el cúmulo de experiencias acumulado en su transcurso encontrarán su auténtica clave de validación. Y si el sentimiento de retorno al suelo natal escancia todas las peripecias de la travesía, previsiblemente, la frustración final de ese retorno no podrá sino expresarse con patetismo. Por sus palabras, y por lo que las circunstancias indican, puede presumirse que Alberdi nunca sintió la pertenencia al suelo natal, con sus nociones asociadas de patria y de nación, con tanta intensidad como la sintió al reconocer que su embarcación no se dirigía al puerto de Buenos Aires.

Nombrada como suelo natal, como patria, como nación, la Argentina de Alberdi es aquí una entidad que remite a sí misma; que dice todo de sí misma y para todos; que incluye todas sus atribuciones en el mero acto de la evocación. Pero en la continuación de la travesía en busca del estrecho de Magallanes, nuevas experiencias y la incidental recurrencia a la literatura de viajes contemporánea darán a Alberdi la singular oportunidad de explicitar —y de restringir— el alcance de los atributos con que, efectivamente, objetivaba la existencia del país llamado Argentina.

Ya se sabe que durante la larga y fastidiosa navegación hacia el Sur patagónico y hacia Chile, Alberdi decidió agregar a las puntuales anotaciones que venía registrando desde su permanencia en Europa la ejecución de un ejercicio literario perfectamente adecuado a las incomodidades y desabrimientos de la útima etapa de su viaje: *Tobías. O la Cárcel a la vela*. Concebido como una autoparodia al registro de impresiones de su primera travesía del océano, en efecto, el texto vehiculiza el malhumor de la nueva experiencia, apoyándose en el distanciamiento de un relato en tercera persona y la intercalación tendenciosa de pasajes dialogados. La dinámica del malhumor produce, de pronto, asociaciones inesperadas, como cuando el relator, después de comparar a la embarcación con una cárcel flotante, emprende una tirada contra Bentham, Dumont y Tocqueville, defensores del sistema carcelario, y afirma, con palabras que un largo siglo después Michel Foucault no hubiera desdeñado incorporar a las argumentaciones de *Surveiller et Punir. Naissance de la prison*: "El panóptico cura el vicio, pero mata la razón. Lo que sustrae a las cárceles lo da a los hospitales. Destruye la especie, lo mismo que el crimen. Institución estéril, paralogismo abominable, tus falsos prestigios se desvanecen por fortuna de la humanidad".[28]

Este y otro tipo de asociaciones, esta forma sardónica de comentar las mismas o parecidas peripecias de viaje anotadas en *Impresiones y recuerdos*, convierten al *Tobías* en un texto ciertamente diferente. Pero esta diferencia, todo lo perceptible que se quiera en el nivel de procedimientos y de intencionalidad, no modifica el hecho de que ambos textos comparten el mismo caudal de experiencias, y que las reflexiones y reacciones suscitadas por aquéllas en una y en otra forma de escritura terminen resultando meramente repetitivas en algunos casos, o curiosamente complementarias, en otros. Esto último es lo que sucede, ejemplarmente, en un momento del pasaje de la embarcación por la costa patagónica.

En *Impresiones y recuerdos* la proximidad de la Patagonia revela a un Alberdi tan atento a la existencia de esa región como ambiguo y contradictorio en las reacciones con que comenta esa existencia. Comienza por recordar que para la mayoría de los geógrafos ingleses, la Argentina termina a la altura del paralelo 40, es decir, en las cercanías del límite sur de la provincia de Buenos Aires. Se pregunta luego si los habitantes del país serían capaces de instalarse más allá de ese paralelo, teniendo en cuenta que por razones climáticas los españoles, o si se prefiere los andaluces que mayoritariamente poblaron el sur del continente, no lo hicieron. "Se puede sentar sin exageración que la porción más bella de la América del Sud está abandonada." Este territorio, sin embargo, posee hermosas y fértiles llanuras, montañas, minerales, grandes florestas, ríos abundantes, hermosas bahías y puertos, y por su configuración tiene a la mano los dos océanos.

Es un poco ridículo, agrega Alberdi, hacer cargos a la República Argentina por no disponer la efectiva ocupación de un inmenso territorio que le es tan inútil como innecesario. Pero, con todas estas reservas, considera una desgracia que el general Rosas, en su celebrada expedición contra los indios, en 1834, no hubiera concluido su empresa llevando el pabellón nacional hasta el estrecho de Magallanes, extendiendo hasta esos confines la soberanía argentina. Una semana después, sin embargo, en la vecindad de las Islas Malvinas, ocupadas por Inglaterra en 1833, como si acabara de repasar la lección de geopolítica aprendida frente al peñón de Gibraltar, consigna en su libro de notas, con fecha 7 de marzo de 1844: "Hermoso clima, sin duda, el de estas regiones. Feliz la Inglaterra que se ha hecho dueña de la más bella posesión de los mares, el Archipiélago de Falkland".[29]

La contradicción de estos enunciados es evidente y quedaría como irresoluble si la lectura del mismo pasaje en el *Tobías* no contribuyera a visualizar ese factor de incompatibilidad por el simple efecto de su omisión. Conspicuamente, la inclusión de la figura de Rosas en un texto, y su exclusión en el otro, hacen la diferencia. Evitada la mención de Rosas en el *Tobías*, todas las observaciones y ocurrencias que se atribuyen al narrador ficticio sobre la Patagonia mantienen el tono y la coherencia de todas aquellas observaciones y ocurrencias que, en *Impresiones y recuerdos*, excluyen la mención de Rosas.

Debe entenderse, entonces, que Alberdi introduce en su libro de anotaciones el recuerdo de la campaña de Rosas como una verdadera interpolación en sus reflexiones sobre la Patagonia; una interrupción que le sirve para manifestar, una vez más, su condena del gobernante responsable de su condición de exiliado. Aunque en esta condena Alberdi incurriera en la contradicción de calificar el abandono de la Patagonia como un fracaso de Rosas, cuando, por sus propias reflexiones, ese abandono implicaba una imposición de la geografía y de la historia. Eximido de esta interpolación, el pasaje paralelo del *Tobías* sanciona la correcta lectura del correspondiente en *Impresiones y recuerdos*. Y agrega un dato que ahonda la perspectiva desde la que fueron redactados los dos.

El narrador ficticio del *Tobías*, al describir las condiciones de la embarcación que lo llevaría hasta Chile, menciona, en efecto, incidentalmente, a Fitz-Roy, comandante del *Beagle* en las dos expediciones que reconocieron los accidentes de la costa patagónica entre 1826 y 1836. Con el áspero humor que impregna el relato, señala que el intratable capitán del *Tobías*, por su moralidad y prudencia, bien pudiera ser colega de Fitz-Roy. Recortada en sí misma, en su mera función de introducir la figura del personaje ficcionalizado en términos de analogía con un personaje real, la cita revela, al tiempo que adjudica al lector, una obvia familiaridad con la figura del comandante del *Beagle*.

Alberdi pudo tener acceso directo o indirecto a la versión de los viajes de Fitz-Roy, *Narrative of the Surveying Voyages of His Majesty's Ships Adventure and Beagle*, en los tres volúmenes, incluyendo el de Darwin, publicados en 1839. Y más allá de lo que propone esta hipótesis tan plausible como incomprobable, no puede dudarse de que tuvo suficiente noticia de Fitz-Roy y de esos viajes a través de la prensa de Buenos Aires. Sin embargo, la descripción brevísima, genérica y convencional que ofrece otra vez aquí de la Patagonia, "...la parte más bella de la América del Sud está desierta hoy y abandonada a los indígenas. Hablo de la Patagonia, tan rica en minerales, campos, bosques, bahías y ríos navegables", responde menos a las observaciones de la costa patagónica de Fitz-Roy, que a las de tierra adentro, anticipadas, entre otros, por Thomas Falkner, en un texto que Pedro de Angelis hizo traducir y puso en circulación en Buenos Aires, a fines de 1835, a un año de la publicación de la *Memoria descriptiva*.[30]

La cita de Fitz-Roy se desconecta así de su presunta función informativa y legitimadora porque no tiene nada que informar y legitimar. Porque a diferencia del suelo natal tucumano que en la *Memoria descriptiva* se percibía y se significaba en un juego de interacción personal con las imágenes diseminadas en el texto de un viajero, la Patagonia, para el narrador ficticio del *Tobías* (como para el explícito de *Impresiones y recuerdos*), es un espacio vacío, indiferente, convencional, que no admite ni reclama la intermediación de ningún texto. La cita, entonces, lejos de proponerse como un simple guiño de complicidad con una audiencia de buenos aficionados de la literatura de viajes contemporánea, se propone también como indicador de uno de los extremos del proceso de inclusión-exclusión, a través del cual Alberdi buscaba identificar el espacio físico que correspondía a su concepto de nación. Si se examina ahora, en efecto, el conjunto de los escritos relacionados con las lecturas de viajes y con las experiencias directamente asociadas a esas lecturas, es posible discernir el funcionamiento de ese proceso y la incidencia del mismo en el trazado final de un mapa de la Argentina que incluye sólo el corredor histórico de provincias y poblaciones fundadas por los españoles. Si el texto de Andrews marcaba la afinidad de la inclusión, la cita apenas incidental del de Fitz-Roy frente a la Patagonia, el de la exclusión.

Las razones de exclusión anotadas por Alberdi en *Impresiones y recuerdos* son confirmadas y expandidas por el relator del *Tobías*: "La lengua española es una lira que no tiene armonías en los climas polares. Perla de Arabia, necesita de un sol lleno de colores para lucir su oriente... Los americanos descendientes de árabes y españoles quedarán para siempre encerrados en los 80 grados centrales, los más hermosos de la tierra... Las razas glaciales que habitan el Norte de la Europa, serán las llamadas a poblar los fríos del Nuevo Mundo... Poblad las Pampas y el Chaco, o por mejor decir, poblad ese desierto doméstico que llamáis Confederación Argentina, y que sólo es una liga de parajes sin habitantes, y dejaos de disputar territorios que os envanecen e infatuan..."[31]

Trazado así su mapa personal de la Argentina, Alberdi arriba a Santiago de Chile en abril de 1844. Meses después, al decidir la redacción de *Veinte días en Génova*, con su presentación de los objetivos utilitarios del viaje y de algunas remembranzas de su estadía en Italia, tendrá la oportunidad de nombrar, retrospectivamente, el paisaje y la condición estética del paisaje que corresponde al trazado de ese mapa. Al recordar el entorno físico de Génova y el de la región que separa el norte de Italia de Suiza, dice Alberdi, incluyendo sus observaciones en una perspectiva que no pertenece al momento de la experiencia sino al de la recordación de ésta: "Seguramente que la naturaleza es bella en Italia; pero es necesario no desconocer que los prodigios de esa belleza son casi exclusivamente obra del arte y labor del hombre... Yo haré siempre justicia a todo cuanto se diga de la hermosura de ciertos países meridionales de Europa, ...pero diré que los lagos de la Suiza son menos risueños que los blancos raudales del Paraná, sembrado de floridas islas y desnudos sus horizontes de montañas que le quiten la luz; diré que los torrentes y accidentes sublimes de la Saboya, tan parecida a la Grecia, según M. Chateaubriand, me han parecido menos grandiosos que los que ofrece Tucumán, donde el arte italiano podría encontrar tipos de imitación que la fantasía humana es incapaz de concebir".[32]

Y llevado de esta serie de comparaciones entre los aspectos estéticos de la naturaleza en Europa y los que corresponden a su registro personal del paisaje argentino, no vacila en otorgar, de pronto, a este paisaje la representatividad de la naturaleza en América, para sugerir que la naturaleza americana, en última instancia, está en la raíz de las representaciones artísticas de la naturaleza elaboradas en Europa. En la base de esta especulación se encuentra, por supuesto, el modo de composición atribuido al *Atala*, de Chateaubriand. "No sabemos cuánto debe a esta hora el arte europeo a las magnificencias naturales de la América; pues baste decir que en ellas bebió sus más grandes inspiraciones el autor de *Atala* y los *Natchez*, decano y maestro de los poetas de este siglo".

Ya se sabe que Chateaubriand, en *Atala*, además de su entusiasta descripción de las cataratas del Niágara y de sus no muy confiables observaciones sobre las llanuras de Kentucky y Virginia, inventó, literalmente, para las levemente onduladas planicies de Alachua, en el actual estado de Florida, un marco de "colinas que, alejándose las unas detrás de las otras, cargan elevándose hasta los cielos, bosques cubiertos de palmeras, limoneros, magnolias y verdes encinares". Estas imprecisiones y abusos relativizan, de hecho, la importancia del modelo americano en la concepción de la naturaleza que el romanticismo europeo haría suya, efectivamente, a partir de la publicación de *Atala*, en 1801. Pero la relativizan en términos de una estricta discusión académica sobre fuentes y precedencias. En la práctica, la excepcionalmente favorable recepción del relato de Chateaubriand anuló las inexactitudes del modelo, y la América de Chateaubriand cautivó la imaginación de Europa con la misma persuasividad con que lo harían, pocos años después, los escritos circunstanciados de Humboldt. Sin descartarse la posibilidad de que el celebrado viajero, en la preparación de sus escritos sobre la América del Sur, al prestar considerable atención a los usos de la sensibilidad estetizante que impregnan las páginas de *Atala*, contribuyera a otorgar credibilidad a la existencia de los bosques y las montañas imaginarias de este relato, presentando los reales bosques y montañas de las regiones del equinoccio en la clave de sensibilidad estetizante consagrada por Chateaubriand.

Es cierto que a partir del año 1826 la publicación de la novela de Cooper, *The Last of the Mohicans*, comenzó a corregir la impresión de autenticidad atribuida, en bloque, a los segmentos descriptivos de *Atala*.[33] Pero estas y otras correcciones practicadas sobre diversos pasajes del relato no alcanzaron, probablemente durante el transcurso del siglo, a afectar el carácter emblemático de sus descripciones de la naturaleza americana. Así, Alberdi, al redactar *Veinte días en Génova*, en 1845, sin incurrir en falta de ingenuidad o de ignorancia, pudo admitir, sin reservas, la autenticidad de la versión de la naturaleza americana propuesta en el relato de Chateaubriand. En todo caso, en su recurrencia a esa suerte de lugar común de la época, lo que buscaba era desentrañar de una representación literaria prestigiosa la especificidad y la autonomía del modelo y señalar, a partir de esa comprobación, la necesidad de ofrecer la versión americana de aquél.

Alberdi no fue más allá en la profesión de un americanismo literario que lo que indican estos breves enunciados, y este americanismo se proponía, indudablemente, como significante mayor de la idea de literatura nacional con la que venía trabajando durante los diez últimos años, desde su encuentro con el texto de Andrews, el redescubrimiento del suelo natal y la redacción presurosa de la *Memoria descriptiva*, hasta el registro y la trabajosa decantación de sus viajes de ida y de regreso de Europa. En la primera articulación de esa idea, el incuestionable rol de iniciación concedido al texto de Andrews se sustituía luego por la postulación de una literatura vernácula que se hiciera cargo de la realidad aludida en el relato del viajero. Ampliada la idea de lo regional a lo nacional, la literatura nacional debía reconocer como su objeto el corredor histórico y el espacio físico en el que se habían asentado los pobladores españoles.

En la *Memoria descriptiva*, Alberdi se atribuía una función protagónica en el descubrimiento y la propagación de una literatura capaz de establecer la específica relación entre el entorno natural y la historia de los individuos y de los pueblos. Y consideraba, desde luego, que esa función le concedía créditos para intervenir también, protagónicamente, en el proyecto político que debía administrar y conducir a la realidad nombrada por esa literatura. Diez años después, ambos protagonismos han cambiado de dirección y de intensidad. La publicación de *La cautiva*, en 1837, venía a situar a su *Memoria*, progresivamente, en el carácter de un Manifiesto precursor. Y la experiencia de un exilio que se anunciaba como interminable relativizaba o postergaba sus urgencias de actividad política directa.

Desde la periferia, Alberdi determinaba, sin embargo, el espacio físico y los componentes humanos e históricos que correspondían a su percepción del país.

La Argentina que se desprende de esta percepción sugiere, curiosamente, la imagen de un país suspendido en el limbo. Con su historia congelada, es el entorno natural el que asume la entera representación del país. Pero el entorno natural, que en los bosques tucumanos satisfacía las complejas relaciones pensadas por el romanticismo, en la Argentina recuperada desde Chile se propone, más bien, como modelo de los poetas empeñados o a empeñarse en la emancipación estética de la literatura argentina.

2- Esteban Echeverría

En 1825, el mismo año en que llegaron a Buenos Aires Francis Bond Head, Joseph Andrews y Edmond Temple, Esteban Echeverría se embarcó para Francia, en cumplimiento de un viaje de estudios que lo retendría en este país por cinco años. Una y otra circunstancia lo privaron, entonces, de asistir al surgimiento y a la difusión inicial del grupo de viajeros ingleses, responsable de la articulación de una serie específica en la masa de escritos producida por el género. Es riesgoso, por supuesto, atribuir consecuencias a la simple omisión de una práctica de lectura o a las diversas asociaciones vinculadas a esa práctica, pero si se compara la rendición de los viajes de Alberdi con la de Echeverría, separadas por un lapso de dieciocho años en sus puntos extremos, no cuesta mucho presumir que en la práctica o en la omisión de esa experiencia radica, muy probablemente, el distingo entre una y otra rendición.

Las cartas y notas escritas por Echeverría durante el viaje a Francia no aportan, en efecto, sino escasas referencias a la travesía misma, y éstas no van más allá de indicar las molestias y los lentos progresos del viaje.[1] Y las cartas escritas durante la larga residencia en París, al menos las que pudieron rescatarse e identificarse, después de registrar la inicial preocupación por la guerra entre la Argentina y Brasil, no señalan sino el pasaje de su interés originario por los asuntos filosóficos, políticos y morales a los artísticos y literarios, en la variante privilegiada de grandes poetas románticos como Lamartine, Hugo, Schiller y Byron.[2]

Al descubrimiento de Byron, precisamente, y a la visión poética que preside los cantos de *Childe Harold's Pilgrimage* se vincula uno de los primeros ensayos literarios de Echeverría y el más decidido a rescatar, finalmente, después de cinco años de transcurrida, la experiencia inaugural de su travesía del océano. Escrito durante el viaje de regreso, o poco después de su arribo a Buenos Aires en 1830, el *Peregrinaje de Gualpo* impresiona como el borrador en prosa de un poema visiblemente seducido por los usos retóricos y los gestos existenciales consagrados en el poema de Byron. En el fragmento que llegó a redactar, y que dejó entre sus papeles inéditos, Echeverría, como Byron, no disimula su abierta identificación con un designado yo poético, y así el "Gualpo" de su proyecto será un joven argentino de su misma edad, origen y condición, su mismo disgusto de la vida, su misma desconfianza de los hombres, su desilusión, su tristeza. Y por supuesto, su pasión libertaria y su amor por el espectáculo sublime del océano.

Es cierto que en el texto de Echeverría, Gualpo invoca a "las divinidades sacras de la América", y que saluda, en las risueñas márgenes del Plata, a la imagen de la patria que se aleja o que viene a su recuerdo, a la vista de la costa uruguaya, en su rol de fiero adversario de las pretensiones imperialistas de Brasil.[3] Pero las imposiciones del modelo sofocan enseguida estos espacios localizadores. En primer término, la descripción del océano, con magnitudes y hasta con figuras probadas en el poema de Byron, valdrá ostensiblemente como la descripción del escenario digno de Gualpo: héroe romántico, solitario, absorto alternativamente en sus propios pensamientos y en la grandeza del espectáculo que observa; redimido por esa visión; temeroso pero desafiante del terror de las tempestades.

También la descripción de Brasil, la segunda y última que ofrece el fragmento, valdrá como descripción del mejor escenario posible para la presentación de Gualpo, esta vez en su rol de cruzado libertario. La naturaleza es bella en Brasil, generosa en la variedad y en la excelencia de sus frutos. (Un guiño aquí a "A la agricultura en la zona tórrida", la silva de Andrés Bello publicada en 1826). Los montes y los bosques que circundan el puerto de escala, cubiertos de eterno verdor, concitan la admiración del visitante. Pero el Estado brasileño se identificaba entonces como imperial y esclavista, por lo que Gualpo, distanciándose abruptamente de la contemplación del marco natural, recurrirá al tono del apóstrofe para denunciar el anacronismo de una casa imperial entre las hermanas repúblicas de América, y la vergüenza de una sociedad que toleraba y explotaba, todavía, la lacra aberrante de la esclavitud. En palabras que clausuran el borrador del texto: "Gualpo vuelve su vista de un espectáculo tan triste y de un suelo tan hermoso, pero que despierta sentimientos tan dolorosos; de un suelo donde respira la esclavitud y la ignominia, y se entrega de nuevo con regocijo a las inquietantes ondas."[4]

Ni la presencia de Byron, ni la de alguno de los poetas románticos frecuentados durante la estadía en Francia, se advierte sin embargo en los primeros poemas publicados por Echeverría en Buenos Aires: "El regreso", "Oda al 25 de Mayo", "Profecía del Plata". Este último incluye como epígrafe una línea del Himno de López y Planes, y desde la primera estrofa: "Cuando con garra impía,/ El hispano León tan arrogante/ El nuevo mundo asía/ y su fuerza pujante/ Dominaba los piélagos de Atlante", se propone como una mera actualización del repertorio neoclásico usado y abusado por los poetas que cantaron la Revolución de Mayo y sus gestas iniciales.

Y cuando la lectura de los románticos europeos se manifiesta, finalmente, en *Elvira o la novia del Plata*, impreso en 1832, y en la mayoría de los poemas incluidos en *Los Consuelos*, 1834, el romanticismo revelado será el de la compartida fascinación por los cementerios y el océano, el del narcisismo sentimental, el de la introspección obsesiva. Sólo dos o tres de los poemas incorporados al volumen de *Los Consuelos*, "Al clavel del aire", "Layda", escapan a esta determinación y son los únicos que apoyan la declaración con la que Echeverría cerró el texto de la edición original.

Trascripta en el capítulo anterior, esta declaración enfatizaba, como se recuerda, la necesidad de que la literatura que se escribiera en el país apareciera revestida de un carácter propio y original, reflejando los colores de la naturaleza física y el movimiento de los sentimientos y pasiones surgidos del encuentro de los intereses sociales. "Sólo así —concluía Echeverría— campeando libre de los lazos de toda extraña influencia, nuestra poesía llegará a ostentarse sublime como los Andes; peregrina, hermosa y varia en sus ornamentos como la fecunda tierra que la produzca".

Si los poemas recogidos en *Los Consuelos* se relacionan apenas con el nudo programático de esta declaración, la circunstancia de que la misma declaración se incluyera como nota final del volumen parece asegurar la posibilidad de que las primeras serias reflexiones de Echeverría sobre el carácter de una literatura nacional se sitúan no muy lejos de la fecha de publicación misma del volumen, en noviembre de 1834. Cuatro semanas después, como se sabe, apareció en Buenos Aires la *Memoria descriptiva*, de Alberdi, un desarrollo paralelo de la misma reflexión, con mayor base argumentativa y la andadura de un verdadero manifiesto. La proximidad en las fechas de publicación de ambos textos indica, obviamente, la cristalización particular del momento en que algunos jóvenes intelectuales de la segunda generación de la Argentina independiente comenzaban a razonar los modos de consolidación de esa independencia.

Sin las referencias explícitas y abundantes del escrito de Alberdi, la breve declaración de Echeverría podría considerarse eximida de cualquier relación con la lectura de los viajeros ingleses contemporáneos, si no fuera que la mención de los Andes y el calificativo de "sublime" buscan y producen un efecto que no parece provenir de su estricta experiencia personal, ni de su repertorio de imágenes y usos literarios. Tampoco nunca declarada, aunque más abiertamente identificable, es la relación de esta lectura con las líneas de trabajo visualizadas en *Cartas a un amigo*, el borrador inconcluso del relato que Echeverría redactó hacia el año 1836.[5]

No cuesta admitir, con Juan María Gutiérrez, que con este borrador Echeverría ensayaba la descripción del escenario y la tensión argumental que retomaría meses después, para la composición de *La cautiva*. María, el personaje central del poema, las correrías de los indios, el cuadro de la pampa y las peripecias del cautiverio aparecen, en efecto, netamente prefigurados n el torso novelesco de *Cartas a un amigo*. Pero el borrador del relato no es *La cautiva*, ni sus indicadores se agotan en el carácter anticipador de éste, como sugiere Gutiérrez, el infatigable admirador del poema, al editar esas cartas en 1873,   i cuarenta años después de escritas.

Como en el *Peregrinaje de Gualpo*, las transferencias autobiográficas apenas se disimulan en el relato germinal de *Cartas a un amigo*. Las fechas asignadas al epistolario y el efecto traumático que se concede a la muerte de la madre del autor de las cartas, coinciden rigurosamente con las fechas y las circunstancias que Echeverría reconoció como propias en diversas oportunidades. Pero a diferencia de lo que ocurre en el *Peregrinaje de Gualpo*, éstas transferencias no buscan acoplarse ahora a las imposiciones de un modelo literario prestigioso, sino que sirven de punto de arranque a un proyecto narrativo autónomo.

Desconsolado por la muerte de la madre, el joven que asume la autoría de las treinta y tres cartas que integran el borrador trabajado por Echeverría deja la ciudad de Buenos Aires por una larga visita a la campaña: decisión que abre un juego de oposiciones binarias sobre el que, previsiblemente, se articulará la espacialidad del relato y la confrontación de los signos físicos y culturales que corresponden a uno y otro espacio. En la primera de las cartas, fechada en una estancia de la provincia de Buenos Aires, la urgencia por la descripción física de la llanura es evidente. Tan evidente, al menos, como la de ajustar esa descripción a la perspectiva evaluadora que atribuye al destinatario de la carta: "El paraje es desierto y solitario y contiene al estado de mi corazón; un mar de verdura nos rodea y nuestro rancho se pierde en este océano inmenso cuyo horizonte es sin límites. Aquí no se ven como en las regiones que tú has visitado, ni montañas de nieve sempiterna, ni carámbanos gigantes-

cos, ni cataratas espumosas desplomándose con ruido espanto-
so sobre las rocas y los abismos. La naturaleza no presenta ni
variedad ni contraste, pero es admirable y asombrosa por su
grandeza y majestad."[6]

La experiencia particular que se concede al destinatario
organiza, en función de ésta, los materiales descriptivos que se
ofrecen en la carta. Es para la mirada del viajero, habituado a
apreciar la excelencia de los más celebrados paisajes del mundo, que se ordenan efectivamente esos materiales, y, en consecuencia, es desde esa mirada desde donde se los percibe. La
mirada de un viajero que se previene —anunciándolo— de co-
meter el error de los primeros lectores de Humboldt que al
enfrentarse, finalmente, con la realidad de la naturaleza americana, cedían a la tentación de comparar a ésta con sus aque-
renciadas imágenes del paisaje europeo. No en la línea de viajeros como Caldcleugh, Proctor o Schmidtmeyer, entonces, sino,
ostensiblemente, en la de Francis Bond Head.

Como el autor de *Rough Notes Taken During Some Rapid
Journeys Across the Pampas and Among the Andes*, el corresponsal ficcionalizado de Echeverría dirá, después de admirar la
magnitud y la belleza de la llanura, que, observando el orden y
la armonía de la naturaleza, se descubre, "en el corazón del
universo, la mano omnipotente que lo rije". Como el viajero
inglés, recordará "la inmensa llanura que semejaba a un océano
movido por la brisa suave del occidente", registrará la sensación
de libertad que acompaña las correrías por el desierto, persi-
guiendo al "sagaz avestruz" y al ligero venado, esparciendo la
vista por horizontes diversos. Y no desdeñará, apelando a uno
de los recursos consagrados por el género, el de la *licencia del
viajero*, agregar por su cuenta la descripción de un fenómeno
maravilloso, como el de la explosión, similar a la de un meteoro,
de un hormiguero de hormigas voladoras.

Como el viajero inglés, percibirá al gaucho como un individuo feliz, "errante y vagabundo que no piensa más que en
satisfacer las necesidades físicas del momento", y calificará los
ranchos como "moradas de felicidad". El ámbito, en su conjunto, le sugiere la imagen de una Arcadia placentera, imagen a la
que confirmará en sus atributos convencionales al señalar, en
las últimas entregas de sus cartas, como contraste, los aspectos
negativos de la vida urbana. A su regreso, concluido su "viaje",
dirá: "Yo no puedo respirar entre los muros de las ciudades",
aludiendo a un Buenos Aires exagerado en el plural y en la
presumida contundencia de sus muros. "A veces —continúa—
me imagino estar en medio de los llanos desiertos de nuestros
campos y respirar libre su aire vivificante: me levanto, salgo de

casa y camino velozmente por la primera calle que se me presenta con la vista inclinada al suelo, pero el ruido de los paseantes, los encontrones que me dan, disipan bien pronto mi ilusión y me retiro fatigado y el corazón oprimido".[7]

En esa Arcadia pampeana, el héroe del relato epistolar había situado a María, joven campesina de aire pensativo y melancólico, cuyo perfil biográfico se condensa en el pasaje de una sola de las cartas. María vive con su madre en un rancho de las inmediaciones, sobrellevando el peso de la mala fortuna familiar y el de la angustia por la ausencia prolongada de su hermano y de su prometido, ambos voluntariamente enganchados a un escuadrón de milicias que debía combatir a los indios. Los dos mueren en esos combates, se informa en una de las cartas fechadas en la ciudad, y ante ese desenlace, María pierde la razón.

La extrema condensación de esta historia y su no menos comprimida clausura enfatizan el carácter marginal de aquélla no sólo respecto de la historia sentimental que empieza a articularse en las entregas finales del epistolario, sino también del cuadro de la naturaleza en la que se ubica. Su inclusión en ese cuadro, en efecto, no parece sino satisfacer el gusto por la interpolación de anécdotas con que Bond y otros viajeros contemporáneos matizaban los grandes trazos descriptivos de sus relatos.

El borrador trunco de *Cartas a un amigo* no permite estimar el potencial novelesco del encuentro de dos jóvenes románticos en una tertulia familiar en la ciudad de Buenos Aires, pero permite —y debió permitirle obviamente a Echeverría— estimar el potencial expresivo de las páginas consagradas a la excursión por la campaña de Buenos Aires. Si se recuerda, una vez más, que las cartas fueron escritas alrededor del año 1836, es decir, en el interior del microclima intelectual en el que se gestaban las preocupaciones y las ideas que a mediados del año siguiente se articularían en las lecturas sostenidas en el "Salón literario", se entenderá mejor su decisión final de preferir el potencial expresivo de esas reducidas páginas, al potencial novelesco prometido en el diseño del epistolario.

Encontrar la marca de estas páginas en *La cautiva*, publicada en setiembre de 1837, pero de cuya composición se tenía noticias por lo menos desde el día de la inauguración del "Salón literario", en junio del mismo año, es una operación de pasos relativamente directos, y con escasas interferencias atribuibles al pasaje de la prosa al verso y de la forma narrativa al poema.[8] La historia incidental de María se amplifica a historia central del poema. El entorno físico de una estancia de Buenos Aires se amplifica a entorno físico de una región entera del país, si no del país mismo. Y las marcas remiten, por supuesto, a determinadas ausencias y permutaciones. La figura positiva del gaucho de las cartas, contrapeso de la negativa del indio, desaparece en el poema, donde por otra parte los aspectos negativos del indio, notoriamente, se prodigan. Y la consideración de los aspectos utilitarios del paisaje, curiosamente ausente en la rendición del cuadro de la naturaleza que se ofrece en las *Cartas a un amigo*, carga de sentido las extensas descripciones de *La cautiva* y se recorta como uno de los enunciados programáticos que Echeverría incluyó en el Prólogo a la edición del poema: "El desierto es nuestro más pingüe patrimonio, y debemos poner conato en sacar de su seno no sólo riqueza para nuestro engrandecimiento y bienestar, sino también poesía para nuestro deleite moral y fomento de nuestra literatura nacional".[9]

En el mismo Prólogo, Echeverría admite que la dramatización de los incidentes de María en el rescate de Brian de su cautiverio entre los indios, con toda la atención que recibe en el poema, está subordinada al designio principal de "pintar algunos rasgos de la fisonomía poética del desierto", y que las peripecias de ambos personajes sirven de pretexto para revelar "algunos de los más peculiares ornatos de la naturaleza que los rodea". La idea de una "literatura nacional" sugerida por estas precisiones antepone así, a otros desarrollos, el de la constitución de un marco en el que se confunden la apreciación económica del ámbito natural de la nación y la traslación estética de los términos de esa apreciación.

Si los pasajes descriptivos de las cartas organizaban sus materiales desde una perspectiva proporcionada por la lectura del relato de Head, numerosos de los pasajes descriptivos de *La cautiva* no parecen sino ser el efecto del mismo proceso de adaptación. Desde la primera estrofa del poema, la propuesta del viaje y la mirada del viajero se adelantan como ejecutores del tejido textual:

Era la tarde, y la hora
en que el sol la cresta dora
de los Andes. El desierto
inconmensurable, abierto
y misterioso a sus pies
se extiende, triste el semblante,
solitario y taciturno
como el mar, cuando un instante
el crepúsculo nocturno
pone rienda a su altivez.

Propuesta de viaje y mirada del viajero presentes en la elección misma del sitio en que ambas favorecidamente convergen. Porque la cordillera de los Andes, lejos de servir de anotador realista de las futuras escenas del cautiverio de Brian, suple una visión que antecede a ese escenario y que va más allá, hasta cubrir la entera región del desierto, la geografía del pajonal y del ombú, la de la grama frondosa que huellan los caballos de los indios en sus correrías. En la experiencia particular de Head, la visión desde la cordillera resumía y justificaba sus impresiones del viaje por la llanura, al tiempo que reforzaba esas impresiones en un plano estético, haciendo suya la imagen comparativa de la superficie del océano. En la experiencia aducida por la voz poética de *La cautiva*, la visión desde la cordillera, además de recurrir al uso de la misma imagen comparativa, repite el procedimiento de Head, con una simple modificación de su orden interno: no resume ni justifica, sino que anuncia desde allí la realización del viaje a la llanura.

En efecto, después de convocar, en las diez estrofas iniciales, el repertorio de sensaciones atribuibles a la mirada de un observador fijo en un punto de la cordillera: la inmensidad, el silencio, la hierba que ondea, otra vez, como el mar, la silueta de la tribu errante, las "maravillas/ sublimes y a la par sencillas", sembradas por la fecunda mano del Creador, el poema da paso a las sensaciones que corresponden al registro de un observador situado abruptamente en el arranque mismo de la llanura, y de un observador que se mueve, que camina o cabalga, o supone que camina o cabalga en una dirección, y que anota los accidentes particulares y las peripecias ocurridas en el camino.

Primero son los indios, sorprendidos en una briosa cabalgata que los lleva desde sus últimos refugios, tierra adentro, al límite de las primeras poblaciones:

....
¡Mirad! Como torbellino
hiende el espacio veloz.

....
¡Ved que las puntas ufanas
de sus lanzas, por despojos,
llevan cabezas humanas,
cuyos inflamados ojos
respiran aún furor!

Y en el primer reposo después de esa hiperbólica jornada, el testigo ocular que invitaba a compartir sus percepciones de esa amenazante cabalgata, invita ahora a compartir la descripción de la orgía que esos mismos indios celebran esa noche en sus tolderías. En esas tolderías se encuentra cautivo Brian, y allí llega esa misma noche María, con el propósito de liberarlo. Lo hace, antes del amanecer, aprovechando el letargo general producido por los excesos de la borrachera. Y en sigilo, ambos emprenden a pie la fuga a través del desierto. El rescate de Brian y el frustrado regreso al hogar constituyen, ciertamente, con toda su artificiosa concepción, el centro dramático del poema. Pero esta centralidad ni desplaza ni subordina la atención que se concede a los aspectos convencionales de la travesía, a su potencial de sorpresa y de aventura, a su condición de registro de los signos particulares de un paisaje.

Mezquinamente guiados por la estrella polar, el agonizante Brian y María deambulan por el vasto desierto misterioso, lleno de fantasmas y de formas vanas. Con la luz del día llegan a un inmenso pajonal en donde encuentran refugio para descansar. En pleno verano, el agua estancada de un pantano ofrece el espectáculo de una naturaleza unida en sus extremos de vida y de muerte, de belleza y de horror: peces moribundos implorando aire al cielo; el cuervo y el carancho planeando sobre sus víctimas; la blanca cigüeña, ensartando en su pico el tronco de algún reptil.[10] Pero también el nido flotante del yajá, "columna bella/ que entre la paja descuella/ como edificio construido/ por mano hábil", donde los fugitivos se sientan "a descansar o morir".

Sin transición, Brian y María descubren entonces, azorados, lo que para algunos viajeros conformaba uno de los fenómenos más impresionantes de la travesía del desierto: el de los incendios favorecidos por la sequía y el calor del verano.[11] Adosado a la historia de los personajes, el incidente vale como una tribulación que se agrega a otras tribulaciones. Adosado a las expectativas del género de la literatura de viajes, a la que esos personajes sirven como agentes vicarios, el incidente vale como una excepcional oportunidad de satisfacer cumplidamente esas expectativas. Como las había cumplido la descripción del hormiguero de hormigas voladoras, en *Cartas a un amigo*, con los extraños efectos visuales de su desintegración en el aire.

El incendio, "la quemazón", para repetir el término con que el fenómeno aparece localizado en el poema, ocupa enteramente uno de los nueve segmentos en que éste se divide, y, por la adjetivación más que por la felicidad de las imágenes con que se lo describe, procura mostrar el carácter ominoso, terrible y estupendo de aquél. Relegada, de momento, la instancia narrativa, se abandona también la visión que podía corresponder a la pareja de fugitivos, detenidos en un escondrijo del pajonal, y se adopta la visión libre de un observador, capaz de dar cuenta de las primeras señales del incendio, de los avances de sus signos en la modificación de los colores del cielo, de los temores que estos signos provocaban en los pobladores de las vecindades, de la magnitud y de los estragos producidos por el "agitado mar" de llamas.

El incendio se apaga a orillas del arroyo en que se encuentran Brian y María, y ambos sobreviven a ese peligro para enfrentar inmediatamente otro, también originado en el ámbito natural del desierto. Aparece un tigre corpulento, y aunque éste no ataca, finalmente, a la pareja, su sola presencia crea la instantánea ocasión de suspenso, de aventura física reservada al viajero dispuesto a internarse en el desierto. María aguarda al tigre, puñal en mano: "Llegó la fiera inclemente/ ...y a compasión ya movida,/ o fascinada y herida,/ por sus ojos y ademán,/ recta prosiguió el camino,/ y al arroyo cristalino/ se echó a nadar...".

Al final de ese día muere Brian, sumido en un delirio de ensoñaciones patrióticas y de glorias guerreras arrebatadas por los interminables encuentros y las tácticas arteras de los indios. María, desde los bordes mismos de la tumba que acaba de abrir para su esposo, retoma el camino de regreso:

> Pronto sale de aquel monte
> de paja, y mira adelante,
> llanura y cielo brillante,
> desierto y campo doquier.

En el incierto cómputo de la travesía, al menos dos jornadas transcurren sin que la voz que registra los pormenores de la caminata module el nombre de algún accidente del paisaje. Un vacío de información que se propone, obviamente, como la información que corresponde al vaciamiento y a la monotonía de ese paisaje. Finalmente, y por segunda vez, la mención del yajá, un ave que parece asumir una condición emblemática para el esfuerzo localizador del poema: "...de la quieta llanura/ ya se remonta a la altura/ gritando el yajá. Camina;/ oye la voz peregrina/ que te viene a socorrer./ ¡Oh, ave de la pampa hermosa,/cómo te meces ufana!/".

Ave de buen presagio, anunciadora siempre del "gaucho errante", su presencia quiere prevenir a María: "¿No la ves como en el aire/ balancea con donaire/ su cuerpo albo-ceniciento?/". Y su canto, inducirla a que abandone esa "quieta, insondable llanura/ donde sin brújula vaga". Pero María prosigue su marcha hasta encontrarse con un grupo de soldados que le comunican que su hijo había sido degollado por los indios. En un abrupto desenlace de la historia, María cae como fulminada por un rayo. El cierre de la historia no clausura, sin embargo, la disposición del poema a recoger los signos del escenario físico en que se instala esa historia, ni el modo de mirarlos. Después de la muerte de María, en las estrofas finales del Epílogo, esos signos y ese modo seguirán siendo invocados. Así, el lector es advertido de que en la vasta llanura "hoy el caminante observa/ una solitaria cruz". Señal de camino y de caminante, la tumba de María es, por añadidura, el sitio en que crece un ombú, el arbusto gigante que, como el yajá, se ofrece como figura emblemática del paisaje pampeano:

Fórmale grata techumbre
la copa extensa y tupida
de un ombú donde se anida
la altiva águila real;
y la varia muchedumbre
de aves que cría el desierto
se pone en ella a cubierto
del frío y sol estival.

Nadie sabe quién plantó este arbusto benigno, y su imponencia, fundida con la representación de la tumba que protege, no sólo contribuye a la ya indicada tipificación del ámbito físico, sino también a declarar la genealogía de los individuos que pertenecen, legítimamente, a ese ámbito. Los cautivos cristianos que pasan por el sitio se detienen a rezar. Pero los indios que, inadvertidamente, se acercan al sitio en el vértigo de sus cacerías de la gama y el avestruz huyen aterrorizados en cuanto divisan "del ombú gigante/ la verdosa cabellera".

En la visión condenatoria del indio, La cautiva contradice, categóricamente, los supuestos románticos de la armonía íntima del Universo y de los benéficos enlaces de la Naturaleza con el "noble salvaje". Pero si se admite que el romanticismo del poema, al menos en los huecos dejados por la devoción debida a Lamartine y a Byron, es la versión del romanticismo ajustada a la práctica de los viajeros de las primeras décadas del siglo XIX, la contradicción parece menos categórica, y en último análisis, inexistente.

Es cierto que en los textos de Head, de Andrews, de Haigh, de Beaumont, para mencionar aquellos publicados antes de la redacción de La cautiva, se ofrece con diferentes matices y reservas una imagen positiva del indio. En el arranque de la serie Head, que no había tenido prácticamente contacto con los indios, deducía de versiones recogidas que éstos, junto con innegables actos de crueldad y primitivismo, poseían una enorme resistencia física, sobresalían como trabajadores y soldados y practicaban un apreciable tipo de sociabilidad, si se tomaba en cuenta la decisión de muchas cautivas blancas de permanecer voluntariamente en sus tolderías.

Para que esta percepción del indio —y la todavía más positiva del gaucho, el otro habitante de la llanura— tuviera cabida en su relato, Head no tenía sino que liberar sus convicciones románticas, evitando, al mismo tiempo, la obligación de confrontarlas con las premisas utilitarias de su viaje al Río de la Plata. Interesado en la explotación minera en las inmediaciones de los Andes, podía así atravesar la superficie entera de la pampa concediendo una muy leve atención a aquellas premisas. Pero Head sabía que este desplazamiento era precario y, en el mejor de los casos, transitorio. Bastaría, en efecto, que la atención prestada a la riqueza potencial de las minas se trasladara a una atención dirigida a la riqueza potencial de la tierra, para que un eventual viajero, dotado con su mismo sistema de percepciones, ajustara este sistema al nuevo centro de atención. Lo dijo, sin dejar dudas al respecto, en un pasaje ya recordado de su relato en el que anuncia el inexorable final de esa suerte de Arcadia identificable aun en las planicies de la pampa. El gaucho, el hijo favorito de esas planicies, razonaba Head, puede vivir legítimamente en ellas en el estado de naturaleza en que las encontró. Y permanecer allí hasta que "la gran causa de la civilización", la introducción de las necesidades de la vida civilizada, reclame el espacio y los recursos humanos y materiales para satisfacer esas necesidades.[12]

El futuro que anuncia Head y que comparten los más de los viajeros contemporáneos es ahora la inminencia del presente para Echeverría como lo había sido para Alberdi, en el designio y ejecución de la *Memoria descriptiva*. Pero el apremio utilitario en Alberdi alcanzó una resolución distinta de la que ensayara Echeverría en *La cautiva*. Alberdi, como sabemos, operando sobre una topografía distinta y sobre un espacio cuya posesión no se cuestionaba, excluía directamente a los indios y a los gauchos del cuadro de representación del estado de la sociedad tucumana y asignaba a esta sociedad un cierto grado de homogeneización y de diferenciación interna, logrado por acción de la naturaleza y por determinados regímenes alimentarios.

Echeverría desestimó esta suerte de transacción entre la reverencia romántica a la naturaleza y un pragmatismo de supuesta base científica. Al enfatizar en el prólogo del poema que "el desierto es nuestro más pingüe patrimonio", recortaba ya la imagen de un *nosotros* que la exposición misma del poema no vendría sino a confirmar en la distinción de sus componentes sociales, contraponiéndola con la imagen de *los otros*, los indios salvajes, los usurpadores, los enemigos irreconciliables de la civilización y de la adopción de sus instrumentos civilizadores. El gaucho, notoriamente, no quedaba ni dentro ni fuera de ese *nosotros*. Mencionado una sola vez en el poema, sin otra relevancia que la adjudicada a una oportuna nota de color local, el gaucho no era, con seguridad, el enemigo. Pero su figura, privada ahora de todos los atributos que la hacían tan interesante para el redactor urbano de las *Cartas a un amigo*, dejaba de tener acceso al más concientizado grupo de referencia aludido en *La cautiva*.

En el contexto en que fue escrito y publicado el poema, Noé Jitrik supone que la dramatización de las escenas del cautiverio, y consecuentemente la actualización de la grave realidad de los malones, quería servir como correctivo a la propaganda oficial que insistía, incansablemente, en el éxito de la campaña al desierto emprendida por Rosas en 1833.[13] Buen argumento al que podría agregarse la observación de que, con toda la carga política asignada a esa corrección, el mensaje político de ésta no difería del mensaje político de los propagandistas de la campaña de Rosas. Ambos apuntaban a la liquidación definitiva de la amenaza del indio sobre las tierras cultivables.

En todo caso, la excelente acogida de la primera edición de *Rimas*, el volumen que incluía *La cautiva*, entre aquellos que podrían considerarse, en un primer escrutinio, simpatizantes del círculo semiconspiratorio del Salón Literario en 1837, se repitió en 1846 con la segunda edición del volumen en Buenos Aires, cuando la dura presión policial del gobierno de Rosas computaba ya en años el forzado exilio de Echeverría, y el margen de disidencia política era literalmente nulo.

Estas dos ediciones, más otra, intermedia, publicada en Cádiz en 1839, daban al texto de Echeverría una base de sustentación desconocida hasta entonces, y esta base de sustentación, al menos en sus niveles más explícitos, no parecía provenir sino de aquellos espacios del texto que reclamaban ser leídos y estimados como muestras maduras de literatura nacional. Juan María Gutiérrez, en un artículo publicado en *El correo de la tarde* poco después de la aparición de *Rimas*, fue el primero en advertir esos signos, y sus observaciones, repetidas en varias oportunidades, contribuyeron con incuestionable eficacia a fijar el carácter inaugural que habitualmente ha sido asignado a *La cautiva* en manuales e historias de la literatura argentina.

El poema era, para Gutiérrez, una efectiva cristalización de los atisbos programáticos anunciados por Echeverría en *Los Consuelos*. Al instalar el poema en la naturaleza que nos rodea, decía el crítico, la naturaleza previsiblemente había creado las formas estéticas adecuadas para su expresión. "Cuando el lugar de las escenas de la Cautiva es nuevo y recién descubierto para el arte, cuando en él resuena el alarido del salvaje de la pampa: serpean las llamas del incendio, la sequía esteriliza y yerma, el yajá se levanta fatídico sobre todo este mundo raro que anima el poeta; imposible era someterse a una forma que no naciese espontáneamente del seno de estas mismas cosas. Así nace, y la forma queda santificada, sin necesidad de mayor examen y apología".[14] En consecuencia, salvo el reconocimiento de la feliz adopción del verso octosílabo, el crítico no marcará ni motivaciones, ni opciones retóricas, ni juegos intertextuales en su lectura del poema. Ninguna intermediación entre el poema y las fuerzas de la naturaleza que lo conformaron.

Pero un cuarto de siglo después, cuando ni el poema ni las novedades estéticas que anunciaba, necesitaban seguir siendo eximidos de análisis, Gutiérrez admitirá esas intermediaciones y se ocupará de enfatizar el considerable efecto de por lo menos una de ellas. Lo hace en "Breves apuntamientos biográficos y críticos sobre don Esteban Echeverría" publicado en *Nación Argentina* el 6 de diciembre de 1862. "Cualquiera que preste atención a la lectura de aquel poema experimentará en la duración de algunos minutos todas las impresiones que durante días enteros le embargarían atravesando la pampa, con la ventaja de que el poeta es un *cicerone* que descubre fuentes de sentimientos y de admiración en que no todos habrían bebido sin auxilio".[15] La captación de la mirada del viajero y de la función jerarquizadora de su relato parece obvia en este pasaje, por más que Gutiérrez se abstenga de avanzar en su análisis hasta el reconocimiento del lugar de origen de esa mirada y de esa función jerarquizadora.

Curiosamente, un año antes de la publicación de este artículo, apareció en Santiago de Chile una noticia crítica sobre Echeverría, firmada por Miguel Luis y Gregorio Víctor Amunategui, que parte de una observación similar a la de Gutiérrez, pero que se atreve, con mayor soltura, a sugerir relaciones contextuales. La nota sostiene que "en la época moderna, el sentimiento de la naturaleza aparece por lo general más bien en la prosa de los viajeros que en los versos de los poetas". *La cau-*

tiva sería una de las excepciones a esta premisa; pero luego, los fracasos expresivos, la oscuridad, las rupturas de articulación, concurren para convertir el poema en una colección de notas para escribir uno:

"Se asemeja a los apuntes que va tomando un viajero con el objeto de redactar sus impresiones de viaje. Hay datos para pintar el aspecto general de la pampa, la vuelta de una *maloca*, un festín de bárbaros, un degüello de indios, un pajonal, una quemazón, algunas de las costumbres de los pájaros peculiares de aquella extensa llanura; hay también datos para componer una historia interesante en que deben figurar caracteres enérjicos y originales, la cual está destinada a servir de lazo para ligar esos distintos fragmentos, mas el artista, limitándose a disponer los materiales, no ha acabado de construir el edificio".[16]

Admitida, en ambos artículos, la relación del poema con modalidades propias de la literatura de viajes, sorprende comprobar que en ninguno de ellos se recorte la serie particular de los viajeros ingleses, ni se mencione a alguno de sus más conocidos exponentes. La omisión parece significativa sobre todo en el caso de Gutiérrez, tan cerca como estuvo del repertorio de lecturas, del clima intelectual, de las circunstancias que pudieron incidir en la escritura del poema. Tan cerca como para advertir, aunque no necesariamente para cuestionar, la inconsistencia y la parcialidad del extravagante sistema de citas desplegado en los encabezamientos de cada una de las partes y del Epílogo de *La cautiva*: Hugo, Dante, Calderón, Manzoni, Moreto, Lamartine, Antar, Petrarca.

Es cierto, puede pensarse, que con esta recurrencia a la cita literaria prestigiosa Echeverría buscaba asegurar el ingreso de su poema al dominio estricto de la literatura. Pero también puede pensarse que con la arbitrariedad y la parcialidad de esas citas, y con la ostentosa distancia que éstas abrían entre sus enunciados y los enunciados del texto, no buscaba sino ocultar su resistencia a apelar a aquellas citas que, efectivamente, podían confirmar, ilustrar o enriquecer el universo del poema.[17]

Lejos de ofrecer una eventual resistencia a la cita del relato de Andrews, Alberdi, como se recordará, cruzaba numerosas páginas de su *Memoria descriptiva* con transcripciones, referencias o comentarios del relato. Pero, como se recordará también, en la nota crítica que sobre el folleto publicó *La Gaceta Mercantil*, el articulista anónimo no sólo no se manifestaba impresionado por la importancia concedida al viajero inglés: se negó, de hecho, a mencionarlo, ironizó sobre sus proclamados hallazgos y eligió, por vía de refutación a su supuesta originalidad, transcribir en su artículo un pasaje escrito por un viajero francés sobre la región del Niágara.[18] Entre el entusiasmo de Alberdi y las reservas y negaciones de Echeverría y el articulista de *La Gaceta Mercantil* parece trazarse, entonces, una línea que distingue no la familiaridad de todos ellos con alguno o algunos de los más recientes relatos de viajeros europeos, sino la disposición a admitir y, o, a valorar explícitamente, esa familiaridad.

Florencio Varela, en una carta fechada en Montevideo en 1834, y dirigida a Juan María Gutiérrez, había asumido ya, con franqueza, una actitud negativa ante esos relatos. Varela había elegido el exilio cuando ni Echeverría ni Gutiérrez lo consideraban todavía inevitable, y desde Montevideo procuró seguir y eventualmente influir en los pasos de algunos de los jóvenes intelectuales que buscaban su espacio propio en Buenos Aires, a pesar de la creciente rarificación del clima político. Estimaba a Gutiérrez y a Echeverría. Desconfiaba de Alberdi. Las numerosas cartas enviadas al primero contribuyen, por cierto, a distinguir curiosos matices en la conformación del grupo que asistió al Salón Literario y adhirió a los principios de la Asociación de Mayo. En la carta de 1834, Varela comenta un artículo del doctor Gillies sobre Buenos Aires:

"Con este título se publicó en Inglaterra... hace poco más de un año un largo artículo destinado a insertarse en la *Enciclopedia Británica* y que forma un gran contraste con la multitud de embustes y de cuentos ridículos que acostumbran publicar los europeos respecto de nuestra América, de que tantos ejemplos Vd. conoce.
"El artículo de que hablo, a pesar de algunas (lijerezas) inexatitudes lijeras y en corto número (que...inexatitudes que en él se hallará) es indudablemente de lo mejor que hasta ahora se ha publicado en Europa acerca de nuestra patria, por la fidelidad de sus relaciones, por la exactitud de los juicios que contiene; por el respeto y dignidad con que trata al país. Es una revista fiel de la Provincia de Buenos Aires en todos los ramos, empezando por el suelo, clima y producciones, continuando por su industria, agricultura, población, costumbres etc., etc..."[19]

Varela agrega a su carta el resumen de determinados pasajes del artículo de Gillies, y por la selección de éstos como por los breves comentarios con que los acompaña, es obvio que quiere transmitir la certidumbre de que el país, pero particularmente la ciudad de Buenos Aires, la conducta de sus hombres y la apariencia y educación de sus mujeres, el funcionamiento de sus instituciones y sus formas políticas han sido, finalmente, juzgados y apreciados como una extensión y no como una degradación de la civilización europea.

Confortado por Gillies, Varela corrige entonces las distorsiones y embustes de los viajeros. Pero el rigor de la reprimenda no lo lleva a abstenerse de la lectura de estos viajeros. En otra carta, dirigida a Gutiérrez y fechada seguramente algunos años después, le dirá, como muestra de un compartido interés por "nuestras cosas" y por los estudios geográficos, que espera recibir desde Europa: "los excelentes trabajos hidrográficos que hizo en 1826 —me parece— (en) la barca inglesa Beagle, (el) Cap.Fitz-Roy, a quien conocí, y que comprenden desde nuestro Río hasta Patagones"[20].

De este lado del entusiasmo del provinciano Alberdi, las restricciones voceadas por Varela y asumidas por Gutiérrez, el articulista de *La Gaceta Mercantil* y Echeverría suenan casi como una consigna puesta en circulación en el interior de un grupo de intelectuales porteños, erigido en puntilloso custodio de la imagen del país y de los logros específicos de la ciudad de Buenos Aires. Al negar en el sistema de citas de *La cautiva* toda familiaridad con los viajeros europeos contemporáneos —ingleses, como sabemos, en su mayoría—, Echeverría cumplía ajustadamente con los aspectos disciplinarios de esa consigna. Al consultar, por otra parte y de todas maneras, a estos viajeros, cumplía con los aspectos pragmáticos inscritos en el envés de la misma consigna.[21]

En más de un sentido, las circunstancias de composición y de ocultamiento de un texto como el de *El matadero* parecen corresponder a la doble persuasión de esa consigna. Se sabe que Echeverría no pudo escribir este relato antes de 1839, porque en éste menciona la muerte de Encarnación Rosas, la esposa del gobernador de Buenos Aires, ocurrida ese año. Pero ningún otro indicio en el texto o fuera del texto permite vislumbrar el lugar y la fecha aproximada de redacción del manuscrito.

Tampoco conocer las razones por las que Echeverría no buscó o no logró publicarlo. Una laguna de información extraña, por cierto, en el registro de un escritor comprobadamente celoso del seguimiento y el destino de sus otros trabajos. Visible en la Argentina, esta actitud se hizo más intensa todavía en los años del exilio uruguayo, donde la enfermedad, la pobreza y la esterilidad del ostracismo parecieron conferir a sus escritos, y al reconocimiento que de ellos pudieran manifestar sus contemporáneos, un rol de justificación existencial.

Echeverría distinguía, por supuesto, sus escritos políticos de los literarios, y de cada uno de ellos aguardaba su específica cuota de justificación. En numerosas cartas a sus amigos o a presuntos simpatizantes, comunicaba el potencial político que asignaba a la publicación del *Dogma socialista*, en 1846, o admitía, sin más, su resonancia: "ha sido recibida con aplauso universal por argentinos y orientales. He dicho el secreto y todos han aplaudido. Pronto circulará por Entre Ríos, Corrientes y Buenos Aires, y espero que allí encontrará profundas simpatías". En otras cartas a su círculo más íntimo, recordaba que en el Certamen poético de Montevideo, en 1844, la lectura de su poema recibió inequívocamente más aplausos que el de su contrincante y detractor, Rivera Indarte. O anticipaba, y comentaba, desde 1843, la morosa gestación de *El ángel caído*, el más ambicioso de sus poemas, publicado finalmente en 1850.[22]

Urgido así por esta necesidad de reconocimiento, y no disponiendo para satisfacer esa urgencia, en su propia estima, de nada tan sólido como la publicación de sus escritos, sorprende entonces que sustrajera del escrutinio público la difusión de uno de los más sólidos, si no el más sólido de sus escritos. Sorprende que no se hiciera cargo —descontados los factores de distracción o modestia— del grado de eficacia con que *El matadero* podía satisfacer, al mismo tiempo, las entonaciones políticas y literarias de sus expectativas.

El primer razonamiento sobre esta anomalía se lo debemos a Juan María Gutiérrez, y está fechado más de veinte años después de la muerte de Echeverría. Al ordenar y disponer la publicación de todos los escritos éditos e inéditos de Echeverría en 1871, el crítico dejó constancia de la impresión que le produjo la lectura del manuscrito de *El matadero*, y dedujo de esta impresión que esas "páginas no fueron escritas para darse a la prensa tal cual salieron de la pluma que las trazó, como lo prueban la precipitación y el desnudo realismo con que están redactadas".

La precipitación, agrega Gutiérrez, pudo deberse a las peligrosas circunstancias en que Echeverría habría redactado el manuscrito: en Buenos Aires, según su conjetura, antes de buscar refugio en territorio uruguayo, en 1840. Pero este refugio, anotamos, se extendió por diez años y el manuscrito tuvo entonces sobrada oportunidad de ser revisado. Y el editor de las *Obras completas* se contradice cuando, después de aceptar que debido a su "desnudo realismo" el texto de *El matadero* no podía considerarse destinado a publicarse, se lamenta de que se hayan publicado tan escasos testimonios sobre los años de la dictadura rosista. Y admonesta: "Los pueblos que por cualquier consideración se manifiestan indiferentes por su historia y dejan pasar los elementos de que ella se compone... están condenados a carecer de fisonomía propia y a presentarse ante el mundo insulsos y descoloridos". Afirma que Echeverría probó con *El matadero* que "el silencio de los contemporáneos no puede hacer que enmudezca la historia"; pero entiende, al mismo tiempo, que Echeverría hizo lo justo al no publicar un texto al que había cargado precisamente con esos componentes de colorido y sabor.

Gutiérrez resuelve o intenta resolver estas contradicciones apelando, por último, al buen sentido del lector para que acepte a más de un cuarto de siglo de distancia los "colores altos y rojizos del relato" en mérito a la verdad de la historia que representa. Cuesta imaginar, sin embargo, que él mismo, de haberse publicado *El matadero* hacia el tiempo en que se supone fue escrito, hubiera propuesto o aceptado una apelación semejante. Porque en agosto de 1845, pocos meses después de publicado el *Facundo*, un texto que como el de Echeverría se atrevía a examinar los rasgos populares del rosismo con colores también "altos y rojizos", escribió a Alberdi una carta para expresar el profundo malestar que le había provocado la lectura del folleto de Sarmiento: "Lo que dije sobre el *Facundo* en *El Mercurio* no lo siento; escribí antes de leer el libro; estoy convencido que hará mal efecto en la República Argentina, y que todo hombre sensato verá en él una caricatura: es este un libro como las pinturas que de nuestra sociedad hacen a veces los viajeros por decir cosas raras: el *matadero*, la mulata en intimidad con la niña, el cigarro en boca de la señora mayor, etc., etc. La República Argentina no es un charco de sangre: la civilización nuestra no es el progreso de las Ecuelas primarias de San Juan. Buenos Aires ha admirado al mundo. Sus mujeres han vendido sus adornos para la guerra de la Independencia y han grabado sus nombres en los sables y fusiles que entregaban a los soldados de la patria. La Prensa ha enseñado a todas las Repúblicas el régimen representativo. En Buenos Aires hay creaciones como las del crédito, el arreglo de sus rentas, la distribución de sus tierras; la Sociedad de beneficencia, etc., etc., única en el mundo. A cada momento veo que el autor del *Facundo* no conoce sino uno de los patios interiores de ese magnífico palacio donde hemos nacido por fortuna".[23]

Es obvio que Gutiérrez prosigue aquí los argumentos adelantados por Florencio Varela en su carta de 1834, sólo que en lugar de prevenir, en general, sobre los efectos negativos de la literatura de los viajeros, denuncia el efecto de ésta sobre un texto escrito por un argentino, y pone nombre a algunos de los "embustes y cuentos ridículos" difundidos por aquellos viajeros: el *matadero*, la mulata en la intimidad con la niña, el cigarro en boca de la señora mayor. Llama la atención, por supuesto, la cita del matadero en primer término, la singularización de la palabra por el subrayado, y la conclusión del párrafo: "la República Argentina no es un charco de sangre", que sólo corresponde a la imagen generada por la mención del matadero.

Sería tentador detenerse en la presunción de que Gutiérrez no podía sino tener en mente el manuscrito de Echeverría en el momento de redactar este pasaje de su carta, corrigiendo así las declaraciones agregadas, años después, a su edición de las *Obras completas*. Pero sin necesidad de discutir una hipótesis, por lo demás, inverificable, no puede dudarse del juicio que hubiera merecido a Gutiérrez ese manuscrito de haberlo conocido durante su estadía en Montevideo, o a través de la permanente comunicación que ambos mantuvieron durante el exilio. Ni puede dudarse de que Echeverría, finalmente, esperaría ese juicio de su amigo y preferido corresponsal. Entendía, como éste, que no todos los recursos eran lícitos para combatir la dictadura de Rosas, y debió entender, como éste, cualesquiera fueran las modalidades del entendimiento, que esta metáfora del matadero, esta caricatura traída de la mano de algunos viajeros ingleses, hacía daño al país y reducía la imagen de "ese magnífico palacio donde hemos nacido" a la descripción de uno de sus patios interiores.

Es cierto que Echeverría no necesitaba entrar de la mano de algunos viajeros para reconocer la existencia del llamado "matadero del Sud", de la ciudad de Buenos Aires, como que vivió, por un tiempo, en sus vecindades. Tampoco necesitó Alberdi, como se recuerda, de la guía de Andrews para reconocer la existencia del paisaje de su provincia natal. Pero así como éste recibió de esa guía la perspectiva para calificar la particularidad del paisaje nativo, para jerarquizarlo, descubriendo la novedad de sus rasgos en función de la mirada asumida del extraño, del viajero capaz de hacer su propio juego de comparaciones, así Echeverría eventualmente pudo recibir de alguno de esos viajeros la revelación de la singularidad del espacio ocupado por el matadero en la ciudad de Buenos Aires.

Bond Head, J. A. Beaumont, Campbell Scarlett y Darwin incluyeron en sus relaciones una visión del matadero de Buenos Aires que precede en muy pocos años a la que ofrece Echeverría. Los tres últimos siguieron muy de cerca los procedimientos narrativos y la dramatización del escenario ofrecida por el primero, lo que demuestra que en la consolidación de la serie, "el matadero" como tema, sujeto o asunto, actuó como una fuerte marca de identificación. Consolidada la serie, simples peripecias editoriales determinaron que las relaciones de Campbell Scarlett (1838) y de Darwin (1839) fueran difundidas al mismo tiempo o ligeramente después de la fecha que Gutiérrez atribuye, sin otra prueba que la precipitación de su estilo, a la redacción del manuscrito de *El matadero*.

Sabemos que Head, con un ojo puesto en el lector de la metrópoli como otros viajeros, daba preferencia en sus anotaciones a las costumbres, a las circunstancias y a los lugares que podían previsiblemente despertar la atención o la curiosidad de ese lector. No le fue difícil entonces después de una nada memorable recorrida por la ciudad de Buenos Aires descubrir que en el matadero se delimitaba el espacio urbano de más atrayente caracterización. En un gesto descriptivo que recuerda los comentarios con que Vidal acompañó a uno de los grabados incluidos en *Picturesque Illustrations of Buenos Ayres and Montevideo* (1820), Head presenta, como si fuera en una superficie plana, el desolado lugar sobre el que se levantan los corrales; la inmovilidad del ganado en la antesala de la matanza enterrado hasta las rodillas en el barro; las aves carniceras y los cerdos arrojados sobre los charcos de sangre remanentes de la jornada anterior. Y agrega a esa momentánea cristalización del registro visual dos nudos de acción que disuelven los elementos rígidos de la descripción en una deliberada secuencia narrativa.

El primero de esos nudos comprime la serie vertiginosa de acontecimientos que se suceden en los corrales cuando el reloj de la Recoleta marca el inicio de la jornada de trabajo. Los "mataderos" que hasta hace poco fumaban sentados o recostados en el suelo están ahora listos sobre sus caballos y cuando se abren las compuertas de los corrales en unos segundos se crea una "escena de aparente confusión casi imposible de describir". Cada hombre intenta sujetar con su lazo a alguno de los toros. Entre el rugido, algunas bestias intentan escapar: rompen el lazo; se vuelven contra el caballo y la cabalgadura que las sujeta: hasta que, cortados sus tendones, son rápidamente sacrificadas y descueradas.

También algún caballo cae sobre su jinete, y el jinete, de a pie, arroja entonces el lazo y sostiene con su sola fuerza el empuje del toro que intenta fugarse.

El segundo nudo de acción se acopla al último acontecimiento, y sigue los movimientos vacilantes del propio narrador, transeúnte obligado de ese paraje durante su breve estadía en Buenos Aires. En la primera persona con que se introduce en la relación de viaje, Head declara que más de una vez estuvo en aquella "extraña escena" y que a veces fue compelido a galopar por su vida, sin saber adónde dirigirse, porque aquello era como Escila y Caribdis. La sensación de peligro real convalida así, explícitamente, el protagonismo efectivo del narrador, y lo sitúa, es decir, lo incluye en las coordenadas culturales desde las cuales experimenta y expresa el caos amenazante del matadero.

La eventual gravitación del relato de Head en el de Echeverría, en todo caso, parece corresponder al notable cambio de registro que escinde la estructura interna de *El matadero*. En la lectura de Jitrik, los bien probados usos del costumbrismo, a la manera de Larra, que abren el relato y se complacen en la presentación burlona de una Buenos Aires confrontada con la posibilidad de una larga abstinencia de carne, ceden abruptamente a una novedosa andadura realista en el momento en el que el narrador, que ha introducido ya la imagen física y las actividades del matadero, fija el espectáculo de la cabeza de un niño arrancada por un lazo que se tensa y se corta. Para Jitrik, el "cuento" propiamente dicho en *El matadero* se resuelve a partir de esa imagen, ciertamente poderosa.[24]

Aceptada la función condensadora que el crítico atribuye a esa imagen, puede agregarse que en una lectura menos focalizada es posible percibir algunos de los signos que la anticipan y la hacen viable. El primer signo, desde luego, se ofrece en la descripción misma del matadero, desprovista de todo vestigio del humor con que se había iniciado el relato, y declaradamente articulada para satisfacer las expectativas de un lector distante. "Pero para que el lector pueda percibirlo a un golpe de ojo, preciso es hacer un croquis de la localidad. El matadero de la Convalecencia o del Alto, sito en las quintas al sur de la ciudad, es una gran playa en forma rectangular, colocada en el extremo de dos calles, una de las cuales allí termina y se prolonga hasta el este...". Y también: "La perspectiva del matadero a la distancia era grotesca... más arriba, en el aire, un enjambre de gaviotas blanquiazules, que habían vuelto de la emigración al olor de la carne, revoloteaban, cubriendo con su disonante graznido todos los ruidos y voces del matadero y proyectando una sombra clara sobre aquel campo de horrible carnicería".

Estos signos anticipan entonces el cierre de la modalidad costumbrista a la que parecía comprometido el relato y legitiman los procedimientos a ensayarse en el nuevo registro. Por estos procedimientos, se nombra, se adjudican rasgos raciales, se caracteriza, se otorga la palabra a algunos de los individuos que intervienen en la matanza, convirtiéndolos así en agentes identificables de diversos fragmentos de la acción, y mostrando que esos fragmentos de acción son tanto el correlato de la vulgaridad del lenguaje y de las apariencias siniestras de los individuos que pueblan el universo del matadero, como el de las simpatías políticas que éstos profesan por el gobierno de Rosas.

La relación del suceso del lazo que se corta, cercenando la cabeza de un niño, se incluye en este registro y marca, con su extrema crudeza, el nivel de intensidad adecuado para la aceptación del desenlace violento de la historia que se viene, finalmente, a contar: el encuentro fatal de un joven unitario con algunos "carniceros degolladores" del matadero. La historia se encabalga en dos unidades o secuencias narrativas. La primera de esas secuencias incluye la corrida del toro recién liberado del lazo que lo sujetaba, hacia la ciudad. Lo persigue un grupo de jinetes, y en el camino, la batahola de esta operación espanta al caballo de "cierto inglés", de vuelta de su saladero. El inglés cae en un pantano, y allí, enterrado en el barro, escucha las risotadas y las pullas de los hombres del matadero: "Se amoló el gringo; levantate gringo —exclamaron cruzando el pantano y amasando con barro bajo las patas de sus caballos su miserable cuerpo".[25]

En la segunda secuencia, un joven unitario es también sorprendido en las afueras del matadero. Lleva las patillas en forma de U. No luce la divisa punzó que distingue al partido federal ni trae luto por la muerte de la mujer de Rosas. "Monta en silla como los gringos", le gritan algunos peones que se retiraban de sus faenas, por lo que el joven, maquinalmente, pone la mano derecha sobre "las pistoleras de su silla inglesa". Arrastrado a la fuerza al interior del matadero y sometido a una horrible parodia de juicio político, muere durante su transcurso, literalmente, de indignación. La muerte del joven en ese proceso cierra la historia y sella el obvio mensaje político de ésta.

El azaroso encuentro del inglés con la "chusma" del matadero remite, plausiblemente, a la circunstancia anotada por Head en un momento similar de su relato en el que tuvo que escapar por su vida. Trasladada al texto de *El matadero*, con un mayor desarrollo expositivo, debe admitirse que el potencial de significaciones de esta circunstancia crece hasta convertirse en metáfora de un conflicto genérico entre civilización y barbarie.

En el pasaje de la primera a la segunda secuencia narrativa, la proyección metafórica del conflicto se mantiene, pero al sustituirse, aunque con algunas adherencias, la figura del comerciante inglés por la del joven unitario, la índole del conflicto y sus significados inmediatos se particulariza. En los actos gratuitos que se muestran en la primera secuencia, la vejación a que se somete al inglés es una mera torpeza de la barbarie contra la civilización. En la parodia de juicio que se consuma efectivamente en la segunda, la muerte del unitario es un crimen de la barbarie local contra las formas civilizadas de la nación.

En el extenso poema *Avellaneda*, publicado en Montevideo en 1850, un año antes de su muerte, Echeverría encontró el más escurridizo de los modos para mencionar, por única vez, a alguno de los viajeros ingleses que otros de sus contemporáneos creyeron oportuno y hasta necesario mencionar. Homenaje a una de las víctimas más notorias de la violencia política de la época, el poema no disimula su recurrencia a la retórica del santoral cívico, ni descuida la oportunidad de agregar a la exposición de los hechos el registro del espléndido ámbito físico de Tucumán.

Para el perfil biográfico de Marco Avellaneda, su desdichada intervención en el diseño de una liga de gobernadores del Norte y su fusilamiento por orden de personeros de Rosas, Echeverría disponía de abundante información provista por la crónica política contemporánea. También, por cierto, sobre el entorno físico de Tucumán, una región a la que no conocía. Pero mientras la información de la crónica se le presentaba sin otra mediación que la de los intereses partidistas, la de la naturaleza en Tucumán se le ofrecía decididamente codificada en textos de más compleja elaboración, como lo era la *Memoria descriptiva*, de Alberdi, tramada, como sabemos, con muchos de los hilos desprendidos de la relación de viajes de Joseph Andrews.

Es obvio que con la dedicatoria del poema a Alberdi, Echeverría buscaba consagrar su deuda de reconocimiento a la *Memoria descriptiva*. Igualmente obvio debió de parecerle, probablemente, el hecho de que con esa dedicatoria y con el acto a que respondía, participaba en la constitución de una suerte de circuito de signos específicos de la literatura nacional argentina, dentro y en conexión con el inconmensurable sistema abierto de la intertextualidad. Ya Sarmiento había transferido a sus escritos reminiscencias de lecturas de textos de Alberdi y de Echeverría. También lo había hecho Mármol. De pronto, en un arco temporal de poco más de quince años, entre la publicación de la *Memoria descriptiva* y la redacción del poema *Avellaneda*, escritores que compartían un mismo proyecto de literatura nacional apelaban a la literatura generada por ese proyecto para generar, a su vez, la producción de nuevos textos.

No todos, por supuesto, lo hicieron con el mismo grado de deliberación, ni juzgaron de la misma manera la índole y el origen de los textos presentados como exponentes de la literatura nacional argentina. Echeverría, para retomar su caso, lo hizo asumiendo una franca aceptación del modelo propuesto por Alberdi. El Tucumán que describe y que elogia en su poema es el Tucumán que describe y elogia Alberdi en la *Memoria descriptiva*. No sólo repite la selección topográfica y los énfasis que justifican esa selección. Repite hasta algunas de las figuras acuñadas por Alberdi para encarecer las gracias del paisaje natal, como aquella en la que compara el despertar de la naturaleza con el desperezo de una hermosa doncella, radiante de alegría; o la otra en la que da cuenta de los efectos lumínicos sobre el Aconquija, presentando la cumbre de éste como un palacio suspendido en el aire.

La aceptación del modelo por Echeverría debía suponer de su parte, en buena lógica, la aceptación del relato de Andrews, modelo del modelo. Pero esa buena lógica le alcanza sólo para reconocer la deuda de Alberdi con Andrews: no la suya propia, aunque mediatizada por la lectura de la *Memoria descriptiva*, con el viajero inglés. Reproducirá así, en una de las notas con que acompaña al poema, el siguiente pasaje del texto de Alberdi: "El capitán Andrews, en su viaje a América del Sud, publicado en Londres en 1827, no dice como yo que Tucumán es bellísimo, sino que: *en punto a grandeza y sublimidad, la naturaleza de Tucumán no tiene igual en la tierra; que Tucumán es el jardín del Universo. (Memoria de Alberdi)*".[26]

Reticente, hasta el final, en su relación y en el reconocimiento de su relación con los viajeros ingleses, Echeverría mantiene la distancia, pero no puede dejar de admitir lo que el propio Alberdi había admitido de esa relación. Y así como este último se había esforzado en mostrar su capacidad de independizarse, por momentos, de la tutela del viajero, Echeverría intentará mostrar sus momentos de independencia tanto de Alberdi como de Andrews, incluyendo en el poema datos, observaciones y hasta figuras no registrados ni por uno ni por otro. Dice de uno de los árboles más singulares de los bosques tucumanos: "El *pacará*, que al viajador asombra/ Cien jinetes cobija con su sombra". Y de la tipa: "Gnomo del bosque que al viajero espanta/ Con su forma estrambótica de pipa".

Como se advierte, compitiendo con dos relatos de viajes, y en plan de distanciarse de éstos, Echeverría termina, sin embargo, asumiendo también la mirada del viajero, aunque esa mirada no responda al trasfondo de sus experiencias personales, sino a la presión de códigos culturales en uso. Al mismo reflejo había respondido José Mármol, pocos años antes, al ensayar los extensos pasajes descriptivos de *Cantos del peregrino*.

3- José Mármol

Mármol, como Echeverría, conocía una ínfima parte del escenario físico del país cuya literatura buscaba representar, y como Echeverría y como Alberdi, consideraba que el inventario de ese entorno físico era parte constitutiva de la representación. La estrategia imaginada por Mármol para satisfacer este propósito, en su primer proyecto literario serio, estaba directamente relacionada con una experiencia personal, como que el viaje del peregrino en los *Cantos* coincide, en sus puntos factuales, con el viaje que el poeta emprendió en 1844, desde Río de Janeiro hasta las proximidades del estrecho de Magallanes. El mismo itinerario seguido semanas antes por Alberdi, quien con mayor fortuna, como se recuerda, superadas las dificultades de navegación, llegó a Santiago de Chile.

En el deliberado desorden del poema, tan del gusto romántico ("esta inconstancia en mi poema/ al grotesco saltando de lo serio/ no es tanto inspiración como sistema"), la voz de Carlos, el peregrino, el asumido Childe Harold americano, adopta inflexiones tan diversas como para dar expresión a las amarguras del exilio, burlar las prácticas de los editores de Montevideo, fantasear paternalísticamente sobre las posibilidades de un mundo gobernado por las mujeres y saludar a la naciente gloria de América. También, y acaso en primer término, para describir los paisajes que se descubrían a su vista o a su imaginación durante la travesía.[1]

No nos cuesta condenar ahora esas descripciones por sus facilidades y excesos retóricos, aunque es posible rescatar, sin embargo, si no la acuidad ni la belleza de sus descripciones del ámbito físico de la Argentina, al menos la magnitud del designio desde el que se articulan. Porque la voz del peregrino, desde la nave en que recorre la costa argentina, quiere nombrar, inventariar, extender el mapa del país en toda su extensión. Y lo hace con resultados que provocan más de una necesaria reflexión. La primera de estas reflexiones tiene que ver con el entusiamo con que el peregrino de los *Cantos* asume la descripción de la Patagonia, como parte integrante del territorio nacional: "Arrebatadme el alma para poder de hinojos/ reverenciar la tierra que niegan a mis ojos, empero que es mi patria, la dicha de mirar./ Y pueda con la mente palpar esos parajes, de virgen poesía, magníficos paisajes,/ que están tras de las rocas que miro desde el mar./... Y pueda con la mente mirar en sus regiones/ aquellos colosales soberbios patagones,/ sin freno dominando su indómito corcel;/..."[2] Alberdi, como se sabe, navegando a la misma distancia de los mismos parajes, había registrado en *Impresiones y recuerdos* y en el *Tobías* su indiferencia por una región a la que no incluía en su mapa personal del país. Y esta extrema discrepancia de percepción, magnificada por la circunstancial coincidencia de tiempo y de lugar en que una y otra se expresaron, indica que la idea de literatura nacional, entre los pocos que se hacían cargo de la definición de esa idea por esos años, no se aplicaba, necesariamente, a la misma concepción de país.

Otra reflexión puede derivarse del examen de las imágenes a que el peregrino de los *Cantos* acude para ofrecer su representación mental de la Patagonia. Ya se había sugerido que para el mismo cometido Alberdi pareció disponer de las relaciones de viaje de Fitz-Roy, por más que su desapego por la región pudo haber influido negativamente en su voluntad de utilizarlas. Nada autoriza a proponer semejante especulación en el caso de Mármol, y su visión de los accidentes naturales y de los habitantes de la Patagonia aparece tan desposeída de anotaciones particulares, tan lavada y superficial que ni siquiera invita a suponer adherencias de lecturas de los muchos diarios y memorias de viajeros del período colonial, publicados en Buenos Aires por Pedro de Angelis, a partir de 1835.

Y Mármol, por cierto, podría haber aducido sus buenas razones para desinteresarse de esas lecturas. La primera razón, política, tendría que ver con el carácter oficial de la colección dirigida por de Angelis y la consecuente negativa del poeta a relacionarse con una publicación a la que identificaba como instrumento de propaganda del gobierno de Rosas[3]. La segunda razón, estética, provendría de la índole de los trabajos incluidos en esa colección: la mayoría, si no todos, escuetos repertorios de información geográfica, etnográfica, histórica o económica. El mismo de Angelis se había dirigido a sus lectores para prevenirlos sobre la aridez y la falta de gracia literaria de esos informes, al decir de uno de ellos, en un prólogo fechado en diciembre de 1838: "...sus escritos no deslumbran por trozos exquisitos de erudición o elocuencia: no es un rector o un filólogo el que habla; ni se espere hallar en ellos lo que la moderna escuela romántica llama *cuadros e impresiones*".[4]

Cuando la moderna escuela romántica pone a su disposición esos cuadros e impresiones, Mármol, previsiblemente, los hace suyos. Y por esta apropiación, sin duda, los pasajes descriptivos de Tucumán se distinguen, en los *Cantos*, de la descripción de las otras regiones del país. Cuando menciona a Mendoza, a Catamarca, a Salta, apenas si acierta a decir de ellas "la coqueta", "la rica", "la gloriosa", respectivamente. Pero desde Salta: "llevadme hasta los bosques donde la luz se embosa;/ bañadme en esos ríos que incógnitos están;/ con flores de cien prados tejedme una guirnalda,/ y pues estoy dormido con sueños de esmeralda/ bajadme a los jardines del fértil Tucumán./ Del naranjal espeso bajo la fresca sombra/ dormido reclinadme sobre la blanda alfombra/ de nardos que codician las jarras del Edén". Y por tres enteras estrofas se demora en la ejecución de un *cuadro* de la naturaleza que no reconoce otra apoyatura aparente que la ofrecida por los textos de Andrews y de Alberdi.

En la medida en que la *Memoria descriptiva* siguió muy de cerca, por momentos, el relato de Andrews, absorbiéndolo en su propia dinámica, no es fácil discriminar la presencia de uno y otro texto en la descripción ensayada por Mármol, y hasta puede sostenerse la posibilidad de que la sola lectura de Alberdi le resultara suficiente. En todo caso, si esta doble recurrencia al texto de un viajero y al de uno de los escritores nacionales se diluye y se confunde en este particular segmento de los *Cantos del Peregrino*, en *Amalia*, el extenso relato publicado en 1851, la doble recurrencia se indicará por separado, sin que en esta separación se impliquen atributos de diferentes grados de legitimidad.

Con la ficcionalización de sucesos históricos ocurridos en Buenos Aires, en los meses centrales de 1840, el llamado año del terror por los opositores del gobierno de Rosas, *Amalia* satisfacía holgadamente, al menos en su proyección intencional, uno de los requisitos por los cuales podría reconocerse la existencia de una literatura nacional. Porque los acontecimientos, la sociedad, el escenario presentados en la novela, referirían incuestionablemente al cruce espacial y temporal en el que se definía una coyuntura específica de la historia y de la sociedad argentinas. Pero el otro requisito, el de la presentación del marco de la naturaleza íntimamente vinculado a la idiosincrasia de los habitantes y al pulso de las tendencias sociales, ¿qué cabida podía tener en un relato doblemente enclaustrado en los límites urbanos de Buenos Aires y de Montevideo, y en el seguimiento de las intrigas, persecuciones y amoríos de un grupo reducidísimo de personajes? Ninguna, desde la lógica estricta de la historia narrada. Cualquiera, desde el juego abierto de combinaciones de la narración.

Y *Amalia* quiebra en dos oportunidades el ámbito urbano en el que sitúa y desarrolla la historia. En una de ellas, el narrador sigue los pasos del ejército de Rosas en dirección al cuartel de Santos Lugares, puesto de avanzada militar no muy alejado de Buenos Aires, pero que en el tiempo del relato impresionaba, todavía, como puerta de ingreso a la pampa. El capítulo respectivo, titulado "La guardia de Luján y Santos Lugares", se abre, sin intermediaciones, con una presentación del paisaje tan remanida como acaso inevitable: el sol que se expande sobre "los campos, llanos como la superficie de un mar en calma". Pero lo que sigue, ni remanido ni inevitable, supone una lectura de diversos pasajes del *Facundo* del que se hubieran borrado los rastros de las propias lecturas de Sarmiento.

En el centro de esta elaboración está la figura del gaucho, nacido, criado y educado en la pampa, expresión particular de la naturaleza americana. Como en el *Facundo*, el narrador de *Amalia* sostiene que el habitante de la llanura surge de ese contacto con la naturaleza como un ser independiente y con alta conciencia de su valor. "La inmensidad, la soledad, la intemperie y las tormentas de nuestro clima meridional" son las impresiones que han marcado su carácter desde la infancia. "El caballo concluye la obra de la Naturaleza. Es el elemento que contribuye a la acción de su moral". Los trabajos de pastoreo a que se entrega por necesidad y por vocación lo hacen fuerte, atrevido e indiferente ante el espectáculo del derramamiento de sangre. El gaucho desprecia al hombre de la ciudad porque es un mal jinete y carece de los recursos para soportar las durezas de la intemperie, y desprecia a su vez la acción de la justicia, porque la justicia proviene de la ciudad.

Y, como en el *Facundo*, el narrador de *Amalia*, por todas las muestras de comprensión, concluye admitiendo que el gaucho expresa la barbarie de la campaña en su resistencia al avance civilizador de las ciudades. En el cuartel de Santos Lugares, Rosas, "el mejor de los gauchos" por asimilación de principios de hábitos de vida, representa, en el nódulo cronológico de la novela, la barbarie.

La otra ocasión en que el relato se desentiende de las coerciones del escenario urbano es una ocasión servida por un oportuno recurso de *flash-back*. Por este recurso, Amalia, el personaje cuyo nombre sirve de título a la novela, y que se presenta en las páginas iniciales del relato como una joven viuda tucumana, avecindada en la ciudad de Buenos Aires, reaparece en la introducción de la Segunda Parte, en el espacio y en el tiempo de su vida provinciana. Y esta visión retrospectiva, en última instancia, tendrá menos que ver con Amalia como personaje, que con Amalia y su relación con el ámbito físico de su nacimiento y crianza.

Si en una narración tan proclive a los paralelismos, los contrastes y los procesos de síntesis, no sorprende que la unión entre la provinciana Amalia Sáenz y el porteño Eduardo Belgrano pretenda ser interpretada como el enlace simbólico entre los distintos intereses de Buenos Aires y las provincias, tampoco debe sorprender que con la adjudicación del lugar de origen de Amalia pretenda justificar la introducción de un paisaje que, junto con el de la pampa, se alzaba, después de Alberdi, de Echeverría, de Sarmiento, con la representación literaria de la Naturaleza en la Argentina.[5]

Así se inicia, en efecto, la Segunda Parte de la narración: "'Tucumán es el jardín del universo en cuanto a la grandeza y sublimidad de su naturaleza', escribió el capitán Andrews en su *Viaje a América del Sur*, publicado en Londres en 1827; y el viajero no se alejó mucho de la verdad con esa metáfora, al parecer tan hiperbólica". Las glosas que siguen a la cita apuntan a una que otra expresión particular de las excelencias del paisaje tucumano y se extienden para señalar, de vuelta al territorio de la ficción, la influencia de ese paisaje en la conformación del carácter de Amalia. Las glosas, sin embargo, llaman menos la atención que la cita misma.

Porque la cita, para empezar, no es una versión estrictamente literal de lo que dice el texto de Andrews, como lo hace suponer el uso convencional de las comillas.[6] Se acerca más a la suerte de "collage" armado por Alberdi sobre su propia traducción del viajero inglés, y que incluye en un pasaje de su *Memoria descriptiva*: (Andrews) "No dice como yo que Tucumán es bellísimo, sino que dice *que en punto a grandeza y sublimidad no tiene superior en la tierra; que Tucumán es el jardín del universo*." Y casi repite, es claro, la versión de este *collage* ofrecida por Echeverría en una de sus notas al recientemente publicado poema, *Avellaneda*. La repite, y denuncia la repetición, paradójicamente, por la incompetencia con que la transcribe. La cita, en efecto, transforma en *Viaje a la América del Sud*, el título del relato de Andrews, después de subrayar, indebidamente, un enunciado que Echeverría no proponía sino como indicación de las circunstancias localizadoras de ese relato: "El capitán Andrews, en su viaje a la América del Sud...".

Es probable que en el ritmo compulsivo de las entregas semanales de folletín con que fue concebido y producido el texto de *Amalia*, se encuentre la explicación de la incompeten-

cia de la cita. En todo caso, no pueden dejar de advertirse los
curiosos efectos de esa incompetencia sobre el sentido mismo
del pasaje transcripto. Ya se dijo que el narrador de *Amalia* leía
el *Facundo* borrando las rastros de las lecturas de Sarmiento.
Ahora, el mismo narrador, a través de los bordes confusos y
maltrechos de la cita, recupera a Andrews, borrando sus propias lecturas de Echeverría y de Alberdi. El pasaje obtenido se
convierte así en una suerte de palimpsesto prematuro de la
literatura argentina en el que, paradójicamente, las primeras
marcaciones aparecen inscriptas con mayor nitidez que las últimas.

La inversión puede indicar, por una parte, que el valor de
cambio del nombre y de las observaciones del viajero inglés,
lejos de absorberse en el texto de Alberdi, escrito en 1834,
mantenía para el narrador de *Amalia* en 1851 su entero poder
de seducción. Y puede indicar, asimismo, que, en la conformación de continuidades en la que el narrador percibía los signos
de una literatura nacional, la continuidad relativa a la selección
y al tratamiento del paisaje se articulaba ya en una textualiza-
ción de citas que se remitían a sí mismas. Puede indicar que la
mención de la primera cita de la serie implicaba la mención de
las siguientes.

4- Domingo F. Sarmiento

Las dos cartas que Sarmiento enviara a Alberdi desde San Juan, en enero y en julio de 1838, contienen más información y abren un campo de lectura más amplio de lo que el estricto contenido de ambas supone. Es cierto que la ampliación del campo de lectura proviene, en buena medida, de una circunstancia ajena a la redacción y recepción de esas cartas, como que remite a nuestra condición de lectores a cargo de los juicios y de los prejuicios que nos merecen esos hechos y esos escritos. Y hasta es cierto que de esta circunstancia puede derivarse también la noción de que esas cartas, simplemente, no fueron escritas por Sarmiento. Leopoldo Lugones, en su hagiográfica *Historia de Sarmiento*, por ejemplo, sostenía que los desvencijados octosílabos enviados a Alberdi, bajo el seudónimo de "García Román", correspondían a un desconocido analfabeto y no al sobresaliente intelectual que se conectaba por entonces con la *Sociedad Literaria* de Buenos Aires. Mezclaba para esto el contenido de las dos cartas en una, y omitía mencionar que la segunda de ellas llevaba la firma de Sarmiento.[1]

Se sabe, entonces, que cualquier decisión de ajustar el momento de producción de las cartas al de su estricta cronología implica una necesariamente precavida operación de rescate. En términos de comunicación, la carta fechada en San Juan el 1º de enero de 1838 se reducía a solicitar la atención de Alberdi sobre un poema escrito por el remitente y agregado a la misiva. Y de la índole anunciada del poema, "una escena campestre de su suelo natal, y los recreos de los Baños que encierra el valle que describe", se infiere el sentido de la elección del destinatario.[2] Porque, aunque no conoce a Alberdi, "el brillo del nombre literario, que le ha merecido las bellas producciones con que su poética pluma honra a la república, alienta la timidez de un joven, que quiere ocultar su nombre, a someter a la indulgente ilustración crítica de vd. la adjunta composición". Alberdi, con su *Memoria descriptiva sobre Tucumán*, ha provisto ostensiblemente las líneas programáticas sobre las que se levanta el poema.

Desaparecidos el texto del poema y el de la respuesta de Alberdi, el perímetro del acto de comunicación abierto por la carta de enero puede ser reconstruido, aproximadamente por la segunda carta de Sarmiento, fechada el 6 de julio del mismo año. Más explícita, más abierta a las posibilidades exploratorias de un diálogo, puntualiza en ella su condición de autodidacto, contrastándola, de hecho, con la de su interlocutor, provinciano como él, pero universitario, y residente en Buenos Aires, "ese foco de civilización americana". Y enfatiza su disposición a plegarse "a la gloriosa tarea que se proponen los jóvenes de este país y que vd. me indica, de dar una marcha peculiar y nacional a nuestra literatura".

Sarmiento no dice si Alberdi llegó a advertir, en el diseño o en alguna de las articulaciones del poema que había sometido a su juicio, el anticipo de esa disposición a plegarse a la empresa de constituir una literatura nacional. Y debe suponerse que no llegó a advertirlo, interesado como estaba, por lo que traslucen sus observaciones y sugerencias, en discutir en primera instancia la mera idoneidad del lenguaje poético. Cortesías aparte, los resultados de esa discusión debieron ser menos alentadores de lo que Sarmiento concede en su carta de respuesta. En todo caso, la descripción del poema que se ofrece en la primera carta, y algunos versos y comentarios que se transcriben en la segunda, inclinan a sostener la posibilidad de que el texto respondía ya, al menos en su intención de elevar a categoría estética el paisaje local, a uno de los objetivos consustanciados con la idea de una literatura nacional.

En esta hipótesis, las modestas amenidades del valle del Zonda, en la precordillera andina, serían la transposición de los bosques y montañas tucumanos, con una obvia diferencia de escala que en el poema se salvaría con ángulos de visión convenientemente seleccionados. "Mas hay un verso que no ha llamado su atención —señala Sarmiento—. Al descubrir los Andes dije:

> Cuyas nevadas cúpulas
> Osan penetrar el cielo

Este 'osan penetrar el Cielo' me ha parecido después un concepto exagerado, sin nada de la elevación que le atribuí al principio."

La imaginería resulta familiar, y este "al descubrir los Andes" del párrafo aclaratorio refuerza esa sensación al indicar que esas imágenes presuponen ser ordenadas desde la perspectiva capaz de percibir la novedad y la particularidad de aquéllas. Es decir, como sabemos, desde la perspectiva que asume, a su vez, la perspectiva de determinados viajeros de un determinado segmento temporal del siglo XIX.

En sus truncos perfiles, las cartas de Sarmiento dejan en claro, entonces, su compromiso de colaborar con otros jóvenes en la empresa de dar marcha a una literatura nacional; y sugieren fuertemente que su poema, agente mediador de las cartas, era ya parte de ese compromiso. Sugieren asimismo, aunque sobre la base de menos conclusivas evidencias, que el poema siguió líneas de trabajo y procedimientos ensayados en la *Memoria descriptiva* de Alberdi. Pero tanto el poema como la disposición poética parecieron esfumarse inmediatamente después de las cartas. Y el anunciado compromiso con la literatura, por lo que muestran los primeros escritos, entró en un evidente proceso de revisión.

En algunas de las notas publicadas en el periódico *El Zonda* en 1839, ese proceso se retrotrae a la indagación sobre la consistencia y la magnitud del circuito de lectura sobre el que podrían proyectarse sus escritos.[3] Y en la misma tendencia perseveran algunos de los artículos publicados por Sarmiento en Chile menos de dos años después. Otros artículos del primer momento del exilio chileno, en cambio, parecen servir de campo de ensayo a las modalidades de género, a las preferencias temáticas y a los recursos expresivos sobre los que, eventualmente, articularía su ingreso a la literatura nacional. Uno de esos artículos, "Un viaje a Valparaíso" publicado en tres entregas de *El Mercurio* en septiembre de 1841, merece particular atención.

La geografía es chilena, la nacionalidad declarada por el narrador es la chilena, y el ritmo narrativo, al servicio de los efectos paródicos, es el de los cuadros de costumbres de Larra. Pero la literatura de viajes como género, no constreñida por ninguna de estas connotaciones, es el verdadero sujeto del artículo, y el desarrollo de cada una de las secuencias del corto itinerario que separa las ciudades de Santiago de Chile y Valparaíso no impresiona sino como un ejercicio exploratorio, y un ejercicio personal —va de suyo—, sobre las posibilidades y las rémoras atribuibles a este sujeto.

Con el recaudo de su afiliación a la variante humorística de los cuadros de Larra, leemos cómo el narrador que se hace cargo del viaje entre las dos ciudades chilenas, se presenta a sí mismo:

"Pero lo que mi madre no notó nunca, porque es cosa que no se hace notar mucho en Chile, es la invencible propensión que a escribir un viaje tengo; un viaje en que yo sea el héroe y el objeto más puntiagudo que se ofrezca, para tener el gusto de oír mi nombre y ocuparse de mis aventuras, contando cómo fui servido en la posada de Díaz y los propósitos que tuve con un borracho. He leído algo de viajes y sobre todo diccionarios de Geografía. Conozco el reino de Chile, de donde soy oriundo, y esto no de simple vista, ni relaciones de arrieros y traficantes, sino por las obras más modernas que se publican en España y en Francia, por diccionarios geográficos arreglados por una sociedad de literatos, y coordinados en conformidad con la geografía universal de Malte-Brun".[4]

A renglón seguido, el narrador contrasta esta cándida disposición de ánimo con la menos cándida transcripción de un pasaje que atribuye, sin que corresponda, a la citada geografía. "Leía, por ejemplo, esta mañana en dicha mi obra favorita: San Juan de la frontera, ciudad de Chiquito en Chile, cerca del lago Guanacho, situado en un territorio habitado por más de 20.000 indios, con minas de oro, a cuarenta leguas NO de Valparaíso."[5] El fraguado disparate le facilita, por supuesto, burlarse de los buenos europeos que publicaban libros tan llenos de luces y de instrucción. Y la precisa elección de la ciudad de San Juan, entre todos los lugares del planeta, para ilustrar los errores del diccionario, le da la oportunidad de dirigirse al lector para que corrija por sí mismo los errores de la cita; y para que, en el mismo proceso, al reconocer a San Juan como la ciudad natal de Sarmiento, reconozca la verdadera identidad del narrador.

Si los diccionarios de geografía en uso, con sus gruesos errores de información, proveen la preparación instrumental del viajero, los relatos de viajes, o si se prefiere, la retórica generada por los relatos de viaje en uso, provee el repertorio de expectativas para el viaje. Así, en cuanto las primeras dificultades —la estrechez de la diligencia, el estado calamitoso de los caminos— amenazan frustrar esas expectativas, el viajero encuentra la ocasión de revelarlas. "Un mundo de ilusiones se había evaporado con esta perspectiva: habíame propuesto dividir mi viaje en cuadros románticos: el primero debía llamarse 'Mi partida', y cualquiera que como yo, sea aficionado a versos y amoríos, se imaginará fácilmente todas las ternezas que podían ataviarlo; el segundo: 'Un compañero de viaje', tema fecundo en incidentes y rasgos de ingenio para trazar un carácter original, costumbres raras, etc.; el tercero: 'El paisaje'; 'La casa de campo', el cuarto; 'El encuentro feliz', el quinto..."

El pasaje de Santiago de Chile y Valparaíso frustra, en efecto, todas esas expectativas por igual, pero para algunos de los "cuadros", el narrador marca con más intensidad la distancia entre el modelo retórico del viaje y las percepciones reales del viajero. Éste, por ejemplo, como distracción a la agotadora conversación de su acompañante, empieza a admirar "con la boca entre abierta, alguna escena, tal cual agradable, por la combinación de lomadas vestidas de alegre verdura, y un paisaje lejano que no carecía de animación", hasta el momento en que un salto brusco del carricoche, haciéndole pegar diente con diente, lo aparta de esa contemplación. O más adelante, después de divisar una hermosa casa de campo, es informado por su *cicerone* de los cambios de mano sufridos por aquélla como consecuencia de los disturbios revolucionarios, con lo que se le desvanece "toda idea agradable y todo pensamiento de cuadros románticos, de casas de campo y paisaje". Sin contar que a estas tristes reflexiones debe agregar la constante preocupación por los accidentes del camino. También en contradicción con la indulgencia del modelo en el encuentro de situaciones o hechos extraordinarios, el narrador se avendrá a registrar el deprimente encuentro con treinta cadáveres de bueyes, sumergidos en el fango, las ridículas opiniones de viajeros ridículos y su deslucida y espectacular caída en un pantano.

Este modo de adjudicar a la experiencia de un narrador confeso de frecuentar la literatura de viajes contemporánea las desencantadas correcciones a la tipología consagrada por esa misma literatura presupone, a su vez, un modelo. Y no extraña que en un punto del camino, cuando el narrador divisa, en la lejanía, unos molinos de viento, recuerde a Cervantes y declare que éste no necesitó agregar ninguna cuota de locura para explicar que don Quijote tomará esos molinos por espantables gigantes. Pero parodia por parodia, con las debidas distancias, la frecuentación de la literatura de viajeros no absorbió el seso del narrador de "Un viaje a Valparaíso", como lo hizo la de caballería con el del hidalgo de la Mancha. Le dio, sin duda, perspectiva crítica, todo lo acerada y burlona que se quiera, pero todo lo respetuosa, al mismo tiempo, como para distinguir las posibilidades abiertas por el género.

Entre esas posibilidades, tres por lo menos aparecen exploradas en los artículos publicados por *El Mercurio* de Santiago de Chile. Una de ellas es la del rol protagónico indiscutido que el viajero juega en la relación de sus viajes. Otra es la de mirar el mundo, en cualquiera de sus dimensiones, desde la perspectiva privilegiada que asume el viajero. La última —corrección más que contradicción de ciertas críticas adelantadas en los mismos artículos— es la de valorar estéticamente el paisaje, a condición de que este gesto valorativo se acompañe de la debida reflexión utilitaria.

La primera posibilidad está reconocida en las propias palabras del narrador: "un viaje en que yo sea el héroe". La segunda, ilustrada en la observación y en el comentario de hechos y de circunstancias regularmente minimizados o anulados en el registro de la vida cotidiana. Esta sensación de extrañeza de descubrimiento es la que le permite al viajero al llegar a Valparaíso componer una imagen de la ciudad en la que la combinación de edificios limpios y de gusto moderno con calles inmundas y descuidadas, se desdobla en la combinación "de la civilización europea y la rudeza inculta de nuestra América; el arte y la naturaleza; los progresos ajenos y el atraso propio".

La tercera posibilidad es explorada, con mayor extensión, en el conjunto de impresiones y reflexiones sugeridas por la visión del puerto de Valparaíso en el último de los artículos. "Los que no han nacido en los puertos [no] han sentido una vez en la vida la sensación de estupor y recogimiento religioso que inspira la inmensidad del Océano y el movimiento perpetuo de las olas que le dan las apariencias de un monstruo viviente de quien se dice que se enfurece, se traga los buques, se irrita y se calma. La vista del mar nos hace admirar el poder de Dios, como la de un buque de guerra el poder del hombre". Ninguna burla en estas anotaciones; ninguna réplica contextual. Nada que distraiga el tono con el que deben ser leídas consecuentemente las observaciones utilitarias y el mensaje que el narrador agrega a su emocionada apreciación del espectáculo del mar.

El mar, visto desde sus orillas en el puerto de Valparaíso, surcado por decenas de navíos de todos los países del mundo, no puede ser sino estimado en su relación con el enorme desarrollo de las comunicaciones comerciales. Y las comunicaciones comerciales, a su vez, no pueden ser estimadas sino en relación con los profundos efectos culturales y políticos que producen. Porque "se desembarcan luces como se desembarcan géneros: las costumbres se modifican, las preocupaciones religiosas y los hábitos envejecidos pierden insensiblemente su pasada rudeza, dejando que se explayen sentimientos de benevolencia, de fraternidad con todos los pueblos...". Y porque "los pueblos comerciantes son siempre los más amantes de la libertad, que es la base de su existencia y de sus especulaciones".

Observación de carácter axiomático esta última, sin duda, a la que el narrador, o si se quiere, lo que queda ya del fingido narrador, añade el siguiente comentario: "Es digno de notarse que la ciudad más comerciante entre las colonias españolas de la América del sud fue la primera en dar el grito de libertad y la última en dejar las armas de la mano; y no es menos notable su lucha sangrienta pero obstinada y siempre renovándose, que ha sostenido y sostiene con el monstruo sangriento que se ha sentado sobre ella". Libertad y despotismo, Buenos Aires y Rosas; ciudad comercial (y campañas pastoras, como contraparte implícita). Con su denso coto de alusiones, con su modo dramático de calificar y de tomar partido en el conflicto argentino, el comentario cierra, por una parte, de manera inesperada aunque no incoherente el movimiento de asociaciones inicialmente liberadas por la parodia de relatos de viajes y diccionarios de geografía; y abre, por otra, un campo de trabajo con un centro de gravitación y unos alcances incontenibles ya en el formato, en la disparidad de los tonos y en la perspectiva de organización de los artículos en los que el comentario se incluye.

En más de un sentido, *Civilización y barbarie. Vida de Juan Facundo Quiroga*, escrito cuatro años después como suplemento del diario *El Progreso*, fue la glosa demorada de ese comentario. Demorada y trajinada, en el camino, por la confluencia de viejas y nuevas perspectivas. La ciudad comercial es ahora, simplemente, la ciudad. Rosas es Facundo Quiroga. La develación del enigma argentino moviliza un discurso político de denuncia y sirve de soporte, al mismo tiempo, a la ejecución de un proyecto de literatura nacional.[6]

Sin duda, en la fusión intermitente del discurso que sirve a un designio político con el discurso que sirve a un designio literario residen la fascinación, la incomodidad y la consternación con que alternativa o simultáneamente fueron y continúan siendo leídas muchas de las páginas del *Facundo*. Ambos discursos reclaman, por momentos, su intencionalidad autónoma, y, cuando lo hacen, es el discurso político el que exhibe la transitoriedad de sus signos. El propio Sarmiento, en su carta-prólogo a la segunda edición de 1851, meses después del derrocamiento de Rosas, no vacilará en suprimir, por inútiles, la introducción y los dos capítulos finales. Pero cuando no reclaman esa autonomía, uno y otro discurso parecen sometidos a una verdadera estrategia de acomodación.

Así, el extender el estatuto de Buenos Aires, ciudad comercial, al resto de las ciudades del país, que no lo eran, impresiona tanto como una decisión política tendiente a analizar un frente de oposición neto a todo lo significado por la campaña, como una determinación literaria de trabajar con los efectos simplificadores del contraste.[7] También en el reemplazo de la figura de Rosas por la de Quiroga parece advertirse esta práctica de acomodación. Rosas, la obsesión por Rosas, es transparente a lo largo del texto, pero el gobernador de Buenos Aires, en la plenitud de su ciclo vital, era el improbable sujeto de una biografía. Quiroga, en cambio, lo era, porque, muerto desde hacía diez años, tenía clausuradas sobre su memoria, su historia y su leyenda, todas las claves de interpretación y de fabulación disponibles.

Calificar a Rosas como simple heredero de Quiroga en Buenos Aires, por último, implicaba modificar la escala de importancia política de uno y otro personaje; pero esta modificación, al establecer un nexo de continuidad entre el caudillo del interior y el gobernante de Buenos Aires, establecía como premisa la admisión del carácter nacional del drama político argentino. Y esta premisa, a su vez, implicaba que cualquier invocación del escenario físico en el que pudieran encontrarse las raíces y los componentes fuertemente condicionantes de ese drama, no podía ser sino la invocación del entero ámbito físico de la nación.

En las vísperas de la redacción del *Facundo* en Europa, la tendencia a considerar a la geografía como teatro de la historia, trabajando sobre sugerencias seminales de Vico había desembocado en las formulaciones prescriptivas y metodológicas de Hegel. De hecho, Hegel tituló un apartado de la Introducción a su *Filosofía de la Historia* (1837) "Bases geográficas de la Historia", y en este apartado, si bien prevenía sobre los riesgos de subestimar o de exagerar la importancia de la geografía en la conformación del carácter de los pueblos, no vacilaba en negar el acceso a la historia a regiones enteras del planeta, por razones geográficas; o en explicar el curso de la civilización en la dirección del este al oeste, en el hemisferio norte, como combinación de felices accidentes geográficos; o en indicar que el continente americano, geográficamente inmaduro, no había permitido sino la aparición de sociedades débiles, comprensiblemente destruidas o desarticuladas por la presencia del colonizador europeo.[8]

No era necesario, por supuesto, que Sarmiento tuviera conocimiento directo de esta o de otras laboriosas construcciones fundadas en las relaciones de historia y geografía, para diseñar y titular al capítulo inicial de su escrito, "Aspecto físico de la República Argentina y caracteres, hábitos e ideas que engendra".[9] Bastaba, muy probablemente, su conocimiento de algunos de los textos de los grandes viajeros contemporáneos que estaban en la sustancia de esas construcciones: Humboldt, entre todos, convenientemente citado en el encabezamiento del mismo capítulo. Pero —otra vez la interferencia de ejes estructurantes distintos—, al aplicar ese conocimiento a la develación de un conflicto en el que uno de los componentes, las campañas pastoras, estaba calificado, y negativamente calificado de antemano, podía descubrir eventualmente, y descubrió en efecto, no la noción de la armonía entre los pueblos y la naturaleza sino la noción de los efectos determinantes negativos de la segunda sobre los primeros.

Con el desarrollo exclusivo de este germen de positivismo *avant la lettre*, tan frecuentemente mencionado por los críticos, Sarmiento tendría que haber evitado las efusiones sentimentales y la estimaciones estéticas en su descripción del escenario físico del país; tendría que haber caracterizado al habitante de los desiertos interiores en función, y sólo en función, de la uniformidad de la fisonomía del desierto, de los hábitos dictados por la soledad, el aislamiento y la vida a la intemperie. En su sistema de apelaciones simultáneas, este desarrollo, sin embargo, no pudo sino admitir la interpolación regular de las efusiones y las estimaciones consagradas en los textos de Humboldt y en los de algunos viajeros ingleses que siguieron sus preceptos mientras registraban sus impresiones del país.

Desde luego, la América de *Voyages aux regions equinoxiales du Nouveau Continent* no es la América del *Facundo*, y Sarmiento, al anticipar una cita del texto de Humboldt como epígrafe del capítulo primero del suyo: "La extensión de la pampa es tan prodigiosa...", no hace sino invocar, ritualmente, una sombra tutelar para sus esfuerzos de presentación del ámbito físico y humano del país.[10] Que esta sombra tutelar fuera la misma que invocaban, también por un gesto ritual, los viajeros ingleses llegados al Río de la Plata, y que dos de estos viajeros aparezcan, a su vez, invocados en diversos puntos de la presentación, revelan un buen conocimiento del comportamiento de esta serie particular de la literatura de viajeros, nada sorprendente, en verdad, si recordamos los hábitos de lectura exhibidos por Sarmiento en la compleja redacción de "Un viaje a Valparaíso".

En la estrategia de acomodación con que se funden los discursos político y literario en el *Facundo*, las citas de Humboldt, de Head y de Andrews, y la correspondiente adopción de sus perspectivas y sus códigos culturales, favorecen en su área de inserción el desarrollo de lo literario sobre lo político. Pero de nuevo el área de inserción en que actuarán estos escritos es un área delimitada por una decisión política previa. La Argentina, la noción del espacio físico que en el *Facundo* se reconoce como la Argentina, es una noción decantada por Sarmiento con anterioridad a la redacción del texto, y puesta a prueba en sus criterios de selección de los relatos de viajeros que invoca. Sí, a los relatos de Head y de Andrews. No, al de Fitz-Roy, uno de los más importantes y difundidos de la serie y al que Sarmiento tuvo oportunidad de conocer y utilizar polémicamente en escritos periodísticos de 1842.

En este año, en efecto, publicó en *El Progreso* tres notas sobre la región de Magallanes. En la última de esas notas, del

22 de noviembre, "Colonización del Estrecho de Magallanes. De una entrada que hizo Fitz-Roy", traduce o reproduce la traducción de un breve pasaje del diario del capitán del *Beagle*, en su primer viaje por la región, en mayo de 1829. El texto de Fitz-Roy fue publicado en 1839, en una edición de tres volúmenes, *Narrative of the Surveying Voyages of his Majesty's Ships Adventure and Beagle*, que incluye, como se recuerda, el relato particular de Darwin, *Journal and Remarks*.[11]

Sin duda, con esta sola referencia es difícil establecer el grado de familiaridad de Sarmiento con el conjunto de los materiales editados por Fitz-Roy; pero de esta sola referencia es fácil deducir el grado de autoridad que le reconocía al capitán del *Beagle* en la descripción de la geografía patagónica. Su omisión de la lista de lecturas del *Facundo* no es, entonces, una omisión fundada en la ignorancia.

Repárese en esta inclusión del territorio patagónico en la primera presentación del espacio físico del país que ofrece el *Facundo*:

"El continente americano termina al Sur en una punta en cuya extremidad se forma el estrecho de Magallanes. Al oeste y a corta distancia de la costa, los Andes chilenos. La tierra que queda al oriente de aquella cadena de montañas, y al occidente del Atlántico, siguiendo el Río de la Plata hacia el interior por el Uruguay arriba, es el territorio que se llamó Provincias Unidas del Río de la Plata, y en el que aún se derrama sangre por denominarlo República Argentina o Confederación Argentina. Al norte están el Paraguay, el gran Chaco y Bolivia, sus límites presuntos.

La inmensa extensión del país que está en sus extremos es enteramente despoblada, y ríos navegables posee que no ha surcado aún el frágil barquichuelo. El mal que aqueja a la República Argentina es la extensión..."

En esta primera presentación del mapa del país, el sur patagónico es un espacio tan vacío como la región del Chaco, y ambos desaparecen literalmente cuando, en la segunda y sustanciada descripción de ese mapa, en el mismo capítulo, Sarmiento elige como sus puntos de relevamiento las catorce ciudades capitales de provincia fundadas por los españoles, es decir los catorce núcleos de población y sus vasos comunicantes a través de un vasto desierto. La Argentina es entonces el corredor histórico que une la línea litoral de Buenos Aires a Corrientes, con la línea de las estribaciones andinas de Mendoza a Jujuy.[12]

Este diseño, decidido sobre la aceptación del poder configurador de las ciudades ya existentes, es el que recorta la magnitud y las características del ámbito físico y humano del país. El que fija, en consecuencia, el punto de inserción de aquellas lecturas que permitirán, ocasionalmente, el ejercicio de los códigos, de las perspectivas y hasta de los gestos del viajero que supone recorrer ese ámbito: "el viajero que viene de oriente"; "el viajero que se acerca a Córdoba".[13] En la dirección impuesta a los relatos de viaje por Humboldt, los escritos de Francis Bond Head y Joseph Andrews habían enfatizado, como se sabe, los valores paisajísticos y modeladores de la llanura pampeana y de los bosques tucumanos. Sin omitir, claro, explícitas o implícitas apreciaciones utilitarias. No sorprendentemente, la pampa y el jardín tucumano serán reconocidos y tratados en el *Facundo* como las representaciones específicas de la naturaleza en la Argentina.

Un lugar común en la crítica y en los comentarios escolares del texto de Sarmiento consiste en destacar, admirativamente, la circunstancia de que éste no tenía conocimiento directo de la franja central y oriental de la llanura pampeana en el momento de describirla.[14] Esa misma admiración, sin embargo, no parece haber encontrado el modo de destacar la circunstancia de que el espacio y la atención que se dedican a ese momento descriptivo exceden largamente, y de hecho usurpan, la atención y el espacio debidos a la descripción de aquella franja de la llanura "degradada en matorrales enfermizos y espinosos", a los pies de los Andes, en la que nació y de la que recibió, suspuestamente, sus inclinaciones, Facundo Quiroga.[15]

La pampa, en el *Facundo*, como en el relato de Head, es la "imagen del mar en la tierra"; la planicie sin límites surcada por carretas viajeras, como escuadras de pequeños bajeles, por arrieros, por gauchos solitarios, por amenazantes tribus de indígenas; la planicie en la que el simple acto de clavar los ojos en el horizonte es no ver nada, porque cuanto más se hunden los ojos en ese horizonte vaporoso, indefinido, más se aleja y confunde. Y como en el relato de Head, la pampa es el escenario y la matriz del singularísimo sistema social representado por el gaucho. Esa Arcadia (de tintes orientales en la lectura de Sarmiento), en la que una agrupación suelta de individuos libres, sin necesidades materiales, jinetes y cuchilleros prodigiosos acostumbrados a vencer las resistencias de la vida a campo abierto, a mostrarse superiores a la naturaleza, se educan y perseveran en el sentimiento de la importancia individual.

Al hacer confluir ambas perspectivas, Sarmiento no tarda en advertir en esa confluencia las posibilidades de un tratamiento literario autónomo. En un primer momento, fiel a los objetivos políticos reiteradamente anunciados en el *Facundo*, piensa aquella posibilidad como parte de estos objetivos: "Si un destello de literatura nacional puede brillar momentáneamente en las nuevas sociedades americanas es el que resultará de la descripción de las grandiosas escenas naturales y sobre todo de la lucha de la civilización europea y la barbarie indígena..." Pero de inmediato cambia de dirección, y durante numerosas páginas que valen como un largo paréntesis en la ejecución del proyecto político se indulge en la ejecución de un proyecto decididamente literario.

Ya en la redacción del poema sobre los baños del Zonda y en las dos cartas que dirigiera a Alberdi, en 1838, Sarmiento había hecho explícito su compromiso "de colaborar con otros jóvenes en la empresa de dar marcha a una literatura nacional". Siete años después, cuando se le revela la oportunidad de participar seriamente en esa empresa, la revelación recupera todos los términos de su compromiso generacional.

El que las citas de Fenimore Cooper precedan a las de Echeverría en la presentación del capítulo segundo del *Facundo*, y el que entre todas cubran el vacío de cualquier referencia a Alberdi no corrigen el alcance y el significado de esos términos. El éxito de las novelas de Cooper en Europa, tanto o más que las notables afinidades de éstas con el escenario y la tipología del *Facundo* puede, si es acertada nuestra comprensión de los hábitos de escritura desarrollados por Sarmiento desde los momentos iniciales de su labor periodística, explicar la precedencia de las citas y la importancia que las mismas parecen asumir en la articulación del mencionado capítulo. Obsesionado por el fenómeno de la constitución de los campos de lectura; calculando, midiendo, creando entre el patetismo y el humor su propia audiencia, comparando incesantemente la dimensión de las ajenas, un éxito de público en Europa equivalía para Sarmiento a la más alta consagración a que podía aspirar un escritor del mundo civilizado.

Que Cooper hubiera logrado esa consagración con un corto número de novelas, y que dos de esas novelas, *El último de los mohicanos* y *La pradera* permitieran directas analogías con las modalidades de la vida pastoril en la Argentina, se proponía como una combinación de atractivos irrenunciables en las circunstancias y en el contexto en los que Sarmiento decidía sus opciones de escritor. "El único romancista norteamericano que haya logrado hacerse un nombre europeo es Fenimore Cooper, y eso porque transportó la escena de sus descripciones fuera del círculo ocupado por los plantadores al límite entre la vida bárbara y la civilizada." Con este juicio, y con la aplicación de algunos paralelos extraídos de sus novelas, Sarmiento resolvía sin duda sus fantasías de identificación con un escritor reconocido en los círculos literarios de Europa. Y establecía, de paso, un estatuto de excelencia desde el que podía saludar la aparición de los primeros escritos distintivos de los miembros de su generación: "No de otro modo nuestro joven poeta Echeverría ha logrado llamar la atención del mundo literario español con su poema titulado *La cautiva*.

"Este bardo argentino deja a un lado a Dido y a Argea, que sus predecesores los Varela trataron con maestría clásica y estro poético, pero sin suceso y sin consecuencia, porque nada agregaban al caudal de nociones europeas, y volvió sus miradas al desierto, y allá en la inmensidad sin límites, en las soledades en que vaga el salvaje, en la lejana zona de fuego que el viajero ve acercarse cuando los campos se incendian, halló las inspiraciones que proporciona a la imaginación el espectáculo de una naturaleza solemne, grandiosa, inconmensurablemente callada, y entonces el eco de sus versos pudo hacerse oír con aprobación aun por la península española".

Al singularizar la figura del viajero en el centro de la escena, Sarmiento singulariza la perspectiva (y el origen de la perspectiva) desde la que se ordena la presentación de imágenes de la pampa. Aunque el viajero de *La cautiva* es ahora un sujeto poético, y su rendición del mundo circundante se traducirá sólo en términos de lenguaje poético. ¿Y cómo, se pregunta a continuación, puede dejar de ser poeta ese viajero que en medio de una tarde apacible ve armarse sobre sí una espantosa tormenta que puede fulminarlo con un rayo de los mil que arroja a su alrededor?, ¿cómo puede dejar de sentir la presencia de Dios en los signos de esa irritada naturaleza, dejar de enriquecer la paleta de su fantasía con los colores de ese impresionante espectáculo?

"Cómo no ha de ser poeta —vuelve a preguntarse— el que presencie estas escenas imponentes:

Gira en vano, reconcentra
Su inmensidad y no encuentra
La vista en su vivo anhelo
Do fijar su fugaz vuelo"
....

La incorporación de un texto de Echeverría en el *Facundo* vale, seguramente, como el reconocimiento de una forma de continuidad en la que parecía posible visualizar las coincidencias programáticas del grupo de escritores empeñados en la definición de una literatura nacional. Pocos años después, en la misma tendencia, Echeverría trabajaría sobre un texto de Alberdi y Mármol sobre otros de Alberdi y de Sarmiento. Admitida esta función de la cita de Echeverría en el *Facundo*, importa destacar que Sarmiento, a través de ella, y de la incorporación consecutiva de un poema de Luis L. Domínguez, enfatiza sólo el triunfo de captación del paisaje por los poetas cultos de las ciudades, un neto recorte conceptual que le permite introducir su certidumbre de la existencia simultánea de una poesía popular de las campañas. "Pero esta es la poesía culta, la poesía de la ciudad; hay otra que hace oír sus ecos por los campos solitarios: la poesía popular, candorosa y desaliñada del gaucho".

Y en el instante en que Sarmiento expresa esta certidumbre, el recuerdo de Echeverría es sustituido por el de Alberdi, por más que por una de esas frecuentes arbitrariedades de su atención no mencione su nombre. Toda la indagación que emprende a continuación sobre los tipos de poesía popular en la Argentina y sobre los cantores populares, sin embargo, no puede ocultar su procedencia del "sistema literario" anunciado por Alberdi en la *Memoria descriptiva*. Este sistema literario se fundaba en los supuestos de un romanticismo que Alberdi acababa de descubrir, gracias al relato de Andrews, en el esplendor de los bosques tucumanos, y que se traducía, como se recuerda, en la aceptación del poder de plasmación poética de la naturaleza sobre todos sus hijos.

Ningún sistema literario hará más progresos en Tucumán que el del romanticismo, aseguraba Alberdi, y al registrar los modelos propuestos por Chateaubriand, Hugo y Lamartine indicaba, con ese registro, el círculo de la cultura letrada a que dirigía su mensaje. Pero agregaba: "Se deja ver ya esta tendencia en las clases rústicas de Tucumán que, careciendo de cultivo, no se les puede suponer contagio. Sus cantos y versos rudos, todavía están, sin embargo, envueltos en una eterna melancolía". Y cuatro semanas después de la aparición del folleto en Buenos Aires, en una de las notas de su respuesta a la "Carta crítica" aparecida en *La Gaceta Mercantil*, prometía incluir algunas muestras de esta poesía popular en una ampliación del folleto que no llegó nunca a publicar.

Sarmiento retoma esta promesa de Alberdi y la proyecta del ámbito tucumano al nacional. Atenido a su calidad de testigo, por cierto, no son muchas las muestras de cantos populares que identifica: el *triste*, propio de los pueblos del norte, y la *vidalita*, que ha oído en una fiesta de indios en Copiapó y que es el metro en el que el gaucho compone y canta sus versos. Pero no incluye ningún ejemplo de estos cantos populares, y su incursión en el terreno abierto por la sugerencia de Alberdi difícilmente podría considerarse memorable si descansara sólo en estos resultados. Tampoco ofrece ejemplos particulares en la semblanza de *El Cantor*, la última de las que dedica a los tipos representativos de la población de las campañas en el final del mismo capítulo, pues indica sólo los tipos de versificación disponibles en su repertorio, la monotonía, la pesadez de su canto.

Pero en la presentación de la figura misma del cantor, del "bardo argentino", Sarmiento provee una valiosa información sobre la función social de esa poesía. "El Cantor anda de pago en pago", "de tapera en galpón", cantando a sus héroes de la pampa perseguida por la justicia, los llantos de la viuda a quienes los indios robaron sus hijos en un malón reciente, la derrota y la muerte del valiente Rauch, la catástrofe de Facundo Quiroga y la suerte que le cupo a Santos Pérez". Como el bardo de la Edad Media, compone y difunde versos que serían más tarde recogidos como documentos por el historiador futuro si no fuera que a su lado existe ya una sociedad culta capaz de dar cuenta de los mismos acontecimientos con mayor acuidad.[16]

La intencionada analogía del cantor con el bardo de la Edad Media y el modo de medirla le permiten a Sarmiento, por una parte reforzar la función de receptor, procesador y transmisor de acontecimientos colectivos que atribuye al primero; por otra, le permite idealizar al personaje con el mismo trazo con que señala su necesaria desaparición. Por pertenecer a esa suerte de medioevo analógico, el cantor puede ser reconocido, en efecto, como un personaje de leyenda. ¿Qué otra estimación cabe de la inclusión de la anécdota de ese trovador de la pampa que, mientras cuenta su historia de amoríos y desgracias, es arrinconado por una partida que lo persigue a orillas del "majestuoso Paraná"? El cantor monta su caballo, echa una mirada escudriñadora sobre los soldados que apuntan con las armas preparadas, vuelve el caballo sobre la barranca, veinte varas de altura sobre el lecho del río, le clava las espuelas y salta, para reaparecer instantes después, jinete y cabalgadura, de las profundidades del Paraná.

Pero también por ser situado en ese medioevo analógico, la idealización del personaje conlleva su derrota. La Edad Media convive en la Argentina, de acuerdo con Sarmiento, con la Moderna, y, aunque todavía en conflicto, el movimiento lineal del Progreso había jugado ya sus chances por la última. Con el uso de diferentes analogías y con una diferente medición del tiempo en el que el Progreso reclamaría su victoria, Francis Bond Head había asignado al gaucho el recorrido de la misma parábola. El gaucho, decía el viajero, figura tan interesante en tantos sentidos, presta un escaso servicio a la gran causa de la civilización, pero merece permanecer, sin censura, en las ilimitadas llanuras en que habita, hasta que la población cree las necesidades del mundo civilizado y provea los medios de suplirlas.[17]

Al admitir, postergándolo hacia un futuro impreciso, el carácter inevitable de la desaparición del gaucho, Head podía, sin incurrir en contradicciones, fundir la captación francamente admirativa de su pasado con el presente de la relación. Pero Sarmiento, al achicar la distancia de lo porvenir, al considerar la dimensión del futuro, por momentos como una dimensión virtualmente paralela a la del presente, no podía expresar su estima por diversos rasgos de la vida y el carácter del gaucho contemporáneo sin que los signos de esa estima mostraran la sombra de su propia contradicción. Así, después de culminar con la semblanza positiva del *cantor*, las igualmente positivas del *rastreador* y del *baqueano* y hasta la muy controlada del *gaucho malo* (un "fuera de la ley" que no es, en última instancia, ni un bandido, ni un salteador ni atenta contra la vida de nadie), Sarmiento cierra su galería de tipos representativos de la llanura con una advertencia que suena, en su contexto restringido, entre peregrina y desconcertante: "Aún podría añadir a estos tipos originales muchos otros igualmente curiosos, igualmente locales, si tuviesen, como los anteriores, la peculiaridad de revelar las costumbres nacionales, sin lo cual es imposible comprender nuestros personajes políticos, ni el carácter primordial y americano de la sangrienta lucha que despedaza a la República Argentina. Andando esta historia, el lector va a descubrir por sí solo dónde se encuentra el rastreador, el baqueano, el gaucho malo y el cantor".

Esta advertencia interrumpe la más extensa de las incursiones específicamente literarias del *Facundo* y, probablemente, la que tuvo mayor incidencia en la delimitación de un espacio y de una mitología propios de la literatura nacional argentina. En algunas de las incursiones que le siguen, notablemente la de la recreación del duelo silencioso de Facundo Quiroga y el tigre, y la del episodio del asesinato del mismo Quiroga en Barranca Yaco, no cabe sino admitir la poderosa transmutación de un anecdotario recogido de la tradición oral y de la crónica de noticias. Pero en otras es posible, de nuevo, reconocer un trabajo de elaboración sobre observaciones o datos esparcidos en relaciones de viaje. Tal la descripción de la provincia de Tucumán, en el capítulo VIII, libremente recreada a partir de reminiscencias o ecos del texto de Joseph Andrews.

"El mayor Andrews, un viajero inglés que ha dedicado muchas páginas a la descripción de tantas maravillas", dice Sarmiento, equivocando el grado militar del viajero y atribuyéndole experiencias que éste no registra en su relato. De memoria, seguramente, siguiendo al bulto la dirección de las imágenes más llamativas de *Journey from Buenos Ayres*, mezclándolas y combinándolas con otras extraídas de la *Memoria descriptiva* de Alberdi y de un manual de geografía de Malte-Brun, Sarmiento emprende la descripción del escenario físico de Tucumán como extensión de su comentario a la batalla de La Ciudadela y al ingreso de Quiroga a la ciudad capital de la provincia.

Noel Salomon ha señalado con perspicacia el montaje de este curioso ejemplo de asociación literaria. En su examen, las reminiscencias del texto de Andrews son irrefutables; como lo son, también, las del texto de Alberdi, otra vez extrañamente ausente de su sistema de citas. Con estos apoyos, y los del fragmento transcripto del manual de geografía, Sarmiento no necesitó sino volverse a los modos de representación de la naturaleza americana consagrados por Chateaubriand, en *Atala*, para sentirse autorizado no sólo a dar cuenta de un paisaje que no conocía, sino para agregar a la descripción de ese paisaje algunos énfasis y coloraciones de su propia imaginación.

Tucumán es, en efecto, el Edén de América. En su aspecto utilitario, los doce ríos que lo recorren, a distancias iguales, forman al reunirse un canal navegable que se interna en el corazón del continente. Los bosques de cedros, de nogales, de caobas, dicen por sus nombres su valor de mercado; pero esos bosques revelan, a quien sabe mirarlos, los encantos de Grecia: "el cedro deja crecer a su lado el clásico laurel, que a su vez resguarda bajo su follaje el mirto consagrado a Venus". De Grecia, y de la esquiva geografía evocada en las páginas de las *Mil y una noches*. Los modelos siguen a los modelos, hasta que de pronto, los mismos parecen insuficientes para contener la cadena de amplificaciones que genera su lectura en el redactor del *Facundo*: "Sobre toda esta vegetación, que agotaría la paleta fantástica en combinaciones y riqueza de colorido, revoloteaban enjambres de mariposas doradas, de esmaltados picaflores, millones de loros color de esmeralda, urracas azules y tucanes anaranjados. El estrépito de estas aves vocingleras os aturde todo el día, como si fuera el ruido de una canora catarata".[18]

Si las hipérboles, si los millones de loros color de esmeralda y las bravuras de estilo prueban la comodidad y hasta el gusto con los que Sarmiento se incorpora a las descripciones del paisaje tucumano ensayadas por Andrews y por Alberdi, las observaciones caracterológicas deducidas de ese mismo paisaje prueban su audacia y su propensión al estereotipo. "Daos más bien prisa —invita Sarmiento— a imaginaros lo que no digo de la voluptuosidad y belleza de las mujeres que nacen bajo un cielo de fuego, y que, desfallecidas, van a la siesta a reclinarse muellemente bajo la sombra de los mirtos y laureles, a dormirse embriagadas por las esencias que ahogan al que no está habituado a aquella atmósfera". Ficción por ficción, entre estas mujeres podía muy bien encontrarse Amalia, la protagonista del folletín por entregas de Mármol.

El espacio que Sarmiento dedica a estos ejercicios, de todas maneras, es muy limitado, como que con éste no pretende sino situar un episodio particular de la vida de Quiroga. Sin acotaciones de peso sobre las relaciones de la población con el medio; sin estudios de individualidades notables; sin examen de las expresiones culturales, el viaje imaginario por Tucumán se reduce, en última instancia, a una estrechamente compartida composición literaria sobre su paisaje. Y téngase en cuenta que en el comienzo y en el tramo final de esta composición, Sarmiento asocia a ésta las observaciones de Malte-Brun sobre el consumo estético de ese paisaje, es decir, sobre la práctica de los paseos dominicales de grupos de familias a los bosques vecinos a la ciudad, "donde todo, hasta los nombres griegos recuerdan al viajero sorprendido la antigua Arcadia".

Andrews, como consta en alguna de las anotaciones de su relato, hasta había especulado sobre las posibilidades del rendimiento económico de este nuevo tipo de consumo, proyectando la instalación de una hostería en la zona boscosa que une a la provincia de Tucumán con la de Salta. El geógrafo Malte-Brun, sin declarar esa intención, o sin tenerla, se limita a registrar, en el caso tucumano, la puesta en práctica de un uso social crecientemente en boga en algunos países de Europa y en los Estados Unidos de Norteamérica. Por los tiempos en que se multiplicaban las ediciones de *El último de los mohicanos*, el circuito turístico se había apropiado ya de las montañas, los lagos y los bosques que Cooper, en 1826, había querido recuperar en su carácter prístino.[19]

Es obvio que Sarmiento apostaba al efecto positivo del toque de modernidad con que ofrecía o publicitaba su descripción del Edén americano. Es obvio también que al hacerlo no tomó en cuenta o no consideró significativo el distingo que un dato concreto de modernización, aun en la forma trivial del consumismo estético, establecía entre su tratamiento del paisaje tucumano y el de la llanura pampeana, sorprendida casi en la gracia de los días de la creación, inabarcable, misteriosa, bárbara.

En un típico arrebato de promoción de sus escritos, Sarmiento envió a Juan María Gutiérrez, de Santiago de Chile a Valparaíso, ejemplares del recién editado *Facundo*, encareciéndole su distribución. "Le remito un cajón que le entregará a Peña, el cual contiene 170 ejemplares de mi Odisea, como se ha complacido en llamarla usted, por una admirable mezcla de afecto, convencimiento e inofensiva ironía. Pero no importa; yo también lo llamaré desde ahora mi Odisea".[20] Cualesquiera fueran las puntas intencionadas del cumplido y las de su aceptación, lo cierto es que pocos meses después, en misión de estudios encomendada por el ministro de Instrucción Pública de Chile, tendría la oportunidad de proseguir la búsqueda de su Ítaca, embarcándose esta vez, como correspondía, en un periplo de dos años, iniciado y concluido en el puerto de Valparaíso. Las experiencias a bordo de la nave; los arribos a Montevideo, a Río de Janeiro, a El Havre; las excursiones por Francia, España, Italia, Suiza; el pasaje por el norte de África; la visita a los Estados Unidos, tal como aparecen registradas en las cartas de *Viajes por Europa, África y América. 1845-1847*, no desmienten el seguimiento de esa búsqueda, a pesar de la variedad de los materiales que acumulan y de los propósitos que enuncian, y a pesar de las frecuentes caídas del viajero en el hechizo del canto de las Sirenas.[21]

En presunción de buena lógica, ni los relatos de los viajeros ingleses, ni los de aquellos que se filtran en el texto del *Facundo* y en otros escritos anteriores, decían tener cabida en la preparación y en la redacción de los *Viajes*. El mismo Sarmiento apoya esa presunción en las sobrias reflexiones con que beneficia al Prólogo de la primera edición, en 1849. "El *viaje escrito* —dice— a no ser en prosecución de algún tema científico, o haciendo exploración de países poco conocidos, es materia muy manoseada ya para entretener la atención de los lectores".[22] Las descripciones, continúa, carecen de novedad, puesto que la vida civilizada reproduce en todas partes los mismos caracteres, y la prensa periódica lo revela todo. Y si ocurre que el viajero pasa de las sociedades menos adelantadas a las que sostienen el movimiento del progreso, agregará a aquellas desengañadas restricciones la de comprobar su falta de preparación para apreciar los signos de ese progreso. Sólo quedan las semificcionales y artísticas *impresiones de viaje* a la manera de las entonces muy popularizadas versiones de Dumas o de Lamartine; pero éstas son variantes con las que Sarmiento no se considera llamado a competir.

Es cierto que dos breves marcaciones dislocan el uniforme ascetismo de estos enunciados. En una de ellas, Sarmiento recuerda al lector que el báculo del viajero no lo recogió a las puertas de Santiago de Chile, "recogílo solo de algún rincón, donde lo tenía, como tantos otros, abandonado, mientras hacía alto, en una peregrinación a que están periódicamente, y a veces, sin vuelta, condenados los pocos que en nuestros países se mezclan a las cosas públicas". En la otra, admite la probabilidad de que en algunas de sus notas de viaje mezcle lo que efectivamente vio, con lo que no vio en determinados lugares, transfiriendo la debida cuota de subjetividad, de intereses, de reflejos culturales, a su condición de testigo: "¿quién no dijera que ese es el mérito y el objeto de un viaje, en que el viajero es forzosamente el protagonista, por aquella solidaridad del narrador y de la narración, de la visión y los objetos, de la materia de exámenes y la percepción...".

En el plano doblemente invertido de la parodia y de la ficción, éstas eran, precisamente, las marcas con que el narrador de "Un viaje a Valparaíso" se revelaba a sí mismo: un viajero que desde siempre se venía preparando e informando sobre las valiosas promesas de esa experiencia; y un viajero que anhelaba relatar, como héroe indiscutido, el curso de sus propias peripecias. Hay hábitos, lecturas, reflejos culturales, expectativas que sobreviven, entonces, al severo escrutinio que el prologuista dedica, a posteriori, a los usos y disponibilidades del género.

Entre las lecturas o los sedimentos de lecturas que sobreviven al escrutinio, pueden computarse, sin duda, algunas de las relativas al viaje romántico, en general, y al viaje romántico en la versión ofrecida por las narraciones inglesas citadas en el *Facundo*. Aunque el cómputo sea magro y sus ilustraciones, erráticas. De lejos, el ejemplo más neto de sobrevivencia aparece en la primera de las cartas incluidas en *Viajes por Europa, África y América*. Fechada en Montevideo, el 14 de diciembre de 1845, la carta, dirigida a Demetrio Peña, recoge lo que para Sarmiento eran las primeras impresiones de una travesía marítima; y de una travesía que, después del estrecho de Magallanes, se prolongaba en una línea paralela a la del litoral argentino, hasta alcanzar la altura del estuario del Río de la Plata.

Sarmiento había disfrutado ya el espectáculo del mar desde la costa chilena, y parecía prometerse a sí mismo, al embarcarse, la posibilidad de atestiguar, mar adentro, los poderes terribles con que la naturaleza sostenía la magnitud de ese espectáculo. Es el estado de ánimo y la disposición literaria que Echeverría había intentado recuperar en el *Peregrinaje de Gual-*

po, el estado de ánimo exaltado y la disposición entusiasta con que Alberdi y Mármol habían emprendido la redacción de *El Edén* y *Cantos del peregrino*, respectivamente. Pero un accidente ocurrido apenas iniciada la navegación —la caída al agua y la muerte de un marinero— interrumpe, o es presentado como que interrumpe, el tributo que el flamante viajero, en buena práctica, se aprestaba a ofrecer a una de las más durables convenciones de la cultura romántica. En palabras de Sarmiento: "De este placer gozaba a mis anchas todos los días, y aun con más viveza en aquellos mares en que las olas son montañas que se derrumban por momentos, disolviéndose con estrépito aterrante en una cosa como polvo de agua. Allí el abismo, lo infinito, lo incontrastable, tienen encantos y seducciones que parece que lo llaman a uno, y le hacen reconocer si está seguro, para no ceder a la tentación. Pues bien! desde el día en que cayó el marinero... el silbido plañidero del viento perdió para mí toda su misteriosa melodía".

La preferencia del relato del incidente sobre la descripción del espectáculo del océano; de la anécdota sobre el pretexto para la efusión estético-sentimental, distrae de hecho y desobliga a Sarmiento de lo que parecía ser su inminente tributo a las exigencias de una convención literaria. Sobre el relato de otra anécdota de viaje, sin embargo, las exigencias de otras convenciones del mismo reservorio no tendrán la misma fuerza de distracción. La inesperada excursión a la isla Mas-a-fuera, provee, en efecto, no sólo la materia de un relato, sino los modos de presentación y hasta algunas apelaciones retóricas que no pueden sino reconocerse como familiares a las difundidas en los textos de los viajeros ingleses. Obligada la nave a detenerse alrededor de la isla por varios días, el piloto propone a algunos pasajeros, como simple recreo, una breve visita a aquélla. La isla, de pronto, en la versión de Sarmiento, es una enorme montaña de origen volcánico que se levanta, exabrupto, del fondo del océano, sin playas ni fondeadero, cerrada en sí misma con "la forma de ballena colosal que estuviera flotando en el agua".

Y la isla, de pronto, es la isla en la que De Foe imaginó las peripecias de Robinson Crusoe (no siéndolo, en realidad), y lejos de estar poblada sólo de perros y cerdos salvajes, estaba habitada por cuatro individuos que, a su manera, repetían las chances del protagonista de la famosa novela. La extrañeza del encuentro, las reflexiones que se derivan de la existencia efectiva del robinsonismo, y la partida de caza de cabras salvajes que enseguida emprenden los recién llegados y los cuatro proscriptos, conceden a la anécdota el potencial y las expectativas de un complejo desarrollo narrativo. No de otro modo como se suponía que operaban las buenas anécdotas intercaladas en los buenos relatos de viaje.

La descripción y la valoración del escenario físico de la isla, por otra parte, sigue fórmulas debidamente probadas en esos mismos relatos. "Apenas es posible formarse idea de sitio más salvaje, precipicios más espantosos, ni espectáculo más sublime". "...al frente una enorme montaña, de cuyas cimas cubiertas de nubes, descendía por más de una milla una caída de agua en cascadas de plata; bosquecillos de una palma de arbusto tapizaban las hondonadas oscuras y húmedas, mientras que chorreras de árboles con variedad pintoresca, dejaban ver sus copas redondeadas, unos en pos de otros hasta el fondo del valle, en las mil sinuosidades de las montañas." Y después de las estimaciones estéticas, las utilitarias de rigor: "Para decir todo lo que pueda interesarle sobre la isla de Robinson, llamada vulgarmente Mas-a-fuera, instruiré a usted que sus maderas de construcción son inagotables, rectas y sólidas, pudiendo en varios puntos, con el auxilio de planos inclinados, hacerse descender hasta la orilla del agua. La riqueza espontánea de la isla, empero, consiste en sus abundantes y exquisitos pastos, cuyo verdor perenne mantienen las lluvias... La cría de cerdos y ovejas, sobre todo merinos, produciría sumas enormes, caso de que la actual de cabras no satisfaciese a sus moradores". Sin citar a ninguno de los viajeros ingleses, ocupándose de un lugar que no había sido, por otra parte, conocido por éstos, parece evidente, sin embargo, que la doble perspectiva estética y utilitaria con que Sarmiento lo describe, fue la difundida y consagrada en varios de los relatos de la serie iniciada por Bond Head.[23]

Mientras la primera carta concluye con esta intensa y minuciosa relación de la estadía en la isla de Mas-a-fuera, la segunda, dirigida a Vicente F. López y fechada también en Montevideo el 25 de enero de 1846, se inicia con una referencia de unas pocas líneas, a las semanas de navegación que lo llevaron de ese peñón del Pacífico a las cercanías de la costa uruguaya. "Entre Chile y Montevideo media más que el Cabo de Hornos, que ningún obstáculo serio opone a la ciencia del navegante". "Después de cansada y larga travesía, nos acercábamos a las costas argentinas. Habíamos dejado atrás las islas Malvinas, y el Capitán, cuidadoso, tomaba por las estrellas la altura, por temor de dar de hocicos con el fatal Banco Inglés. Una tarde, en que los celajes y el barómetro amenazaban con el *pampero*, el mal espíritu de estas regiones, entramos en una zona de agua purpúrea que en sus orillas contrastaba perfectamente con el verde esmeralda del mar cerca de las costas".

Aun con el conocimiento previo de la imagen física de la Argentina delimitada en el *Facundo*, sorprende encontrar la escueta confirmación de esa imagen en las citadas referencias. Sarmiento había pensado y construido la biografía de Facundo Quiroga a partir de personales premisas geopolíticas, como un intento de explicación del enigma argentino, y el escenario físico que invocaba en su ensayo era, en última instancia, el que servía de hábitat a la sociedad y a la historia que buscaba, precisamente, examinar. El que la Patagonia no formara parte de la construcción mental de ese escenario, durante la redacción del *Facundo*, presuponía desde luego que aquélla tampoco podía formar parte de esa construcción mental, pocos meses después, durante la redacción de la primera y la segunda carta de los *Viajes*. Pero Juan Bautista Alberdi, que concebía ese escenario en términos similares a los de Sarmiento, al pasar a lo largo de la costa patagónica en su viaje de regreso a Chile, en 1844, no dejó de elaborar una serie de respuestas que valen, si se quiere, como una tortuosa racionalización del proceso que lo llevó a excluir a "la parte más bella de la América del Sud", de su mapa de la Argentina. A título personal, en *Impresiones y recuerdos*, o a través del narrador ficticio del *Tobías*, Alberdi se hacía cargo de la existencia de la Patagonia. Sarmiento, en comparación con el horizonte de posibilidades que le abría la experiencia del viaje, y en comparación con sus propias anotaciones, anteriores y posteriores a ese segmento de la travesía, ostensiblemente la ignora.[24]

Si la zona de agua purpúrea que se divisa en las cercanías de la costa uruguaya le permite al capitán de la nave decir, entre burlas y veras, aludiendo a los crímenes atribuidos a la dictadura de Rosas, "esa es la sangre de los que allá degüellan", la reacción de Sarmiento, humillado, triste y rápido para explicar, más allá de sus simpatías políticas, que esa coloración provenía de la presencia de ciertos infusorios, indica la movilización de característicos reflejos de identificación nacional. En todo caso, durante la permanencia en Montevideo, como más adelante en Río de Janeiro, el viajero se ocupó tanto de registrar observaciones sobre las costumbres y las políticas locales, como de opinar sobre los acontecimientos políticos de la Argentina, entrevistarse con sus ciudadanos en el exilio, revisar su naciente literatura, y añorar —si cabe— un paisaje que no conocía sino por lecturas, referencias y sus propias elaboraciones en el *Facundo*.

La revisión de la literatura argentina, en la carta de Montevideo, es indudablemente entusiasta. Pero Sarmiento, fiel aquí como nunca a sus hábitos de trabajar simultáneamente, en dos direcciones contrarias, deja que aquellos hábitos afecten el sentido de este entusiasmo. Así, comienza disculpando a los poetas argentinos que, en la mejor tradición española, desvían las energías y los talentos que debieran emplear para sostener el progreso. "Haced versos y poblad el río de seres fantásticos, ya que las naves no vienen a turbar el terso espejo de sus aguas. Y mientras otros fecundan la tierra, cruzan a vuestros ojos con sus naves cargadas el *almo* río, cantad vosotros como la cigarra, cantad silvas mientras los recién venidos cuentan los *patacones*; pintad las bellezas del río que otros navegan; describid las florestas y campiñas, los sotos y bosquecillos de vuestra patria, mientras el teodolito, el grafómetro, prosaicos en demanda, describen a su modo, y para otros fines los accidentes del terreno". El duro tono de la reconvención, agravado por el de la condescendencia, no le impide, sin embargo, a continuación, saludar en los nombres de Florencio Varela y de Ascasubi la incidencia de la poesía culta y de la popular en las etapas formativas de la nacionalidad, despertando inteligencias dormidas y arrojándolas a la vida pública.

Y no le impide, después de la mención de Ascasubi, y de la de Hidalgo, abrir una serie de emotivas asociaciones que terminan por incluirlo, directamente, en su desarrollo. "A mí me retozan las fibras cuando leo las inmortales pláticas de *Chano*, el *cantor*, que andan por aquí en boca de todos. Echeverría describiendo las escenas de la pampa, Maldonado (por Hidalgo), imitando el llano lenguaje, lleno de imágenes campestres del cantor, ¡qué diablos! por qué no he de decirlo, yo, intentando describir en Quiroga la vida, los instintos del pastor argentino, y Rugendas, pintando con verdad las costumbres americanas; he aquí los comienzos de aquella literatura fantástica, homérica, de la vida del gaucho..." Una curiosa declaración de orígenes que se encontraban en el proceso mismo de gestación, como que el *Facundo* acaba de salir de la imprenta, pero que indica el grado de confianza con el que Sarmiento ubicaba a su escrito en ese magma fundador, y la conciencia de que el proyecto literario imbricado en ese escrito había seguido el único rumbo posible para la literatura argentina.

La clave de esta suerte de epifanía, de revelación gozosa de este rumbo literario, no parece sino consistir en la disposición de Sarmiento de liberar al examen de ese rumbo, momentáneamente, a la manera de Bond Head, de toda referencia al conflicto del mundo campesino con las urgencias del presente y del futuro. Los nombres de Ascasubi e Hidalgo, asociados al de Echeverría y al suyo, sin alusión a los cantores anónimos indagados en el *Facundo*, indican, entonces, el reconocimiento de una literatura centrada en las modalidades de la vida del gaucho y en la pampa, su entorno natural. Una literatura indistintamente popular y culta; pero una literatura, en todo caso, difundida por la prensa y atribuible a un autor.

"Paréceme —continúa Sarmiento— ver al viejo *Chano*, de la isla del Tordillo, acercándose al pago de la Guardia del Monte, al tranco majestuoso y pausado del caballo del gaucho". Pero al recordar algunos de sus dichos y sospechar en ellos la profecía del advenimiento de Rosas, cambia bruscamente el temple de su revisión literaria. Echeverría es presentado, a continuación, en su triste condición de exiliado, enfermo, incapacitado de influir en los acontecimientos, y los versos de *El Ángel Caído*, interpretados y elogiados, acaso abusivamente, como una metáfora de las desgracias del país, son, en última instancia, disculpados en los mismos términos y por las mismas razones con que disculpaba los versos de los poetas argentinos en el comienzo de su revista literaria. "He aquí al verdadero poeta, traduciendo sílaba por sílaba su país, su época, sus ideas. El Hudson o el Támesis no pueden ser cantados así; los vapores que hienden sus aguas, las barcas cargadas de mercaderías, aquel hormiguear del hombre, aforradas sus plantas en cascos, no deja ver esta soledad del Río de la Plata, reflejo de la soledad de la pampa que no alegran alquerías, ni matizan villas blanquecinas que ligan al cielo las agujas del lejano campanario. No hay astilleros, ni vida, ni hombre; hay sólo la naturaleza bruta, tal como salió de las manos del Criador, y tal como la perpetúa la impotencia del pueblo que habita sus orillas..."

No es diferente el temple emocional con el que se refiere a Mármol, en la carta fechada el 20 de febrero en Río de Janeiro. El gesto de presentación quiere ser positivo, y lo es, en función de los adjetivos con que acota el despliegue de imaginación y la destreza literaria invertida en los *Cantos del peregrino*. Sólo que en una de sus observaciones señala que este extenso poemario confirma su teoría sobre la poesía española en general: exuberancia de fantasía; cascadas de imágenes relucientes; pensamiento altísimo que se disipa "falto de mejor ocupación". Entendiendo, para el caso argentino, como ocupación cualquier ocupación bloqueada por el oscurantismo reaccionario del gobierno de Rosas.

Si este comentario de Sarmiento sobre los *Cantos del peregrino* es otro cerrojo a su interés en una variante de la literatura argentina sin peso específico, el comentario incidental que sigue a continuación de un encuentro con el pintor Rugendas encierra, a su vez, una nueva prueba de la afición con que sigue los rastros configuradores de la otra variante. Aunque estos rastros aparezcan representados y devueltos desde la superficie de una tela. Rugendas, aclara Sarmiento, aunque alemán y cosmopolita, "es por la candorosa poesía de su carácter, argentino y gaucho". En sus cuadros, el gaucho ha pasado con sus hábitos, su traje, su carácter moral. "Entre las escenas de la pampa, Rugendas tiene dos tipos que repite y varía al infinito. La escena de bolear caballos y el rapto de las cristianas, el poema épico de la pampa de que Echeverría sacó tan bello partido en su *Cautiva*."[25]

Después de abandonar suelo americano, las cartas de viaje de Sarmiento se absorben de más en más en el registro de los lugares, las circunstancias y las costumbres de los países que visita. Como la mayoría de los destinatarios de esas cartas son argentinos, no cuesta inferir que el material de información y las opiniones vertidas en éstas toman a la Argentina, en alguno u otro nivel, como su referente natural. Pero no se repiten en ellas, como en las cartas de Montevideo y de Río de Janeiro, las efusiones sentimentales, ni aparecen ocasiones, como las que Alberdi había reconocido en sus escritos de viaje, en las que la memoria de las bellezas de la tierra natal se imponga sobre la comprobación de las bellezas de otros paisajes. Otra vez, las urgencias del presente y del futuro parecen negar a Sarmiento esas concesiones.[26]

Así, en su visita al norte de África, después de admitir el gusto de lanzarse a caballo, a rienda suelta, satisfaciendo "los instintos gauchos que duermen en nosotros", cortando camino, como en América, a través del campo, clavando las espuelas para hacer lucir al animal todas sus destrezas, dirige a Juan Thompson, su destinatario, esta desconsoladora reflexión: "Y de improviso con la abrupta petulancia de la imaginación para transportarse de un lugar a otro sin transición racional, acaso guiado sólo por la análoga fisonomía exterior del Sahara y de la Pampa, yo me encontré en América, de este lado de los Andes, donde usted y yo hemos nacido, en medio de aquellas planicies sin límites, en las cuales nace y se pone el sol, sin que una habitación humana se interponga entre el ojo del viajero y el límite lejano del horizonte". Y bien, continúa, en este rico suelo, superior en extensión y en fertilidad a la Europa entera, una población que no supera todavía el millón de habitantes, como si pesara sobre ella una maldición, se desgarra a sí misma en luchas intestinas; se paraliza; se mueve en círculos cuando cree marchar en línea recta.

La misma asociación de imágenes, la misma impaciencia en la carta a Juan María Gutiérrez, fechada en Milán el 6 de mayo de 1847. Sarmiento dice que Italia, desde la Romania hasta la Lombardía, es un jardín delicioso, "es la pampa inmensa, pero cultivada, pero interceptada de ríos navegables". Y en un tono confidencial a que parece invitarlo esta última referencia, agrega: "Sabe usted que no he cruzado la pampa desde Buenos Aires, habiendo obtenido la descripción de ella de los arrieros sanjuaninos que la atraviesan todos los años, de los poetas como Echeverría, y de los militares de la guerra civil. Quiérola, sin embargo, y la miro como cosa mía. Imagínomela yerma en el invierno, calva y polvorosa en el verano, interrumpida su desnudez por bandas de cardales y de viznagas. Pero volviendo a poco el kaleidoscopio, la pueblo de bosques... ¿Por qué la pampa no ha de ser en lugar de un yermo, un jardín como las llanuras de la Lombardía?... ¿Por qué? Diréselo a Usted al oído a fuer de provinciano agricultor, porque el pueblo de Buenos Aires, con todas sus ventajas, es el mas bárbaro que existe en América, pastores rudos, a la manera de los kalmucos, que no han tomado aún posesión de la tierra...".

No tendrán ya oportunidad de expresarse, en lo que resta del itinerario, las fibras que se retozan con las pláticas del *Chano*, las imágenes campestres del cantor, las costumbres americanas, "los comienzos de aquella literatura fantástica, homérica de la vida del gaucho". Tampoco la de admitirse, como se lo había prevenido en el Prólogo, la presencia decantada del relato, o los relatos de los viajeros ingleses, sin los cuales, Sarmiento, dificilmente hubiera acertado a ensayar la perspectiva necesaria para estimar, desde afuera, con extrañeza, con sentido de novedad, las noticias que los informantes nativos, los arrieros y los militares no podían haberle ofrecido sino desde adentro. Perspectiva de viajero que fue, por otra parte, instrumental en la composición de los grandes cuadros de *La cautiva*.

Pero en un recodo inesperado del viaje, si hemos de aceptar la proyección simbólica de los actos que combinan el azar y la determinación; si hemos de aceptar la significación de los homenajes inequívocamente personales, Sarmiento encontró acaso la oportunidad de nombrar y de reconocer en las resonancias de la invocación el tejido textual en el que algunos de sus escritos, de hecho, se articulaban. Durante la visita a Alemania, última etapa de su estadía en Europa, ocupado en conversaciones con escritores y expertos en asuntos de emigración, Sarmiento, en un deliberado desvío de su agenda de compromisos, se concedió una corta visita a Postdam, "residencia del barón de Humboldt, el decano de los viajeros..."[27]

NOTAS

1- *Alberdi*

[1] *Memoria descriptiva sobre Tucumán.* En *Escritos póstumos de J. B. Alberdi,* tomo XIV, Buenos Aires, 1900, p. 314.

[2] *Idem,* p. 347.

[3] *Idem,* pp. 348-350.

[4] *Idem,* p. 315.

[5] *Idem,* pp. 315-317.

[6] *Idem,* pp. 322-323.

[7] *Mi vida privada,* Juan Bautista Alberdi, *Obras selectas,* tomo VI. Buenos Aires, 1920, pp. 455-456.

[8] *Memoria descriptiva,* pp. 19-20.

[9] *Idem,* p. 26.

[10] *Idem,* p. 10.

[11] *Idem,* pp. 22-26.

[12] *Idem,* p. 19.

[13] *Idem,* p. 11.

[14] Sobre las vísperas de ese debate, véase Félix Weinberg, *El salón literario,* Buenos Aires, 1958. Y la minuciosa información ofrecida en Jorge M. Mayer, *Alberdi y su época,* Buenos Aires, 1962.

[15] *Obras completas de D. Esteban Echeverría,* Tomo 3, Buenos Aires, 1871, p. 12.

[16] *La Gaceta Mercantil,* Buenos Aires, 2 de diciembre de 1834.

[17] Después de *Souvenirs Atlantiques,* Theodore Pavie publicó *Fragments d'un voyage dans l'Amerique Meridionale,* 1833. Angers, 1840. Nos ha sido imposible consultar algún ejemplar del mismo. Otras constancias de su residencia en Buenos Aires y Montevideo, en *Archivo del Doctor Juan María Gutiérrez, Epistolario,* Tomo I, Buenos Aires, 1979.

[18] De estas costumbres se ofrece una versión aun más atractiva en la cita del geógrafo Malte-Brun, transcripta por Sarmiento como epígrafe del capítulo VIII del *Facundo.*

[19] *La Gaceta Mercantil,* artículo citado.

[20] Michel Butor, *Repertoire IV,* op. cit.

[21] *La moda,* N° 8, Buenos Aires, 1838.

[22] *Veinte días en Génova,* en *Obras selectas,* tomo 3, p. 43.

[23] *El Edén. Especie de poema escrito en el mar,* en *Obras selectas,* tomo I, p. 234.

[24] *Idem,* pp. 283-284.

[25] *Idem,* p. 289.

[26] *Impresiones y recuerdos,* en *Obras selectas,* tomo 3, p. 228.

[27] *Idem,* p. 294.

[28] *Tobías. O la Cárcel a la vela,* en *Obras selectas,* tomo I, p. 207.

[29] *Idem,* p. 307.

[30] El texto de Falkner fue incluido en el primer volumen de la *Historia Antigua y Moderna de las Provincias del Río de la Plata.* Segunda edición, Buenos Aires, 1910.

[31] *Tobías. O la Cárcel a la vela*, pp. 214-215.
[32] *Veinte días en Génova*, pp. 179-180.
[33] Gustave Charlier, en *Le sentiment de la Nature*, op. cit., p. 220, transcribe una nota del *Globe*, del 27 de julio de 1827, en la que se puntualiza que las escenas y los caracteres ofrecidos por la novela de Cooper no pueden compararse, por su frescura, con los de *Atala*. En ésta, "las descripciones pertenecen, en gran parte, a la imaginación del autor". Véase la nota 32 de la Parte I.

2- Echeverría

[1] En Alberto Palcos, *Historia de Echeverría. Apéndice documental*, Buenos Aires, 1960; José Luis Lanuza, *Echeverría y sus amigos*, Buenos Aires, 1951.
[2] *Idem.*
[3] *Obras completas de D. Esteban Echeverría*, Tomo 5, pp. 1-19.
[4] *Idem.*
[5] *Obras completas de D. Esteban Echeverría*, Tomo 5, pp. 21-73.
[6] *Idem*, p. 31.
[7] *Idem*, p. 57.
[8] Juan María Gutiérrez y otros, *Obras completas de D. Esteban Echeverría*, Tomo 5; Rafael Alberto Arrieta, *Historia de la literatura argentina*, vol. II, Buenos Aires, 1958; Noé Jitrik, *El matadero et La cautiva*, París, 1969.
[9] *Obras completas de D. Esteban Echeverría*, Tomo 1, *La cautiva*.
[10] El pasaje remite a otro muy similar de *Cartas a un amigo*, en *Obras completas*, p. 40.
[11] J. A. B. Beaumont, en *Travels in Buenos Ayres*, 1828, es el único de los viajeros de la serie que ofrece, por separado, la imagen de los grandes incendios y la historia de una mujer que logró escapar al cautiverio de los indios.
[12] F. B. Head, *Rough Notes*, op. cit., p. 23.
[13] Noé Jitrik, *El matadero et La cautiva*, op. cit., pp. 117-144.
[14] Juan María Gutiérrez, en la nota sin firma publicada en el *Diario de la Tarde*, el 4 de octubre de 1837. Reproducida en Juan María Gutiérrez, *Sobre las "Rimas" de Echeverría. Documentos de la crítica argentina*. Buenos Aires, 1960.
[15] En *Obras completas de D. Esteban Echeverría*, Tomo 5, p. XLIII.
[16] *Idem*, p. CXXVI.
[17] Y salvarlo, paradójicamente, de las sospechas de localismo.
[18] En el ejemplar citado del 22 de diciembre de 1834.
[19] En *Archivo del Doctor Juan María Gutiérrez. Epistolario*, Tomo I, pp. 178-181.
[20] *Idem*, p. 250. Lectura que no llegó a modificar, por cierto, su escala de gustos y apreciaciones. El *Diario de viaje* que llevó durante su traslado y permanencia en Francia e Inglaterra, entre 1843 y 1844 es, literalmente, un inventario de observaciones y de juicios a la manera de los tardíos viajeros del siglo XVIII. El diario fue editado por

Félix Weinberg, en *Revista histórica*, Montevideo, 1975, t. XLV y t. XLVI.

[21] En el lote de 27 títulos de obras en francés que Echeverría puso a la venta en julio de 1841, pocos meses después de buscar refugio político en el Uruguay, se encuentran las traducciones de: Basil Hall, *Extracts from a Journal Written on the Coasts of Chili, Peru and Mexico*, Londres, 1824, y Henry Coster, *Travels in Brazil*, Londres, 1817. El que ninguno de estos viajeros incursionara por territorio argentino permite suponer que los relatos de los que lo hicieron, dados los obvios intereses de Echeverría, no fueron ofrecidos en venta. La versión francesa del texto de Francis Bond Head es el caso más notorio. La lista de los libros, en Alberto Palcos, *Historia de Echeverría*, op. cit., pp. 257-259.

[22] En Alberto Palcos, *Historia de Echeverría*, op. cit., p. 251, y en *Archivo del Doctor Juan María Gutiérrez*, op. cit., pp. 267, 277, 290.

[23] En Ernesto Morales, *Epistolario de Juan María Gutiérrez*, Buenos Aires, 1942, pp. 56-57.

[24] Noé Jitrik, *El matadero et La cautiva*, op. cit., pp. 146-176.

[25] En el relato de Campbell Scarlett, *South America and the Pacific*, publicado en 1838, la manifiesta hostilidad hacia los ingleses por parte de la gente vecina a los mataderos se atribuye al resentimiento por la ocupación de las Islas Malvinas en 1833, pp. 88-91.

[26] *Obras completas de D. Esteban Echeverría*, tomo I, p. 431.

3- Mármol

[1] Si en numerosos segmentos de *Cantos del peregrino* Mármol busca convertir la experiencia de su viaje en material poético, algunas de las notas con que acompañó la edición fragmentaria del poema, particularmente las relativas al Brasil, señalan la traducción de esa experiencia al formato consagrado en la literatura de viajes contemporánea. Véase José Mármol, *Obras poéticas*, Buenos Aires, 1889, pp. 170-181.

[2] *Obras poéticas*, op. cit., p. 107.

[3] Pocos años después, en *Amalia*, en un juego de adivinanzas entre los protagonistas: "Don Pedro de Angelis, porque este autor no puede parecerse a mí desde que no toma café; toma agua de pozo, la más indigesta de este mundo, razón por la cual no ha podido digerir todavía el primer volumen de sus documentos históricos, ¿acerté?" *Amalia*, Prólogo de Trinidad Pérez, La Habana, 1976, p. 254.

[4] Pedro de Angelis, en el "Proemio al Itinerario de Buenos Aires a Córdoba de J. Sourriere de Souillac". *Historia antigua y moderna de las Provincias del Río de la Plata*, op. cit., Tomo 5, pp. 299-300.

[5] Una proyección alegórica de más vasto alcance, en Doris Sommer, *Foundational Fictions. The National Romances of Latin America*, Berkeley, 1991.

[6] *Amalia*, op. cit., p. 126.

4- *Sarmiento*

[1] Leopoldo Lugones, *Historia de Sarmiento*. Estudio preliminar de Juan Carlos Ghiano, Buenos Aires, 1988, p. 161.

[2] Juan Bautista Alberdi, *Escritos póstumos*, tomo XV, pp. 215-220.

[3] Paul Verdevoye, *Domingo Faustino Sarmiento*, Buenos Aires, 1988, pp. 11-80; Adolfo Prieto, "Sarmiento: Casting the Reader: 1839-1845". En *Sarmiento. Author of a Nation*. Edición de Tulio Halperín Donghi, Iván Jaksic, Gwen Kirkpatrick y Francine Masiello, Berkeley, 1994, pp. 259-271.

[4] "Un viaje a Valparaíso", en *El Mercurio*, Valparaíso, 2 de septiembre de 1841. Las siguientes entregas, "Primera jornada" y "Mi llegada", aparecieron el 3 y el 4 de septiembre respectivamente.

[5] *Diccionario geográfico universal*. Coordinado con arreglo a la *Geografía universal* de M. Malte Brun. París, 1828. Sobre la ciudad de San Juan dice escuetamente: "Ciudad de la América meridional, situada sobre las fronteras de Chile y de la provincia de Cuyo, a 59 leguas al N E de Mendoza y a 165 de Santiago", p. 440.

[6] Sobre la ejecución de este proyecto, véase Ana María Barrenechea, *Textos hispanoamericanos*, Caracas, 1978; Noé Jitrik, Prólogo a la edición de *Facundo*, Caracas, 1977; Noel Salomón, *Realidad, ideología y literatura en el "Facundo" de Sarmiento*, Amsterdam, 1984; William H. Katra, *D. F. Sarmiento: Public Writer (between 1839 and 1852)*. Tempe, 1985.

[7] Estos procedimientos simplificadores darán a Alberdi los mejores argumentos para refutar al *Facundo* en sus *Cartas Quillotanas*.

[8] *Philosophy of History*, op. cit., pp. 79-84.

[9] Una revisión de las probables fuentes utilizadas por Sarmiento, en William H. Katra, *D. F. Sarmiento: Public Writer*, op. cit., Cap. VI.

[10] *Facundo o civilización y barbarie*. Prólogo de Noé Jitrik. Notas y Cronología a cargo de Nora Dottori y Susana Zanetti, Caracas, 1977. Sarmiento da el nombre de Head en lugar del de Humboldt, un descuido nada infrecuente en sus escritos. Lo que sí es infrecuente es que al menos durante un siglo este descuido pasara inadvertido a varias generaciones de lectores, incluidos, por supuesto, los críticos, los historiadores de la literatura y los responsables de las antologías escolares. Raúl Orgaz fue de los primeros, si no el primero, en señalar el error en *Sociología argentina*, Córdoba, 1950.

[11] *El Progreso*, Santiago de Chile, 22 de noviembre de 1842. El pasaje de Fitz-Roy traducido en el artículo de Sarmiento corresponde a las páginas 229-230 del volumen primero de *Narrative of the Surveying Voyages...*, op. cit.: "La llanura estaba tapizada de exquisito pasto, como el que se encuentra en la pampa del Río de la Plata, tan bueno y rico el pasto y trébol, que guardé algunas semillas con el fin de reproducirlas en Inglaterra... Considero este lugar a propósito para un establecimiento..." Los artículos de Sarmiento ilustran la legitimidad de los derechos de Chile a la posesión del estrecho de Magallanes, y la urgen-

cia de hacerlo antes de que lo hagan Inglaterra o Francia. Esta intervención periodística marca uno de los aspectos más controvertidos de su vida pública en Chile. Véase Paul Verdevoye, *Domingo Faustino Sarmiento*, op. cit., pp. 319-324.

[12] En una nota agregada a la edición de 1851, en el capítulo "Barranca Yaco", Sarmiento agrega a ese mapa el territorio reconocido por la expedición de Rosas contra los indios, no sin indicar el fracaso de los objetivos asignados a esa expedición, p. 188.

[13] En otra variante, estableciendo una equivalencia figurada entre el campo social y el campo natural, dice Sarmiento en la Introducción: "A la América del Sur, en general, y a la República Argentina sobre todo, le ha hecho falta un Tocqueville, que premunido del conocimiento de las teorías sociales como el viajero científico de barómetros, octantes y brújulas, viniera a penetrar en el interior de nuestra vida pública, como en un campo vastísimo y aún no explorado ni descrito por la ciencia, y revelase a la Europa, a la Francia...", pp. 9-10.

[14] El propio Sarmiento contribuyó a volver tan especial esta circunstancia, al comentarla en algunos de sus escritos posteriores. Lo hizo en *Viajes por Europa, África y América. 1845-1847*, cuando todavía no conocía la pampa, y lo repitió en la *Campaña en el Ejército Grande*, 1852, en la tan esperada oportunidad de conocerla: "A caballo, en las orillas del Paraná, viendo desplegarse ante mis ojos en ondulaciones suaves pero infinitas hasta perderse en el horizonte La Pampa que había descrito en el *Facundo*, sentida, por intuición, pues la veía por la primera vez de mi vida".

[15] En una suerte de tardío acto de compensación, al redactar la biografía del Chacho, el caudillo riojano muerto en 1863, Sarmiento emplea numerosas páginas en la descripción de "las travesías", el típico paisaje de las faldas orientales de la cordillera de los Andes, desde Mendoza a Catamarca. *El Chacho*, en Domingo F. Sarmiento, *Facundo o Civilización I Barbarie en las Pampas Arjentinas*. Cuarta edición en castellano, Nueva York, 1868, pp. 224-231.

[16] Rodolfo Borello, "*Facundo*: Heterogeneidad y persuasión", en *Cuadernos Hispanoamericanos*, Número 263-264, Madrid, 1972; Juan Carlos Quintero Herencia, "Los poetas en la Pampa o las cantidades poéticas en el *Facundo*", en *Hispamérica*, 62, Maryland, 1992.

[17] *Rough Notes*, op. cit., p. 23.

[18] *Facundo*, pp. 174-176. Los comentarios de Noel Salomon, en *Realidad, ideología y literatura en "Facundo" de D. F. Sarmiento*, op. cit.

[19] Andrews, *Journey from Buenos Ayres*, op. cit., p. 272. Según Salomon, el texto de Malte-Brun, *Précis de Géographie Universelle*, fue publicado en París en 1840. No nos ha sido posible localizar alguna edición anterior que pudiera haber servido de fuente a los comentarios sobre el folleto *Memoria descriptiva*. Véase Alberdi N° 18.

[20] En *Archivo del Doctor Juan María Gutiérrez*, Tomo 2, p. 8. Sin duda Sarmiento ignoraba la carta que, por los mismos días, Gutiérrez enviaba a Alberdi con sus juicios negativos sobre el *Facundo*.

[21] *Viajes por Europa, África y América. 1845-1847 y Diario de gastos*, Edición crítica de Javier Fernández, Buenos Aires, 1993. Cita-

mos por esta edición, modernizando ligeramente la grafía. Léanse, a propósito del canto de las Sirenas, las consideraciones de Sarmiento en un momento de su viaje a los Estados Unidos:

"El paisaje conserva toda la frescura virginal que Cooper ha pintado en aquellos inimitables cuadros de *El último de los mohicanos*. Ya he dicho a Vd. que desde Buffalo hacia esta parte está el pedazo más bello de la tierra... Traíame arrobado de dos días atrás la contemplación de la naturaleza, y a veces sorprendía en el fondo de mi corazón un sentimiento extraño, que no había experimentado ni en París. Era el deseo secreto de quedarme por ahí a vivir para siempre, hacerme yankee, y ver si podría arrimar a la cascada alguna pobre fábrica para vivir", pp. 380-381.

[22] Paul Verdevoye, en el estudio sobre los viajes por Francia y Argelia, incluido en la edición de *Viajes*, comprueba que algunas de las descripciones ofrecidas por Sarmiento en su ingreso a Francia no son sino traducciones de una guía oportunamente adquirida a su arribo, pp. 652-654. Rotundas señales de esa fatiga del viajero, de ese escepticismo nacido del exceso y de la facilidad de la información.

[23] Esta doble perspectiva reaparece en algunas apreciaciones del paisaje en Italia, p. 263, en Suiza, p. 275, y en los Estados Unidos, debidamente magnificadas en la entusiasta descripción de las cataratas del Niágara, y el inmediato comentario sobre la riqueza que aguarda a la ya iniciada explotación industrial de las caídas de agua, pp. 377-379. La rápidamente superada fantasía de instalarse en la región de los lagos se incluye, desde luego, en este contexto.

[24] Sarmiento menciona a Fitz-Roy, pero la cita, accidental, sirve sólo para aclarar aspectos de la presunta intervención francesa en la zona del estrecho de Magallanes, y es consignada mientras se encuentra ya en territorio francés, p. 79. Por cierto, Fitz-Roy es el único de los viajeros ingleses de la serie mencionado en los *Viajes*. Nombra, sí, al "viajero inglés Robertson", p. 422, pero la condición de viajero que le atribuye no nos parece compatible con sus muchos años de residencia en la Argentina. Por esta razón, *Letters on Paraguay*, Londres, 1838, de John P. Robertson, *Letters on South America*, Londres, 1843, del mismo Robertson con la participación de su hermano, y *Buenos Ayres and the Provinces of the Río de la Plata*, Londres, 1839, de Woodbine Parish, no han sido incluidos en el presente examen de los viajeros ingleses del período.

[25] En carta a Echeverría, Sarmiento confirma estos juicios. Rugendas, le decía, "es por fortuna de usted un plagiario a veces, y en más de un cuadro suyo, encuéntranse versos enteros de la 'La cautiva'". *Viajes*, p. 431.

[26] Vale la pena comparar las impresiones del viaje a Europa de Alberdi con las de Sarmiento. Félix Weinberg incluye estos dos registros y el que llevó Florencio Varela en el *Diario de viaje*, entre 1843-1844, en su estudio, "Sarmiento, Alberdi, Varela: Viajeros argentinos por Europa", *Viajes*, pp. 1005-1026.

[27] *Viajes*, p. 286.

Índice

Composición láser: Noemí Falcone

Esta edición de 2.000 ejemplares
se terminó de imprimir en
La Prensa Médica Argentina,
Junín 845, Buenos Aires
en el mes de mayo de 1996.